Trabalho,
Sexo,
Dinheiro

Chögyam Trungpa

Edição organizada por Carolyn Rose Gimian
e Sherab Chödzin Kohn

Trabalho, Sexo, Dinheiro

*O Sagrado na Nossa Vida Diária
e o Caminho da Atenção Plena*

Tradução
ODDONE MARSIAJ

Editora
Cultrix
SÃO PAULO

Título original: *Work, Sex, Money*.

Copyright © 2011 Diana J. Mukpo.

Publicado mediante acordo com Shambhala Publications, Inc.

300 Massachusetts Ave., Boston, MA 02115 — USA.

Copyright da edição brasileira © 2014 Editora Pensamento-Cultrix Ltda.

Texto de acordo com as novas regras ortográficas da língua portuguesa.

1ªedição 2014.

1ª reimpressão 2015.

Todos os direitos reservados. Nenhuma parte desta obra pode ser reproduzida ou usada de qualquer forma ou por qualquer meio, eletrônico ou mecânico, inclusive fotocópias, gravações ou sistema de armazenamento em banco de dados, sem permissão por escrito, exceto nos casos de trechos curtos citados em resenhas críticas ou artigos de revistas.

A Editora Cultrix não se responsabiliza por eventuais mudanças ocorridas nos endereços convencionais ou eletrônicos citados neste livro.

Editor: Adilson Silva Ramachandra
Editora de texto: Denise de C. Rocha Delela
Coordenação editorial: Roseli de S. Ferraz
Preparação de originais: Gilson César Cardoso de Sousa
Produção editorial: Indiara Faria Kayo
Editoração eletrônica: Fama Editora
Revisão: Liliane S. M. Cajado e Vivian Miwa Matsushit

CIP-BRASIL. CATALOGAÇÃO NA PUBLICAÇÃO
SINDICATO NACIONAL DOS EDITORES DE LIVROS, RJ

T972t

Trungpa, Chögyam
    Trabalho, sexo, dinheiro : o sagrado na nossa vida diária e o caminho da atenção plena / Chögyam Trungpa ; tradução Oddone Marsiaj. — 1. ed. — São Paulo : Cultirx, 2014. 288 p. : il. ; 23 cm.

    Tradução de: Work, Sex, Money
    ISBN 978-85-316-1280-0
    1. Budismo — Psicologia. 2. Meditação — Budismo. 3. Budismo — Aspectos psicológicos. I. Título.

14-12653

CDD: 158.1
CDU: 159.947

Direitos de tradução para o Brasil adquiridos com exclusividade pela EDITORA PENSAMENTO-CULTRIX LTDA., que se reserva a propriedade literária desta tradução.
Rua Dr. Mário Vicente, 368 — 04270-000 — São Paulo, SP
Fone: (11) 2066-9000 — Fax: (11) 2066-9008
http://www.editoracultrix.com.br
E-mail: atendimento@editoracultrix.com.br
Foi feito o depósito legal.

SUMÁRIO

Prefácio de Carolyn Rose Gimian 7

1. A Sociedade Sagrada 15
2. A meditação e a vida diária 27
3. O mito da felicidade 40
4. Simplicidade e consciência 56
5. Superando os obstáculos ao trabalho 75
6. O instante presente do trabalho 93
7. Criatividade e caos 106
8. Comunicação 121
9. A chama do amor 139
10. Paixão pura 149
11. Karma familiar 161
12. A questão do dinheiro 174
13. O karma do dinheiro 194
14. A ética nos negócios 207
15. Considerar o dinheiro como o leite materno 222
16. Karma 229
17. Consciência panorâmica 240

Posfácio da edição em língua inglesa 253
Agradecimentos 257

Glossário.. 259

Fontes.. 273

Leituras e fontes adicionais 275

Recursos... 279

Uma biografia de Chögyam Trungpa 281

PREFÁCIO

Diariamente, enfrentamos os desafios do cotidiano: experiências mundanas que poderiam ser resumidas pelo título deste livro: *Trabalho, Sexo, Dinheiro*. Todos nós esperamos que esses aspectos da vida sejam uma fonte de realização e prazer, e eles o são frequentemente. No entanto, ao mesmo tempo, temos problemas com essas áreas de nossa vida e procuramos conselhos e soluções práticas para eles.

Há milhares de livros, artigos, *websites*, programas de rádio e de televisão que oferecem aconselhamento e autoajuda sobre esses tópicos. Preocupado com o trabalho? Inúmeros livros e artigos lhe darão conselhos sobre sua carreira, ensinando-o como vestir-se para o local de trabalho, a lidar com colegas ou chefes agressivos e intimidadores, a pedir um aumento ou a ser um gerente eficiente. Não faltam na televisão noticiários e programas dedicados a solucionar problemas no local de trabalho e a mostrar como lidar com as tarefas domésticas do dia a dia — como cozinhar, como vestir-se, como decorar a sala de estar. A televisão também torna o mundo do trabalho muito divertido, desde as competições na sala de reuniões da diretoria julgadas por Donald Trump até a resolução de pesadelos culinários ou as comédias populares engraçadas sobre a vida no escritório.

O sexo e as áreas correlatas da família e dos relacionamentos em geral nos fascinam, nos preocupam e nos causam muitos aborrecimentos. Também aqui não faltam conselhos oferecidos pelos livros de autoajuda e nossa obsessão por sexo e relacionamentos é estimulada pelo cinema, pela televisão, pela imprensa e pela Internet, quer prefiramos notícias, ficção, tabloides ou os *reality shows*.

Para muitos de nós que vivemos em sociedades ricas ao redor do mundo e para muitas outras pessoas que sonham com a abundância, o materialismo tornou-se uma virtude e uma meta. O dinheiro é visto como algo fascinante, a ambição é exaltada como virtude, a riqueza é considerada a chave do sucesso e da felicidade. Ultimamente, contudo, devido à ameaça de recessão global o dinheiro tornou-se uma fonte crescente de ansiedade. Como poupar, como gastar com sabedoria, como ganhar mais dinheiro, como fazer mais com menos, se animar quando o mercado de ações sobe, entrar em pânico quando perdemos nosso emprego: temos muitos problemas com o dinheiro.

Em geral, quando associamos a espiritualidade com a maneira de enfrentar os desafios da vida diária, estamos esperando por um passe de mágica ou talvez um mantra que resolverá nossos problemas e aliviará nossas ansiedades. Como Dorothy em *O Mágico de Oz*, gostaríamos de ser transportados para uma terra mágica onde os inimigos pudessem ser vencidos simplesmente jogando-se sobre eles um copo de água. Gostaríamos que nossos problemas diários, como bruxas malvadas, se evaporassem por efeito da oração e da meditação. E uma vez tendo vencido os vilões, gostaríamos de bater os calcanhares de nossos sapatos vermelhos para voltar para casa, para o abraço amoroso da família e, esperamos, para um emprego seguro e um saldo bancário positivo.

Quais as probabilidades de ocorrer esse tipo de solução "e viveram felizes para sempre"? Não muitas. Uma sensação irritante nos diz que estamos paralisados em nossa vida e em nós mesmos. Na verdade, para enfrentar as ansiedades e os desafios da vida moderna, não precisamos apenas de uma escapada temporária, pois logo estaremos de volta ao "mundo real". A melhor prescrição é uma dose de realidade e outra de respeito por nós mesmos e por nosso mundo de trabalho, sexo e dinheiro. Aí entra Chögyam Trungpa com um livro que celebra a sacralidade da vida e nossa capacidade para enfrentar seus imprevistos e reviravoltas com dignidade, humor e até mesmo alegria.

Seu presente ao leitor é uma visão abrangente da vida, que aborda os maiores temas e os menores detalhes de cada dia. Há, de fato, poucas respostas definitivas nestas páginas. Mas há muita sabedoria autêntica oferecida, em vez de meras palavras de pseudossabedoria ou dogma. Em suma, o autor nos fornece ferramentas para trabalhar as coisas mais difíceis de nossa vida.

Se olharmos para as situações mais extremas — como o drama das pessoas em uma zona de guerra ou às voltas com as consequências de um desastre, como em Nova Orleans depois do furacão Katrina ou no Haiti após o terremoto devastador —, é óbvio que, por si mesmas as palavras não são uma solução. Uma mensagem tranquilizadora de que "tudo ficará bem" não resolverá os problemas de sobrevivência do dia a dia enfrentados pelas pessoas cuja sociedade entrou em colapso. Isso é também verdade na vida cotidiana — que nós podemos frequentemente vivenciar como uma catástrofe em escala bem menor.

As ferramentas de que as pessoas necessitam para enfrentar a vida nem sempre podem ser fornecidas pelo mundo material. Precisamos munir-nos de destemor para superar a ansiedade e o pânico. Para encarar a vida de maneira sadia, é necessário que empreguemos nossa inteligência ou consciência no trato das situações. Também necessitamos de uma visão panorâmica, uma maneira de perceber como os detalhes se encaixam em um padrão maior para podermos descobrir e estabelecer a ordem a partir do caos. Todas essas ferramentas estão disponíveis nas páginas deste livro.

Aqui, também, você encontrará o segredo para uma atitude de amabilidade ou aceitação de si mesmo e compaixão pelos outros, que é uma das ferramentas mais poderosas que podemos usar no cotidiano. Além de todos esses recursos, as pessoas devem ter a confiança e a vontade de ajudar a si próprias e aos outros, a disposição de comprometer-se com as coisas incômodas da vida e a capacidade para apreciar os aspectos rudes e desagradáveis da existência como objetos de beleza.

Chögyam Trungpa não era um grande adepto da esperança, mas valorizava muito a fé. Por fé, ele queria dizer confiança na sacralidade do momento, certeza de que podemos acreditar, aceitando-a, qualquer coisa que agora esteja acontecendo em nossa vida. Ele contrapunha isso à esperança, termo que aplicava à atitude de buscar soluções no futuro: nós esperamos que as coisas se resolvam mais tarde, mesmo se agora pareçam desesperadoras. É a fé em nossa experiência direta, imediata, que nos dá a vontade e a coragem para enfrentar os momentos mais difíceis e as experiências mais caóticas.

Trabalho, Sexo, Dinheiro começa com vários capítulos que circunscrevem o terreno geral da nossa discussão: os problemas na vida moderna com o materialismo em todos os níveis — físico, psicológico, espiritual — e a necessidade da meditação formal e de um compromisso de trabalhar com a meditação em ação ou aplicar a consciência meditativa à vida diária. Em seguida, Trungpa Rinpoche (Rinpoche é um título de respeito que significa "o Precioso") entra nos detalhes substanciais do trabalho, sexo e dinheiro, com vários capítulos sobre cada tópico. Os capítulos sobre trabalho não tratam apenas do local de trabalho e da carreira ou profissão das pessoas. O autor investiga assuntos de conduta e disciplina na vida diária, mostrando que a menor ação ou atividade do cotidiano pode ser expressão de simplicidade e estado desperto ou fonte de caos, dor e confusão. A seção sobre sexo inclui uma ampla discussão sobre a energia sexual e a paixão, bem como uma abordagem dos relacionamentos e do modo de conviver sadiamente com a dinâmica familiar. Na seção sobre dinheiro, Rinpoche encara-o geralmente como uma forma de energia. Estão incluídos capítulos sobre a abordagem ética ao dinheiro e a maneira de se relacionar sadiamente com a economia na prática dos negócios. O livro termina com dois capítulos sobre *karma* e consciência panorâmica que interligam toda a discussão sobre a experiência meditativa ou contemplativa na vida diária.

Chögyam Trungpa testemunhou e vivenciou muitas circunstâncias humanas e estilos de vida demasiadamente diferentes. No Tibete, foi um lama encarnado e abade de um importante mosteiro no leste do país. Criado na tradição monástica, abraçou-a de corpo e alma desde seus primeiros anos. O Tibete não era uma região próspera, mas dentro daquela sociedade modesta ele vivia uma vida privilegiada. Com a presença e a dominação crescentes dos comunistas chineses nos anos 1950, assistiu à devastação e à destruição de sua cultura, sendo forçado a deixar seu mosteiro, sua família e seu país para sempre, em 1959. Tornou-se um refugiado pobre na Índia. Levou uma vida frugal na Inglaterra e, durante seus primeiros dias na América do Norte, tinha muito pouco dinheiro. Nos anos 1970, casou-se e constituiu família, passando a levar uma vida doméstica com conforto material e relativa prosperidade. Era artista, dramaturgo e poeta. Foi presidente de uma universidade e de uma grande associação de grupos espirituais. Ele fez parte do conselho diretor de muitas empresas e organizações, ajudando a fundar numerosas entidades sem fins lucrativos e firmas comerciais. Em todas as situações que enfrentou, Rinpoche conseguiu harmonizar e demonstrar desapego e compromisso. Não se esquivou da vida de maneira alguma, mas tampouco se deixou sufocar por ela. Cometeu muitos erros, tomou vários rumos na vida e aprendeu com suas experiências. Por isso, quando fala neste volume sobre o grande desafio humano que é trabalhar no mundo, praticar o sexo, manter relacionamentos íntimos e conviver com a riqueza, a pobreza e o dinheiro, não prega teorias, mas discorre a partir de uma ampla base de experiência.

Chögyam Trungpa influenciou muito o vocabulário inglês padrão agora usado em textos budistas e a prática da meditação sentada no Ocidente. *Meditação em ação* foi uma das frases que ele cunhou e foi também o título de seu primeiro livro de ensinamentos budistas, publicado em 1969. Se não tivesse sido usado então, poderia ser o título ou subtítulo deste livro. Em 1973, Trungpa Rinpoche respondeu a uma carta (de alguém que não conhecia) com os seguintes comentários sobre sua vida pessoal, na qual explica o significado da meditação em ação:

Com respeito à sua pergunta sobre meu estilo de vida, você deve entender que eu me considero uma pessoa comum. Sou um chefe de família que paga regularmente sua hipoteca. Tenho mulher e três filhos para sustentar. Porém, minha relação com os ensinamentos é inseparável de todo o meu ser. Não tento me elevar acima do mundo. Minha vocação é trabalhar com o mundo. [...] Há uma ideia fundamental que se recusa a dividir as coisas entre isto ou aquilo, sagrado ou profano, certo ou errado. É por isso que escrevo e falo sobre meditação em ação. É muito mais fácil parecer santo do que ser sadio. Assim, a ideia é separar espiritualidade de materialismo espiritual. Isso requer prática e alguma coragem.*

Rinpoche achava a vida grosseira, difícil e mundana — mas também inspiradora, repleta de energia e magia. Ajudava seus semelhantes a viver a vida como ele mesmo a vivia: como algo totalmente real, completo e digno de celebração. Mais de vinte anos depois de sua morte, este livro ainda fala à nossa experiência de uma maneira imediata e convincente. Espero que ele venha a ajudar muitos leitores a encontrar um caminho na vida. Um caminho que mescle a experiência espiritual e a secular de uma maneira que as respeite e efetivamente enriqueça ambas. Pois, como um pássaro com suas duas asas, a vida moderna deve integrar a espiritualidade ao cotidiano.

Nos anos 1970, quando foram dadas as palestras que constituem a base deste livro, o budismo e a prática da meditação eram em grande parte vistos, especialmente no Ocidente, como atividades fora do comportamento predominante na vida diária. A ideia de integrar atenção plena (*mindfulness*) e consciência às atividades comuns era um tanto radical. Hoje em dia, a aplicação da atenção plena está sendo amplamente aceita como uma disciplina útil no controle da dor; no tratamento da depressão, do estresse pós-traumático; em outros problemas psicológicos; e na educação, no desenvolvimento da criatividade — em quase tudo o que você possa imaginar. Neste volume, Trungpa Rinpoche explica detalhadamente por que e como a meditação e a espiritualidade se aplicam ao trabalho, ao sexo e ao dinheiro. Algumas dessas questões podem agora parecer lugares-comuns, mas naquele tempo abriu os olhos de muitos ouvintes. Hoje, as pessoas talvez reconheçam que a aplicação da atenção plena a um problema

---

* Excerto de uma carta a Steven Morrow, em 10 de maio de 1973. Usado com autorização.

específico é importante, sem necessariamente querer adotar a visão maior representada por uma tradição como o budismo. Sem de modo algum fazer proselitismo ou aplicar o rótulo de "budista" às ideias que apresenta, Chögyam Trungpa, no entanto, revela a grande, a ampla visão que transforma cada momento e toda a vida.

O mundo precisa de nossa ajuda. Mas, a fim de ajudar, precisamos liberar e aparelhar a lucidez espiritual e os recursos internos que possuímos. *Trabalho, Sexo, Dinheiro* pode nos ajudar a unir os elementos espirituais e os profanos na nossa vida, de maneira que possamos enfrentar todas as situações com alegria, desenvoltura e prazer. Sou pessoalmente grata ao autor pelas ideias que ele oferece neste volume, e rezo para que ele possa ajudar muitos outros, os quais, por sua vez, poderão ajudar este mundo.

CAROLYN ROSE GIMIAN
Fevereiro de 2010

Capítulo 1

A SOCIEDADE SAGRADA

discussão sobre trabalho, sexo e dinheiro é uma tarefa muito árdua. Geralmente, as pessoas encaram esses assuntos como muito pessoais. Não obstante, decidimos discuti-los. Contudo, o tema não é puramente sobre trabalho, sexo e dinheiro, mas algo mais por trás dessas coisas, outra dimensão ligada ao modo como nos relacionamos com a vida em geral.

Como praticantes budistas ou de meditação, deveríamos estar imersos na tradição contemplativa e na prática espiritual. Por que, então, falar de trabalho, sexo e dinheiro? Caso você esteja envolvido com espiritualidade, talvez ache que deveria transcender trabalho, sexo e dinheiro. Talvez pense que deveria levar apenas uma vida contemplativa, uma vida em que essas coisas não cabem porque você passa o dia todo meditando. Você não deveria ter nada a ver com essas coisas. Não deveria ter de pensar em trabalho. Não conviria que ninguém se envolvesse com sexo porque pensamentos lascivos não condizem com uma vida contemplativa de meditação. E dinheiro — isso seria a última coisa com que você deveria se envolver! Que dinheiro? Quem o tem, de qualquer modo? Dinheiro — a última coisa sobre a qual caberia pensar. Você pode achar que a espiritualidade não combina com a energia verde.* Esqueça o dinheiro — já deveríamos ter transcendido isso.

Por outro lado, você talvez descubra que, a despeito de suas intenções espirituais, sua vida está envolvida com o trabalho, o sexo e o dinheiro de qualquer maneira. Nesse caso, talvez haja algo a ser dito sobre esses assuntos, apesar de tudo. Em geral, ninguém é puramente espiritual ou religioso. As pessoas precisam trabalhar. Precisam encontrar um e-m-p-r-e-g-o. Trabalhamos por dinheiro. Podemos achar que estamos construindo nossa vida em torno do sexo e, mais frequentemente, dos relacionamentos.

Então a questão é: estamos realmente praticando a espiritualidade ou não? Se for assim, há algo em que talvez não tenhamos pensado: que espiritualidade não é realmente "espiritualidade" em um sentido idealizado. Você pensa que espiritualidade é algo puramente transcendental? Talvez não seja. A espiritualidade verdadeira pode ter alguma coisa a ver com a vida cotidiana.

Se a espiritualidade *de fato* tem algo a ver com situações da vida diária, então praticar a espiritualidade significa contribuir com algo para a sociedade como um todo. Temos de associar-nos à sociedade a fim de oferecer-lhe algo. Para algumas pessoas, isso não é de modo algum fácil de aceitar ou fazer.

A sociedade, tal como costumamos vivenciá-la no Ocidente, funciona em grande parte na base do toma lá dá cá. Isto é, costumamos

---

* Chögyam Trungpa usava o termo "energia verde" para referir-se ao dinheiro. Hoje em dia isso tem um significado muito diferente, associado ao uso de recursos e energia renováveis que não tenham impacto negativo no ambiente. (N.Orgs.)

pensar sobre nosso papel na sociedade em termos do que nos é exigido ou do que temos que dar, e do que podemos obter para nós da situação, que é a parte lucrativa. Poderíamos chamar esse ponto de vista de materialismo. O materialismo pode ser físico, psicológico ou espiritual. O materialismo físico é bastante simples, direto. Você mede sua vida, seu valor ou suas experiências em termos do ganho físico, ou, literalmente, de quanto dinheiro ou coisas de seu agrado você pode obter de algo ou quanto alguma coisa lhe custará. O materialismo psicológico é mais sutil. Baseia-se na competição e no desejo de ser melhor que os outros. Por fim, o materialismo espiritual consiste em usar o caminho espiritual para obter poder ou felicidade para si próprio. Todas essas abordagens visam engrandecer ou reforçar o ego. Se virmos a sociedade puramente a partir desses pontos de vista materialistas, poderemos concluir que ela não tem muito mais a nos oferecer no caminho espiritual.

No entanto, do ponto de vista genuinamente espiritual, em oposição ao idealizado, a sociedade é uma arena extremamente potente, cheia de qualidades vibrantes de energia. Essa abordagem prática de trabalhar com a energia da situação é a única porta de entrada que podemos encontrar. De outra maneira, no nível abstrato, a sociedade pode parecer um processo autônomo sem fissuras, sem defeitos em sua superfície, sem entradas e sem saídas. Mas se virmos a sociedade como um espaço em que o trabalho, o sexo e o dinheiro têm sua função, encontraremos maneiras de trabalhar com ela. O sexo é um aspecto (ou atributo) da sociedade. O dinheiro é um aspecto da sociedade. O trabalho é um aspecto da sociedade. Desse ponto de vista, podemos descobrir algo relevante para nós na sociedade. Podemos descobrir como contribuir de algum modo para ela, ou, pelo menos, como trabalhar com ela. Se a considerarmos em termos concretos do trabalho, do sexo e do dinheiro, a sociedade não é inteiramente árida e estéril; não é insignificante para nós.

Toda a questão se resume em saber se temos a sociedade na conta de sagrada. A sociedade, com efeito, é dotada de profundidade e sacralidade. A sacralidade da sociedade é vigorosa, poderosa. Estou certo de que muitas pessoas comuns não aceitarão uma ideia desse tipo. Elas pensarão que estamos tentando infiltrar, introduzir algo na ideia de sociedade, impondo-lhe algum elemento ou ideia que lhe seja estranha. Todavia, parece genuinamente importante perceber os aspectos espirituais, os aspectos visionários, quase psicodélicos da sociedade.* Temos de considerar não apenas os acontecimentos básicos, mas também sua qualidade fundamental de energia, a energia que eles contêm. É isso que estamos investigando aqui.

O trabalho, o sexo e o dinheiro são efetivamente as tomadas de força da sociedade, sua radiação energética, a expressão de sua sacralidade. Portanto, deveríamos tentar ver as implicações espirituais da sociedade, isto é, a espiritualidade, até mesmo na Madison Avenue ou em Wall Street. Qual é a espiritualidade de um lugar como Wall Street? Qual é seu aspecto mais saudável? E o que a América significa como um todo? O que significa o pousar na Lua?** O que significa a produção de um avião supersônico? O que vem a ser tudo isso em termos de espiritualidade?

Você poderá achar que, se estamos discutindo sobre uma abordagem espiritual da sociedade, a discussão deveria ser pacífica e revelar um amável senso de equilíbrio. Poderá achar que deveríamos tratar o assunto de uma maneira desprendida, espiritual, de acordo com

---

* No fraseado de hoje em dia, o termo *psychedelic* — "psicodélico", em português: — implica percepção distorcida e alucinação. Naquele tempo, no entanto, Rinpoche usava-o para referir-se à percepção visionária genuína da energia de uma situação. (N.Orgs. e N.T.)

** A primeira descida tripulada na Lua (Apollo II, julho de 1969) ainda era um assunto novo e excitante na época desse seminário. (N.Orgs.)

a imagem pacífica, não violenta, meiga e gentil, que muitas pessoas têm da tradição oriental de espiritualidade.

Deveríamos então abordar esse tema da perspectiva segundo a qual tudo é bom e todos amam uns aos outros, tudo é pacífico e tudo vai ficar bem? Ou deveríamos seguir outra abordagem, em que houvesse energia em ação, algo a ser trabalhado e coisas dinâmicas e estimulantes? Há instantes de energia negativa, instantes de energia positiva, instantes de destruição, instantes de ódio e de amor. Tudo isso está acontecendo dentro da grande perspectiva de um mandala, um senso de totalidade ou abrangência, um padrão e uma estrutura que unificam e contêm todas as partes. Podemos conduzir nossa discussão também desse ângulo? Podemos encarar a espiritualidade e nossa relação com a sociedade dessa perspectiva engajada?

Você é parte da sociedade, do contrário não estaria lendo estas linhas e nós não poderíamos nos comunicar. Se você não estivesse incluído na sociedade, não poderia respirar o mesmo ar que os outros, nem comeria a mesma comida. A questão principal é se você está suficientemente aberto para relacionar-se com a sociedade como parte de sua jornada pessoal de espiritualidade. A sociedade significa alguma coisa para você em sua busca pessoal ou você quer alcançar a libertação só para si mesmo, sem se preocupar com a sociedade? Você realmente quer abandonar todos os outros? Você se importa com o sofrimento da sociedade ou com o modo pelo qual ela poderia alcançar a felicidade completa?

Muitas pessoas acham que é quase impossível apreciar o aspecto sagrado da vida em um grande centro urbano. Querem fugir e morar no campo, onde poderão rir das tribulações da cidade. A vida na cidade é divertida, pensamos — terrível, irônica, mas divertida. Ainda assim, gostaríamos de sair da cidade, desligar-nos completamente dela.

Sendo assim, a cidade inteira poderia transformar-se em sua colônia de porquinhos-da-índia. Seus porquinhos-da-índia estão vivendo em todos os lugares, correndo pela cidade. Sua relação com a cidade é a mesma dos cientistas com os porquinhos-da-índia deles. Os cientistas injetam substâncias nos porquinhos-da-índia e estes reagem de um certo modo: o mesmo tipo de atitude que algumas pessoas envolvidas na cena espiritual têm para com os moradores da cidade.

E é uma atitude que não revela um mínimo de compaixão. A cidade simplesmente nos evoca uma grande exibição de ironia — ironia no sentido negativo, não no de autoironia, que é natural. Rimos das outras pessoas em vez de reconhecer os aspectos contraditórios e grotescos de nossa própria vida. Se essa abordagem se tornar parte de uma visão espiritual, ela será particularmente repugnante, porque considera os cidadãos normais horrorosos, um fracasso da humanidade e uma vergonha. Essa abordagem deriva de ideias preconcebidas sobre a vida na cidade e não estamos dispostos a pactuar com esses preconceitos.

Em termos mais gerais, os preconceitos aparecem na relação das pessoas com o dinheiro, com o trabalho, com o sexo e até mesmo com os pais. Achamos difícil relacionar-nos com essas coisas, especialmente do modo como se manifestam na vida urbana. Isso não significa, contudo, que devemos fugir desses assuntos. Pois, onde há algo de difícil e destrutivo, deve haver também algo de criativo. Relacionar-se com esse aspecto criativo é o importante aqui. Você não tem de repudiar uma coisa só porque há algo de destrutivo nela.

Há a história budista do *arhat*, um dos discípulos autorrealizados do Buda, que vai ao campo da carniça, um terreno para funerais na Índia. Lá, apanha um osso humano e reflete sobre ele. Considera que o osso vem da morte, a morte vem do nascimento, o nascimento vem do desejo, e assim por diante. Por fim, desdobra toda a corrente de causalidade desse osso em particular. Ele se dá conta de que o desejo nasce do apego e de que, em última análise, tudo é fruto da ignorância. A partir desse único osso, é capaz de acompanhar a reação em cadeia dos doze elos da causalidade interdependente, conhecidos como os nidanas. Nidana é uma palavra sânscrita que significa "causa" ou "fonte". Os doze nidanas referem-se a doze aspectos do samsara, ou ciclo de nascimento e morte, frequentemente comparado com os doze raios de uma roda. Nos thangkas, ou pinturas tradicionais tibetanas, ou na roda da vida, os doze nidanas são mostrados como o círculo exterior da roda. Nessa história, o *arhat* consegue acompanhar toda a cadeia de causalidade dos doze nidanas mediante a contemplação de um único osso. Poderíamos fazer o mesmo em nossa própria situação. Não precisamos rejeitar ou abandonar nada. Podemos trabalhar o aspecto criativo das situações.

Às vezes, a cidade de Nova York pode representar a morte para vocês. Posso entender isso. As pessoas na rua talvez pareçam a seus olhos cadáveres ambulantes, inexpressivos. E há os chacais urbanos, que podem se manifestar como carros com sirenes barulhentas, cheios de policiais. O ar seco da morte está o tempo todo em seu nariz e também em sua boca. Como uma maneira ocasional de divertir-se, vocês admiram nas vitrines das lojas manequins sem vida. Edifícios gigantescos foram construídos; as pessoas são confinadas em caixas sem ar — uma expressão adicional da morte. Toda a cidade poderia ser realmente vista como uma expressão da morte.

Quando cheguei à América com minha mulher, Diana, e visitamos a cidade de Nova York, a primeira impressão que tive foi que a cidade cheirava a cadáveres — de corpos humanos, de mortos. O primeiro impacto foi esse. Mas tudo bem! Está tudo perfeitamente bem. Isso poderá ser o contínuo ponto de partida de sua inspiração. Os ensinamentos do dharma não serão românticos ou bonitos —

oh, não! Serão dolorosos, provocando até mesmo a paranoia. Ao mesmo tempo, podemos aceitar a situação e encontrar nela algo criativo. Podemos incluir todos esses chacais urbanos, cadáveres estendidos e faces inexpressivas como parte da inspiração. Não há nada de errado com esse cenário da cidade, absolutamente nada. É apenas uma demonstração de vida. Tudo está baseado no trabalho, no sexo e no dinheiro.

Por outro lado, talvez vocês achem a cidade divertida. Tentamos entreter-nos o tempo todo, em particular no mundo ocidental. Há centenas de livros e centenas de filmes, e temos centenas de amigos de diferentes tipos, amigos que são excêntricos e que gostam de toda espécie de coisas exóticas. E há o telefone — sempre se pode fazer uma chamada telefônica. Há também o noticiário.* Coisas de todo tipo acontecem para nosso divertimento. Agora mesmo estamos nos divertindo. O entretenimento ocupa nosso tempo constantemente. Ao visitar uma cidade grande como Nova York, esse fato se torna óbvio. O entretenimento promove-se a si mesmo — a ponto de o acharmos demasiadamente irritante. Esse tipo de autoengano é excessivamente óbvio; é excessivamente penoso, pois é demasiadamente verdadeiro para ser verdadeiro. Assim, temos de nos arrastar de volta para nossa casa suburbana, para nossas próprias ilusões familiares. Dessa maneira, podemos nos divertir de um modo mais delicado ou espiritual, não tão barulhento e espalhafatoso.

Não precisamos eliminar completamente o entretenimento. O problema é a tremenda falta de senso de humor em tudo isso. Levamos *tão* a sério nosso entretenimento! Somos entretidos a sério até mesmo pela comédia. Entretanto, quando não estamos mais em busca de resultados, com seriedade, percebemos como as situações

---

* Hoje em dia, é claro, há também a Internet. (N.Orgs.)

são irônicas em si mesmas, à medida que vêm e vão. Se vocês assistirem a um programa de televisão completo, inclusive os anúncios, sem trocar de canal, e tiverem senso de humor, poderão gostar dele. O senso de humor não precisa ser cínico. É possível gostar de tudo como se fosse uma brincadeira. Entretanto, se vocês insistirem em preferências pessoais, rirão ocasionalmente, mas também poderão se aborrecer com certas coisas quando não gostarem delas. Quando vocês começam a escolher as coisas desse modo, tudo se torna muito cansativo, pois é preciso escolher o tempo todo.

Deveríamos investigar todos os tipos de situações na vida. Vejamos o caso de pessoas cujo objetivo na sociedade é ficar ricas e ter aparelhos de televisão em cores, quartos acarpetados, aquecimento e refrigeração central em casa e muitos carros. Elas esperam ficar mais poderosas e felizes por ter essas coisas. Ou o caso de pessoas cuja posição política é extremamente direitista, que apoiam o envolvimento da América em guerras no estrangeiro e todo o tipo de causas conservadoras. Algumas delas são quase fascistas, de um ponto de vista liberal. No Ocidente, você encontra fazendeiros e caubóis que devem gostar da vida natural, do contato com vacas e cavalos, mas ao mesmo tempo têm uma mentalidade política totalmente reacionária. Como vocês encaram esse quadro? Se forem liberais, provavelmente quererão ficar longe de tudo isso. Não desejarão ser como eles. No entanto, convém examinar esse quadro mais de perto, avaliá-lo sem rejeitá-lo ou julgá-lo apressadamente.

Do seu ponto de vista, você certamente nota que muitas pessoas com valores sociais conservadores evitam entrar nos pequenos e importantes detalhes do trabalho, do sexo e do dinheiro. A abordagem delas em relação à própria vida é muito estéril. Não é forte. Baseia-se quase exclusivamente na reprodução de conceitos e é uma visão muito séria — mas séria também é a visão daqueles que repelem a vida convencional.

Para muitos de nós, não importa qual seja nossa posição política ou *status* na sociedade, o dinheiro é um assunto pessoal, o sexo é um assunto pessoal e o trabalho é um assunto pessoal. Não queremos discuti-los com outras pessoas de modo nenhum. Gostaríamos de encontrar algo transcendental que nos elevasse acima dessas situações. As pessoas não querem, tampouco, falar sobre a morte. Quase todas ainda cultivam a ideia dualista da morte como coisa má e do nascimento como coisa boa. Essa é uma ideia generalizada, e é justamente por isso que precisamos falar sobre tais assuntos.

Como praticantes, temos de examinar, logo de início, a situação kármica da América. Uma reforma pode ocorrer pela força natural — não por carregarmos cartazes, fazermos manifestações ou algo do gênero. Por outro lado, a mudança não vai acontecer de uma maneira fácil ou confortável. Para começar, não sabemos que reforma será essa. Temos de recorrer à nossa própria inspiração.

A cidade poderia reformar-se. O mundo inteiro poderia reformar-se. Nosso dever é ajudar. Vocês podem tentar fugir da cidade, fundar, por assim dizer, sua própria cidade ideal, seu próprio lugar para viver no campo. Mas lá vocês ainda teriam de relacionar-se com a sociedade, de uma maneira ou de outra. Haveria problemas com o fornecimento de comida, a entrega da correspondência, conflitos com o leiteiro e toda sorte de pequenos detalhes desse tipo.

Por outro lado, às vezes vocês podem achar necessário afastar-se um pouco da sociedade em geral a fim de obter uma perspectiva. Sem um ponto de referência de onde observar a sociedade, não há uma base sobre a qual se possa trabalhar. Quando damos um passo atrás por algum tempo, conseguimos obter uma perspectiva sobre a vida. No entanto, a interação com a sociedade é também necessária, para vermos as coisas pelo outro lado. Assim, o processo de afastamento e reaproximação deve ser alternado ou concomitante — como a ideia de que a sabedoria e a compaixão devem caminhar lado a lado. A meditação pode fornecer essa perspectiva não dualista.

Quando a pessoa pratica a meditação e segue o caminho espiritual, os problemas encontrados na interação com a sociedade deixam de ser obstáculos e se tornam oportunidades criativas. As situações da vida diária passam a fazer parte da prática da meditação. Você é detido ou impulsionado pela situação. Depende de quanto esteja envolvido. Se estiver envolvido demais, alguma coisa o deterá. Se não estiver envolvido o bastante, alguma coisa o lembrará de que precisa se envolver mais.

Temos de aperfeiçoar nossa própria atitude, desenvolver uma atitude de abertura. Isso nos proporcionará uma abordagem completamente nova para enfrentar situações tais como a vida na cidade. A cidade se reformará a seu próprio modo. É absurdo pensar que, se fizermos isto ou aquilo, a cidade se reformará de acordo com nossos desejos. Temos de nos relacionar com um mundo muito maior que inclui todos, inclusive os caubóis e os policiais. Em definitivo, eles são uma fonte de inspiração. São pessoas maravilhosas, únicas. Devemos trabalhar com elas. De fato, a certa altura, seremos incapazes de não trabalhar com elas. Elas surgirão em nosso caminho, de qualquer maneira.

Não queremos solapar a cultura. Situações culturais fornecem um ponto focal, um foco para nos relacionarmos. Portanto, trabalharemos com elas. Comecemos por perceber que tanto nós quanto os outros fazemos avaliações imprecisas das situações. No entanto, a imprecisão ou a precisão não interessam realmente. Se trabalharmos junto com as situações, tudo ficará claro. A avaliação inicial não precisa ser o marco absoluto. Qualquer avaliação conceitual, qualquer opinião é apenas um marco relativo. Podemos usá-lo e trabalhar com ele na medida em que progredimos.

Quanto mais você se envolver com a sociedade, mais experiências terá e mais fáceis de manejar serão as situações. A intensidade de seu engajamento cria espaço. Quanto mais intensidade houver, mais espaço será criado. Quando você se envolve com situações como a superpopulação e a experiência opressiva de estar na cidade, seu envolvimento funciona como um guardião. Isso ajuda os outros. Ajuda a protegê-los, porque você se recusa a abandoná-los. Você pode encontrar inspiração no trabalho, no sexo e no dinheiro. Nessas coisas, você pode encontrar uma conexão com a sacralidade da sociedade.

Capítulo 2

A MEDITAÇÃO
E A VIDA DIÁRIA

Não deveria ser o ponto fundamental da prática espiritual inspirar uma compreensão que nos proporcionasse um relacionamento mais completo com a vida? Desse ponto de vista, poderíamos dizer que trabalho, sexo e dinheiro são os destaques da experiência espiritual da vida diária. Talvez seja necessário aprofundar a discussão para vocês aceitarem que a situação da vida diária deve ser vista como um dos principais meios de praticar a disciplina espiritual. Por isso, vamos investigar o que realmente entendemos por prática espiritual.

Segundo uma ideia muito difundida de espiritualidade, o importante é entregar-se, abrir mão, renunciar ao mundo. Relacionar-se com o mundo, aceitá-lo em vez de renunciar a ele, vai contra a visão preponderante. Em quase todas as tradições espirituais, renunciar ao mundo é considerado um dos primeiros passos da prática espiritual. A prática espiritual é frequentemente vista como um meio de salvação. De acordo com essa concepção, a espiritualidade deveria fornecer um refúgio permanente onde pudéssemos ficar felizes e livres; e, já que a situação diária de nossa vida não nos fornece um refúgio permanente, temos de procurar algo mais elevado ou mais seguro. A ideia aqui é que a prática espiritual deveria conduzir-nos a alguma forma de eternidade — felicidade eterna ou juventude eterna.

Esse conceito popular de espiritualidade que, podemos dizer, é bastante primitivo baseia-se na busca da felicidade, da sensação de segurança. Ele nos conclama a praticar meditação a fim de obter uma mente iluminada, a união com Deus ou algo dessa natureza. Todos os progressos em nossa prática são encarados como passos na direção de uma felicidade permanente, que nos elevará acima da miséria, da dor e do sofrimento. Encontraremos um lar definitivo ou um ninho para morar. O desejo de viver em felicidade permanente é, na verdade, uma expressão do ego ou da mente confusa e neurótica. É o anseio neurótico de preservar a mim mesmo, o eu, todo o meu ser, como uma entidade concreta, como ego. Poderíamos chamar essa abordagem de materialismo espiritual.

O materialismo espiritual é um passo além do materialismo físico e psicológico. Essa atitude materialista surge porque não tenho certeza do que sou. Sou uma pessoa definida? Uma pessoa completa, como sempre quis ser — dotada de poder e segurança? Essa racionalização de desejo convida à infelicidade, à confusão e ao descontentamento com o que somos. Sentimos que, em nossa vida, há algo insuficientemente sólido e, por isso, surge a possibilidade de que *eu* e *eu mesmo* não existamos a longo prazo. Essa dúvida sobre se existimos ou não como uma entidade individual é uma grande ameaça para nós.

Estamos constantemente desorientados, aturdidos e confusos quanto a isso. Quando essa confusão surge, a única maneira de provar a mim mesmo que efetivamente existo como uma entidade individual — como eu mesmo, com este ou aquele nome — é expressar-me por meio da ação, fazer uma manobra emergencial ou extrema. Um movimento assim pode tomar a forma de defesa por meio de agressão contra aquilo que nos está ameaçando, o que é uma técnica de rejeição. Por outro lado, podemos defender-nos agarrando-nos ao que quer que possa ser usado para nos preservar, para provar que nossa existência é uma realidade. Portanto, nossas escolhas são repelir ou agarrar. Repelir é agressão, ódio. Agarrar é paixão, desejo. Esses princípios emocionais são os mecanismos principais que o ego utiliza para se preservar. Utilizando esses dois mecanismos, desenvolvemos várias outras emoções, tais como medo, esperança, orgulho, ciúme, e assim por diante. Esses outros meios de preservar o ego são acessórios; os meios básicos são o ódio e o desejo.*

Contudo, essas táticas podem não funcionar. De fato, os fracassos são constantes, porque conservar a consciência do ego o tempo todo é uma tarefa estafante. Existem fissuras constantes onde nós escorregamos, esquecemo-nos de nos relacionar com nosso ego, esquecemo-nos de nos defender ou esquecemo-nos de nos controlar. Isso não é necessariamente uma má notícia, porque de fato essas fissuras, que surgem continuamente em nosso estado de espírito, são a única maneira de constatar a não existência do ego. Elas nos expõem à instabilidade do ego. Percebendo isso, podemos dizer que, embora o ego exista em certo sentido, ele não existe como uma entidade sólida. Sua natureza é transparente. Notamos a qualidade transparente do ego

---

* Aqui, Chögyam Trungpa explica a atividade do ego de preservar seu território referindo-se a seu uso da paixão e da agressão (ou do desejo e do ódio) como uma base para desenvolver todos os estados emocionais. Nas explicações mais tradicionais, três princípios — paixão, agressão e ignorância — são apresentados como os mecanismos fundamentais que fornecem energia ao ego e à nossa confusão. Eles são conhecidos como os três venenos. Contudo, não é raro, como ocorre nesta palestra, que se mencionem apenas a paixão e a agressão, uma vez que esses são os mais ativos e óbvios dos três. (N.Orgs.)

através dessas brechas contínuas, que repetidamente despertam em nós o medo de perder nossa identidade, o que provoca automaticamente mais medo e paranoia.

Esse medo e essa paranoia resultam no materialismo psicológico. Recorremos o tempo todo a pretextos, ideias e conceitos externos para provar que existimos efetivamente, que as funções do ego estão corretas, que elas são uma coisa definida. Tenho de provar isso constantemente a mim mesmo e aos outros, o que gera uma atitude especialmente competitiva, isto é, o materialismo psicológico. Ao procurar constantemente fontes externas para elogiar ou culpar, esperamos reforçar uma sólida sensação de existir.

O materialismo espiritual, que usa uma lógica similar, entra em cena quando o ego sente que o materialismo psicológico não conseguiu provar adequadamente a existência do ego. Então, o ego olha para longe e para cima, procurando uma prova de nível superior. A pessoa pode tentar meditar para desenvolver poder mental, um nível maior de concentração. Mas essa abordagem da meditação se limita a assegurar o território do ego em vez de ultrapassá-lo. Esperamos que, dessa maneira, o ego se torne um ego mais consistente e contínuo, não o conjunto de remendos de consciência que era antes e que realmente não nos satisfazia. Um ego remendado não consegue de fato se defender, então a pessoa recorre a todos os meios espirituais para preservar ou fortalecer a consciência do eu, de mim mesmo, do ego. Isso é materialismo espiritual.

O problema todo com essas abordagens materialistas é a centralização excessiva. Preocupamo-nos demais com a natureza dos nossos próprios jogos e muito pouco com as projeções externas do mundo que nos cerca. Preocupamo-nos com o *aqui* — envoltos na autoconsciência do "Qual é a melhor solução para mim? Como devo fazer isso? Como poderei superar meus problemas? Como obterei isso ou aquilo? Como me defenderei?". Assim, a pessoa tende a rejeitar as mensagens das projeções do mundo exterior. Para superar essa situação autocentrada, nós temos de alcançar uma compreensão do não eu, do não centro, da não existência do ego. Não podemos simplesmente começar pelo ego em si. Não podemos confiar no ego para descobrir a insensatez do ego. Precisamos reconhecer nossa verdadeira experiência de não ego.

O ego depende de confirmação por parte da situação relativa externa. Quando os fenômenos que ocorrem fora se tornam problemáticos e a paranoia do ego começa a se impor, começam também a surgir brechas no jogo do ego. Por isso, a melhor maneira de perceber a ausência do ego é usar a confusão que surge quando o ego se relaciona com a situação da vida cotidiana — as projeções do mundo exterior. "Projeções" nesse caso são as informações emitidas pelo ego, que constituem ou formam nossas situações corporais aparentemente sólidas do dia a dia. Esses intercâmbios são constituídos por todos os tipos de interações com pessoas e situações físicas, que incluem automaticamente as fontes onde começam a paixão e a agressão do ego. Agora, se estivermos inteiramente em contato com o mundo fenomênico,* percebendo seu jogo completa e profundamente, então a autoconsciência do ego deixará de ser nosso foco e de desempenhar um papel tão importante. Quando estamos em contato estreito com as situações externas, deixamos totalmente de nos preocupar com os jogos centrados no ego. Começamos a nos dar conta de que a segurança não é tão importante assim. Então, relacionar-se com nosso mundo ativo, com nossas situações da vida diária, torna-se uma maneira de transcender o materialismo psicológico.

---

* O mundo que pode ser captado pelos sentidos ou conhecido pela experiência imediata. (N.T.)

Portanto, as disciplinas meditativas que nos foram recomendadas pelos grandes mestres deveriam ser acompanhadas pela interação com o mundo. A prática da meditação pode ser descrita como um campo de treinamento e a efetiva aplicação dos exercícios nele aprendidos ocorre quando enfrentamos as situações da vida diária. É por isso que os assuntos trabalho, sexo e dinheiro passam a ser de nosso interesse imediato. A espiritualidade trata do modo de enfrentar as situações da vida cotidiana.

Se você estudar metodicamente a história da tradição budista, verá que os eremitas não ficam isolados a vida inteira, nem mesmo quando fazem votos de permanecer em retiro. Diz-se que o retiro não termina completamente até que você volte à sua antiga situação de vida. Então, seu retiro está completo. Por exemplo, Milarepa, um grande praticante e mestre do budismo tibetano, fez o voto de que consideraria sua caverna de retiro como sua tumba. Ele iniciou o retiro com essa intenção, mas no final não pôde evitar completamente o mundo. Caçadores passavam recolhendo penas para suas flechas e outras pessoas entravam ocasionalmente para lhe fazer perguntas. Por fim, ele teve de sair, deixar sua caverna e voltar para o mundo. Teve de abandonar sua situação de retiro.

Há também a história de Anathapindika, discípulo do Buda e grande patrocinador da comunidade dos monges. Ele fundou centros de retiro para os monges e forneceu-lhes alimentação, criando ambientes nos quais o Buda pudesse ensinar. Sem ele, não teria sido possível propagar os ensinamentos em uma escala tão ampla, no tempo do Buda. Anathapindika perguntou ao Buda se deveria renunciar a seu trabalho a serviço do *sangha* e devotar-se exclusivamente à prática da meditação. Isso poderia ser bom para ele próprio, pensou, mas não para os outros, porque não estaria mais ajudando as pessoas. A resposta do Buda foi que ele deveria continuar sendo um chefe de família. Para ele, a melhor maneira de servir o Buda, o dharma e o sangha — e seguir o caminho para a iluminação — seria praticar em casa.

Para cada um de nós, a resposta a essa pergunta depende da situação pessoal. Nossas escolhas dependem daquilo que já estamos fazendo. Há um ditado tibetano segundo o qual é melhor não começar nada, mas concluir bem o que se começou. Portanto, se você é um chefe de família, talvez não possa desfazer essa situação, mas há uma maneira de praticar, mesmo nela, a espiritualidade. Existem, contudo, outras possibilidades: se uma pessoa é livre para fazer o que quiser na vida, pode escolher respeitar a sacralidade dessa liberdade impondo-se algumas restrições e vivendo por um período de tempo a vida contemplativa de uma pessoa que se retira ou de um monge. Na tradição budista, o retiro parece ser visto de uma maneira bem diferente da que é cultivada em algumas tradições monásticas cristãs, nas quais você faz o voto de se trancar por trás de grades pelo resto da vida. Na tradição budista, respeita-se o princípio do retiro e da vida contemplativa, mas não se ignora o dever para com o samsara, o mundo confuso e vulgar que habitamos. É quase como se fosse necessário retribuir a bondade do mundo.

Atualmente, não sabemos muito bem como nos relacionar com as situações do cotidiano. Convém abandonar a vida diária, como se abandona um mau emprego? Convém tentar fazer o melhor com o que temos? Convém abandonar tudo isso? Para começar, nenhuma dessas perguntas se baseia em uma compreensão firme e clara. São apenas suposições. Pensamos que deve haver algum modo real e certo de fazer as coisas, mas não sabemos qual é. Por isso, nos metemos em determinadas situações e esperamos pelo melhor. A essa abordagem desordenada falta a disciplina básica da prática da meditação, que é a única forma de preservar a continuidade da intuição e da lucidez.

Praticar a meditação, nesse caso, não é de maneira alguma construir algo, que é a abordagem do materialismo espiritual. Pelo contrário, a meditação permite-nos simplesmente ser e abrir-nos com o auxílio de certas técnicas que afastam a preocupação autoconsciente com táticas e estratégias. Por meio da meditação, desenvolvemos uma maneira de não fazer nada, absolutamente nada — nada fisicamente e nada psicologicamente. A única maneira de não fazer nada é escolher um objeto de atenção e tratá-lo como se ele não fosse coisa alguma. Essa é a técnica que a meditação desenvolveu tradicionalmente. Escolhemos algo como o ato de respirar ou caminhar e meditamos sobre ele. Mas essas são coisas transparentes. Elas não têm individualidade. Todas as pessoas respiram. Todas caminham. Por isso, as técnicas sobre o ato de respirar ou caminhar são técnicas comuns e transparentes.

Quando aplicamos plenamente essas técnicas, alcançamos um ponto em que distúrbios psicológicos começam a surgir em nossa prática. Emoções ocultas no subconsciente começam a transparecer, a vir à superfície. Em outras palavras, a prática da meditação mediante técnicas transparentes, como trabalhar com a respiração, torna-se a prática de não fazer nada e propicia um espaço livre onde qualquer coisa que aflore será notada e reconhecida.

Essa é uma maneira de nos relacionarmos com os fenômenos no sentido interno. Na meditação, não temos interações verbais ou físicas com pessoas ou com o mundo exterior, mas a prática ainda assim é uma maneira de nos relacionarmos diretamente com os fenômenos, em vez de sermos apanhados pelos jogos centrados no ego. Meditar não é retirar-se — não significa sair do mundo. De fato, o que se faz é entrar no mundo. Até agora, o mundo não tinha sido capaz de nos mostrar sua expressão mais completa, porque nunca permitimos que isso acontecesse. Fomos constantemente seduzidos por uma coisa ou outra. Enquanto isso, perdíamos o trem todo o tempo. Sempre que há uma perturbação ou comoção — todas as espécies de energias aparecendo —, nossa mente fica preocupada com algum outro assunto. Nunca tomamos consciência dessas coisas da maneira correta. Mas na meditação há uma sensação de antecipação, de abertura. A meditação nos permite ver as coisas ocultas, de modo que não nos escapa um momento sequer de energia ou perturbação. Nós as vemos com clareza e precisão porque não as avaliamos de uma maneira autoconsciente. A avaliação requer muita autoconsciência e, enquanto avaliamos uma coisa, deixamos de ver as outras. Deixamos de captar as implicações que ocorrem ao redor dessas energias que surgem em nossa mente.

Assim, nesse caso, a meditação é uma maneira de desenvolver a lucidez, que nos permite perceber com precisão as situações da vida diária, assim como nosso processo mental, de modo que possamos nos relacionar com ambos inteira e completamente.

Desse ponto de vista, a meditação também está associada à nossa maneira de encarar o trabalho. Uma pessoa deveria ser capaz de fazer seu trabalho sem interrupção. A meditação apoia essa abordagem. Desse modo, o significado do trabalho torna-se parte de nossa prática espiritual e não apenas de nossa luta diária. O trabalho, nesse caso, é o envolvimento físico efetivo com os objetos, as pessoas e as energias que propulsionam esse envolvimento. Nesse sentido, trabalhar é aprender constantemente. O professor, na forma dessa situação de trabalho, está sempre presente: se você faz algo errado, nota-se; se você faz algo certo, nota-se também. Não há como enganar esse processo.

Não há aqui necessidade de envolvimento com a rigidez autoconsciente de uma abordagem deliberadamente artística do trabalho ou do uso de objetos. Ao mesmo tempo, a pessoa deve ter respeito pela importância das situações da vida. As coisas à nossa volta sempre têm uma ligação conosco, pertençam elas a nós ou não. Quando começamos a sentir essa associação, começamos também a perceber as coisas e a nos relacionar com elas direta, adequada e completamente.

Segundo essa abordagem, se você está preparando uma xícara de chá, permanece completamente em contato com o processo: com o tipo de chá que prepara e com o tipo de chaleira ou bule que usa. Tudo se resume em manter uma relação com essas pequenas coisas, que em si mesmas não são muito importantes. Não é uma questão de vida ou morte preparar mal uma xícara de chá. Ao mesmo tempo, em certo sentido, *é* uma questão de vida ou morte porque o relacionamento com qualquer coisa é importante. É isso que entendo por trabalho. Não precisa se tratar de um emprego, embora esse mesmo estilo de relacionamento total com as coisas também possa ser usado em qualquer situação de trabalho.

As pequenas coisas que fazemos na vida parecem não ter influência direta na espiritualidade; talvez pareçam até muito pouco espirituais. No entanto, é com o seu mundo, com o seu ambiente que você está lidando. Assim, o que você faz deve ser sentido completamente e não feito às pressas.

Isso não significa que devamos fazer tudo devagar e sem pressa. Apressar-se não significa necessariamente fazer as coisas rapidamente. Você pode apressar-se devagar — não importa quão lentamente você vá, estará deixando de captar o ponto essencial o tempo todo. No entanto, quer você se apresse devagar ou rapidamente, sua mente estará preocupada com alguma coisa, constantemente às voltas com esperanças ou temores, paixão ou agressão, ou algo dessa natureza. Por causa disso, você deixa de se relacionar diretamente com os objetos, como quando prepara uma xícara de chá.

Se você está indo depressa, simplesmente tentar andar devagar não resolve; nem o contrário, tampouco. Veja bem, o importante não é alterar seu ritmo. O importante é dar-se conta de que você não está em contato com o que acontece porque sua preocupação é ir em frente. Quer você faça algo devagar ou depressa, sente que está distraído. Por isso, é necessário aprender a relacionar-se completamente com o que você estiver fazendo. Se você se relacionar completamente com o que estiver fazendo, não conseguirá apressar-se. Não precisa pensar no futuro: o que tem no momento já basta. Não se apressar é ter pleno contato com o que está acontecendo no momento. Em outras palavras, é necessária a sensação do momento presente. Um pouco de humor ou leveza também ajuda muito. Então, você começa a ver a situação presente de maneira total e completa, pois o processo de apressar-se é muito sério, muito sincero e honesto, e, em certo sentido, muito solene.

Quando a pessoa se relaciona de maneira direta e simples com as situações, ela se dá conta de que o corpo e a mente têm uma relação muito próxima. Mente e corpo são uma só coisa, não coisas separadas. O corpo é mente e a mente é corpo. As expressões do corpo são também, o tempo todo, expressões da mente. O trabalho, que é uma expressão da vida cotidiana, envolve o corpo e a mente de maneira igual. Não necessitamos desenvolver uma atitude filosófica especial para fazer com que nosso trabalho seja espiritual, mesmo se nossa atividade pareça não ter nada a ver com espiritualidade. Não precisamos tentar interpretar isso de uma maneira especial. Não precisamos descobrir ideias ou ideologias que se adaptem a um trabalho específico.

Por outro lado, o trabalho de muitas pessoas é em grande parte intelectual. Isso não é um problema. Você pode apreciar a qualidade rotineira da vida em qualquer situação. No entanto, penso que alguma disciplina física é também necessária na vida de uma pessoa. Sem isso, você poderia ficar totalmente absorto em suas ideias, como um professor distraído. Há sempre a necessidade de algo concreto como o trabalho físico ou artístico — algo em que você possa usar tanto as mãos quanto o intelecto. Se você adquirir o hábito de usar constantemente o intelecto como um meio de entender as coisas, tenderá a ficar completamente perdido nas ideias. A pessoa costuma se tornar agressiva, acreditando que todas as suas ideias científicas são corretas e infalíveis. Não consegue prestar atenção ao dia a dia. Portanto, falta alguma coisa quando se trabalha totalmente com o intelecto.

Não há necessidade de filosofar sobre o trabalho para torná-lo espiritual. De qualquer forma, ele tem influência espiritual. Se você considerar seu eu como uma pessoa que trilha o caminho espiritual, então tudo o que fizer será parte do caminho, uma expressão do caminho. Abrir mão da autorreferência, sufocar o ego, não buscar a felicidade e não evitar a dor — tudo isso nos traz para a realidade, onde tratamos as coisas direta e profundamente. Tratar as coisas dessa maneira não centrada em si, não egoísta, tem na tradição budista o nome de *upaya*, meios hábeis. Sem isso, não há como descobrir o guru ou mestre interior, como o poderíamos chamar, que é a constante instrução que você começa a receber no caminho. A situação da vida cotidiana torna-se o ensinamento; ela se transforma em um processo de aprendizado constante. Não há jeito de desenvolver a consciência de que existe um mestre interior se você não se relaciona diretamente com as situações, porque sem isso não há intercâmbio com seu mundo.

As experiências que integram o processo de aprendizado na vida diária não precisam ser especialmente místicas. Não precisam ser nada que se assemelhe a uma voz lhe dizendo: faça isto ou aquilo. Não são a tendência para ver simbolismo espiritual em toda parte.

Isso seria demasiadamente literal. O caminho espiritual é profundo em si mesmo — consiste, simplesmente, em ver as coisas como reais, diretas e simples, mas isso significa muito. A simplicidade nos permite lidar com qualquer coisa que surja. Porque são simples, as situações são puras. Não há aí, de modo algum, alternativas. Trata-se de uma situação direta.

Lidar com as situações físicas do mundo significa lidar ao mesmo tempo com as emoções. As expressões emocionais do corpo, de origem física, são óbvias; podemos trabalhar com elas de forma direta e simples. O importante é não rejeitar a situação em que nos encontramos agora. Não alcançaremos necessariamente o progresso espiritual mudando nosso estilo de vida. De fato, deveríamos quase esperar o oposto. Precisamos dar continuidade ao nosso estilo de vida, uma continuidade de experiência, envolver-nos nele e tentar encontrar dentro dele o que virá depois, o próximo passo, em vez de buscar um ambiente pré-fabricado que supostamente seja propício ao progresso espiritual. Um ambiente assim poderá ser temporariamente favorável, mas a certa altura nós nos tornaremos fracos porque essa situação é ideal e nos amolece. Então, quando surgir uma situação problemática, não seremos capazes de lidar com ela. Tentaremos recriar a situação ideal, maravilhosa. E o resultado será um constante anseio pela situação do futuro porque não soubemos nos relacionar com a situação do agora. Assim, transcender o materialismo espiritual significa aceitar a situação da vida diária. Esse é o ponto fundamental.

Capítulo 3

O MITO
DA FELICIDADE

odos nós queremos descobrir o sentido da vida. Algumas pessoas dizem que ele só pode ser encontrado na prática espiritual. Outras, na dignidade humana oriunda do sucesso no mundo. Ainda assim, o sentido da vida permanece aberto a discussões. É o tema de disputas filosóficas e dúvidas metafísicas. Essas não têm fim; a questão continua de pé e toda resposta é incerta.

Eu mesmo não espero poder responder completamente a essa pergunta. No que concerne ao sentido da vida, digamos que não estou mais adiantado do que vocês. Então temos algo em comum: eu próprio, o autor e vocês, os leitores. Estamos confusos sobre o verdadeiro sentido da vida. Nós não sabemos qual seja ele. Estamos completamente em dúvida. Muitas pessoas gostariam de ouvir respostas precisas e eu poderia inventar algumas para satisfazê-las. Poderia dizer, por exemplo, que o sentido da vida só pode ser encontrado na espiritualidade ou consiste em firmar os pés no chão e ser um bom cidadão. Contudo, tenho a impressão de que dar respostas não é uma coisa muito boa para se fazer. E talvez isso nem seja necessário para resolver o problema como tal.

No entanto, já que temos de começar em algum ponto, comecemos por aquilo que temos em comum — nossa confusão. Estamos aturdidos, confusos; comecemos então por aí. Talvez a linguagem da confusão possa ser entendida. Nessa investigação, o autor não se considera superior aos leitores. Consideremos estar interagindo de igual para igual. Há um termo em sânscrito, *kalyanamitra*, que significa "amigo espiritual". Esse termo parece apropriado aqui. Podemos relacionar-nos como amigos e não como mestre e discípulo. Somos iguais e o resto do mundo também está no mesmo nível que nós.

A situação física da vida é a única maneira pela qual nós podemos nos relacionar com nossa vida. Não acredito em um mundo místico ou etérico — o mundo do invisível, do desconhecido. Não há razão para se acreditar nisso, porque não o percebemos. A crença provém da percepção; ora, se não percebemos uma coisa, não acreditamos nela. A crença não provém da fabricação de ideias, embora milhões de argumentos e raciocínios lógicos tenham sido apresentados com essa finalidade. Por exemplo, dizem que há um mundo invisível que opera nos níveis mais elevados de consciência. Aparentemente, esse mundo mais elevado satisfaz às preocupações humanas, e castiga aqueles que não creem. Mas, sob o ponto de vista da física, esse mundo é irreal. Receio não ser suficientemente corajoso para dizer que existe outro mundo. Este mundo em que vivemos é o único mundo. É claro que também temos o mundo psicológico. Este mundo em que nós estamos, que tem esses dois aspectos, o mundo psicológico e o mundo físico, é o único mundo em que vivemos.

Temos problemas para lidar com esse mundo físico. Fundamentalmente, somos centrados demais em nossa relação com ele. Quando vemos as coisas em termos físicos, sentimos que devemos nos testar nesse reino físico. Adotamos uma abordagem materialista, tentando ganhar algo do mundo. Queremos que nossa atividade produza um bom resultado final; assim, nossa relação com o mundo físico torna-se uma relação materialista.

Há aqui dois tipos de materialismo: a condescendência com o materialismo físico e a condescendência com o materialismo psicológico. Ambos se voltam para a obtenção de conforto e felicidade. Contudo, queremos alcançar não apenas uma felicidade momentânea, mas uma felicidade definitiva. As pessoas pensam que o materialismo físico, voltado apenas para a felicidade temporária, não é suficiente. Pensam que, no caso de se concederem simplesmente o prazer imediato, não obterão conforto completo e definitivo. Portanto, acham que devem trabalhar e sacrificar um prazer momentâneo e parcial em troca de um prazer maior. Para obter isso, todos nós devemos trabalhar, ganhar dinheiro, ter um bom teto sobre a cabeça, a melhor comida e bons amigos ao nosso redor.

Algumas pessoas querem ir além da mera felicidade e buscam a fama. Imaginam que são criaturas especiais. Gostariam de se tornar atores famosos, músicos famosos, artistas famosos. Se você é uma dessas pessoas, acha que sua vida é uma obra de arte muitíssimo valiosa. Ela dá grande prazer a você e também aos outros, e você está certo de que seu intelecto e sua mente manipulativa não encontram rival em nenhuma outra pessoa. Você possui um QI elevado. É bem-sucedido nos negócios e, por isso, tem mais dinheiro, conforto e poder do que os outros costumam ter. Você é respeitado em sua vizinhança ou até mesmo no país inteiro — se seu sonho for além do nível da vizinhança. Você espera se tornar, um belo dia, uma pessoa reconhecida internacionalmente.

Materialismo físico, nesse nível, é acreditar na física em um nível literal, em termos de um ganho literal. Inicialmente, procurar tornar-se uma pessoa importante, mais poderosa, mais bem-sucedida é materialismo físico. Depois, ele se torna materialismo psicológico, porque você planeja todos os projetos de ficar famoso em um nível psicológico. De fato, a atitude psicológica de levar vantagem e estar à frente dos outros é sempre um fator importante aqui. Você está constantemente procurando ser mais esperto que seus competidores. Nesse sentido, materialismo físico e materialismo psicológico são a mesma coisa. A situação física vem junto com a atitude psicológica que lhe corresponde.

Temos finalmente o terceiro tipo de materialismo, a respeito do qual já falamos um pouco, que é o materialismo espiritual. O materialismo espiritual tem sempre a mesma lógica. A fim de alcançar um alto nível de espiritualidade, uma meta espiritual elevada, a iluminação, a união com Deus, e assim por diante, achamos que deveríamos nos tornar pessoas melhores espiritualmente. Deveríamos nos tornar conscienciosos, dispostos a enfrentar problemas e incômodos de todo tipo. Deveríamos estar dispostos a abrir mão de muita coisa e tornar-nos pessoas diligentes, autênticas, empenhadas na realização espiritual. O objetivo, do ponto de vista do materialismo espiritual, é construir uma casa espiritual permanente. Queremos subir ao céu. Queremos chegar a um lugar definitivo, onde não tenhamos nunca mais necessidade de nos sustentarmos, de maneira alguma. Queremos a felicidade eterna, ser felizes para sempre. Esperamos conquistar isso por meio de toda a sorte de sacrifícios. Estamos dispostos a sacrificar tudo, infligindo dor em nós mesmos; estamos dispostos a submeter-nos à disciplina, que é como a chamamos eufemisticamente. Abrimos mão disto e daquilo, pensando que assim ganharemos isto ou aquilo. Infligimos dor e sacrifício a nós mesmos porque pensamos que nosso volume de dor presente será igual ao nosso volume de felicidade futura. Quando chegar a hora, seremos recompensados por criaturas celestiais ou coisa semelhante.

Em apoio a essa ideia, novas técnicas estão sendo continuamente introduzidas em nossa sociedade; novos livros são constantemente publicados. Pensamos que os livros podem ensinar a maneira de nos tornarmos pessoas melhores, mais felizes. Procuramos, o tempo todo, uma relação feliz e permanente com alguma coisa. Queremos ser felizes para sempre, permanente e independentemente.

Essa também parece ser a ideia que muitas pessoas fazem da liberdade, ideia equivocada, pois a verdadeira liberdade não é assim. Você apenas gosta da ideia de liberdade em vez de ficar espiritualmente livre. Neste caso, a ideia de liberdade significa, de fato, servidão. Em sua mente, a felicidade fica atrelada à ideia de que você será livre em algum momento no futuro. Você pensa que, quando estiver livre, poderá se dar o trabalho de buscar a realização espiritual. Será capaz de ver o futuro; será capaz de ver o passado. Terá poderes telepáticos e conseguirá ler os pensamentos dos outros. Terá poder sobre as outras pessoas. Será capaz de varrer para longe o sofrimento delas, não importa qual seja sua situação kármica. No íntimo, você pensa que poderá conquistar o mundo inteiro. Tornar-se um imperador espiritual é o projeto básico do materialismo espiritual.

Em resumo, do ponto de vista do materialista, a espiritualidade é outro sonho de felicidade. Achamos que não precisaremos pagar nossas contas de energia elétrica e telefone. Seremos capazes de retirar-nos para as montanhas e viver em uma caverna. A vida será muito mais simples e prazerosa. Viveremos de alimentos naturais e seremos saudáveis. Não estaremos presos a nenhum tipo de obrigação. Não precisaremos atender ao telefone; não precisaremos manter uma casa. Estaremos perfeitamente "livres". A meditação ocorrerá naturalmente quando vivermos em uma caverna nas montanhas, entre as belezas da natureza e com ar puro, porque não haverá perturbações. Tudo será quietude. O silêncio reinará. Não haverá ninguém para irritar--nos porque teremos deixado para trás as associações desagradáveis de nossa história passada. Esqueceremos nosso passado, renunciaremos a ele. Não importa quem éramos; importa apenas quem somos agora. Viver nas montanhas, gozar a natureza, o ar fresco, vibrações fantásticas... blá-blá-blá...

Toda essa visão é muito vaga. Pode haver alguma sabedoria nela, mas já se disse que sabedoria sem compaixão não vale muita coisa. Se levarmos em conta a necessidade de compaixão, o cenário acima não se aplica completamente ao problema. É na sua conexão com a compaixão que começa a emergir a diferença entre a abordagem materialista da espiritualidade e a qualidade natural, verdadeira da espiritualidade. A abordagem espiritual sem o materialismo espiritual baseia-se na compaixão. A compaixão diz-nos que, mais cedo ou mais tarde, teremos de regressar ao mundo. Mas não é só então que deveremos nos relacionar com o mundo: isso tem de acontecer o tempo todo, porque a mente iluminada contém simultaneamente sabedoria e compaixão. Temos obrigações para com o mundo no qual fomos criados. Este é o mundo ao qual pertencemos; não podemos desistir dele sumariamente. Não podemos nos dissociar do passado ou de qualquer coisa que nos irrite.

De fato, a compaixão nos força a voltar ao mundo, que é o único caminho. Temos de conviver com as pessoas: nosso pai, nossa mãe, nossas irmãs e irmãos, nossos vizinhos e nossos amigos. Temos de fazer isso porque as pessoas com quem estamos associados na vida fornecem-nos a única situação que nos impulsiona para a busca espiritual. Sem elas, seríamos absolutamente incapazes de investigar tais possibilidades. Elas nos dão irritações, negatividades e exigências.

Elas nos dão tudo. Deveríamos sentir-nos em dívida pela oportunidade de trabalhar com elas porque somos inspirados por sua energia e, possivelmente, por sua bondade.

Afinal de contas, portanto, nossa jornada espiritual não é tão romântica assim. Não lembra em nada férias, feriados ou qualquer coisa parecida. Ela está ligada à nossa vida diária, comum e às vezes irritante. Desse ponto de vista, a busca espiritual é algo muito sóbrio. Não tem nada a ver com um prazer especial ou a felicidade transcendente.

Isso não significa, é claro, que você deva procurar a dor. Basicamente, a prática espiritual significa voltar para o mundo, trabalhar com o mundo vivo, existente. Se você cresceu nos subúrbios, volte para os subúrbios e conviva com as pessoas dali. Se tiver sido criado na cidade, volte para a cidade e trabalhe com seus moradores. Volte. Volte. Essa é a única inspiração que existe. Você pode ler as escrituras, os livros sagrados de grandes mestres, mas esses textos podem tornar-se simples mitos. Eles contam a história de alguém que viveu, no passado, um certo tipo de vida e escreveu sobre o que viu. A verdadeira escritura, o texto verdadeiro, encontra-se na situação viva na qual nós crescemos. Encontra-se na situação concreta que é viver no mundo com o qual estamos familiarizados, nosso mundo irritante. Isso pode ser muito incômodo; mas é aí que a inspiração está.

É para aí que a compaixão nos conduz. Compaixão não é tentar se sentir caridoso, como muitas pessoas pensam. Compaixão é a generosidade fundamental que significa que você não precisa reter nada. Você se relaciona generosamente com a situação corrente a seu redor, sem se defender.

Às vezes, o modo como tentamos aplicar a compaixão e ajudar os outros causa problemas. Você pode estar sendo sutilmente competitivo quando *tenta* ser habilidoso e compassivo para com os outros. Digamos que eu queira ver você se tornar uma pessoa muito correta.

Tenho minha ideia do que significa ser uma pessoa correta e desejo colocar você dentro dessa fôrma. Então lhe imponho minhas fantasias em vez de deixar que você seja como é. Esse é com frequência o problema no relacionamento dos pais com os filhos. Seu pai é advogado e você tem uma história familiar de advogados famosos; então, automaticamente, a ideia é de que você deva ser um advogado também. Seu bisavô foi presidente deste país, por isso você também deve ser um político proeminente.

A ideia real por trás dos "meios hábeis" ou *upaya* é a de se ter uma compreensão direta, quase científica ou desapegada das coisas tais como elas são neste exato momento, sem projetar o passado ou o futuro sobre a situação. Sua compreensão deve ser a do mecânico que conserta um automóvel. Não importa o que houve de errado com seu carro ou o que poderá acontecer com ele no futuro. A fim de consertar seu carro agora, você precisa saber o que está errado neste exato momento. Algumas peças estão com defeito, outras se deterioraram — ou qualquer coisa do gênero. Apenas se relacione com a situação presente. Esses são os meios hábeis. A situação fala por você e não será necessário elaborar nenhuma estratégia. Só importa o que se tem aqui e agora.

A noção popular e confusa de compaixão baseia-se na ideia de caridade, pela qual a pessoa se mostra bondosa porque se julga afortunada e, portanto, deve ser boa para os outros que não têm essa sorte. Você poderia ir para países subdesenvolvidos ou juntar-se ao Corpo da Paz. Seu país é rico, mas aqueles, não. Lá, as pessoas são analfabetas, assim você vai ensiná-las a ler, escrever e fazer as coisas direito. Pensando assim, você está na verdade menosprezando aquela gente.

Você poderá pensar também em termos de trabalho voluntário psicológico. Espera-se que você seja psicologicamente equilibrado, a fim de trabalhar com aqueles que são psicologicamente desequilibrados. Você será então um modelo de sanidade mental. Talvez gostemos da ideia de melhorar o mundo. Mas quando conseguimos transformar uma comunidade subdesenvolvida em uma pequena cidade industrial altamente sofisticada, esperamos ser recompensados por isso. Esperamos algo em troca. Podemos jogar toda espécie de jogos de caridade, mas isso não é caridade verdadeira de modo algum. Com esses jogos, o que pretendemos é nos sentir sempre por cima.

Ter compaixão verdadeira não é pensar "eu gostaria de fazer esta pessoa feliz, encaixando-a na minha ideia de felicidade"; é antes perceber que uma pessoa necessita realmente de ajuda. Você se coloca à disposição dela. Você simplesmente se relaciona com ela e espera para ver aonde isso vai levar. Essa é uma abordagem mais exigente e mais generosa da expectativa de que a pessoa se torne isto ou aquilo.

Eis uma maneira autêntica e vigorosa de encarar a compaixão. É ela que examinaremos mais a fundo neste livro: compaixão além do materialismo psicológico e espiritual. É a abordagem genuína das coisas, a abordagem verdadeira à nossa situação de vida. Temos de distinguir entre a abordagem comum à prática espiritual, que é materialismo espiritual, e a verdadeira prática espiritual. Precisamos ver essa diferença claramente.

O conceito de prática espiritual pode ser facilmente enganador. As pessoas pensam que estão começando o caminho espiritual, mas logo se encontram no materialismo espiritual. É muito mais fácil entrar no materialismo espiritual, associado com o mundo competitivo, do que entrar na verdadeira espiritualidade, que implica abrir mão da nossa ambição e agressividade. Isso é muito mais difícil e não especialmente atraente. Eu diria que tampouco é particularmente instigante e interessante. Infeliz, ou talvez felizmente, também não é especialmente divertido.

Quando trabalhamos com as outras pessoas, a espiritualidade verdadeira exige simplesmente que façamos, que ajudemos. Se você fizer isso de maneira inábil, será repelido. Uma mensagem direta está sempre lá, a menos que você esteja sonhando, caso em que não receberá mensagem alguma. Mas se você se relacionar diretamente com as coisas, ainda que movido pela ambição, não há problema. Mensagens chegarão a você automaticamente, de maneira instantânea. Isso é o que podemos chamar de autêntica experiência mística.

A experiência mística reside em nossa situação de vida real. É uma questão de se relacionar com o corpo, com a situação física. Se colocar sua mão sobre um dos queimadores do fogão, você se queimará. Essa é uma mensagem muito direta de que você está distraído. Se você perder a cabeça e bater a porta depois de uma discussão inflamada, talvez prenda seu dedo na porta. Receberá uma mensagem muito direta — seu dedo ficará machucado. Nessa situação, estará em contato direto com as coisas, com as energias vivas da situação. Manterá contato direto em vez de criar estratégias para obter um resultado ou de buscar meios para moldar ou remodelar sua experiência. A própria situação indica, automaticamente, o próximo movimento. A vida se torna como que uma música. Você dança de acordo com a vida. Não precisa lutar para remodelar coisa alguma. É precisamente isso o que significa ausência de agressão, uma das ideias-chave dos ensinamentos budistas. Dançar conforme a música da vida não é, absolutamente, criar uma situação agressiva. É viver de acordo com as quatro estações, para usar a metáfora do crescimento da planta ao longo do ano. Essa é a ideia de *lalita*, um termo sânscrito que significa "dançar". Poderíamos também traduzir lalita como "dançar com a situação". As situações nos inspiram; nós não criamos as situações.

Repito: essa abordagem não consiste em montar uma estratégia para ajudar alguém. Consiste simplesmente em fazer. Se você jogar um cãozinho no rio, ele nadará automaticamente. A inteligência subjacente está sempre pronta para entrar em ação, mas tendemos a considerá-la pouco importante e procurar outra coisa que seja mais profunda e precisa. Na medida em que nos relacionamos com nossa inteligência primordial implícita e na medida em que nos forçamos um pouco, mergulhando dentro das situações, a inteligência emerge automaticamente. Quando estamos no meio de uma situação, tiramos dela, automaticamente, o que é necessário. Não se trata de como fazer — nós simplesmente fazemos. E surpreendemo-nos fazendo perfeitamente. Isso pode acontecer. Se, por outro lado, pensamos em *como* fazer, tornamo-nos automaticamente mais autoconscientes. A abordagem do "como fazer" implica duas ideias: como não fazer e como fazer. Sua mente se divide então em duas partes: uma se ocupa da possibilidade de cometer erros e a outra, com a de obter um resultado. Por isso, a abordagem de "como fazer" pode ser negativa, enquanto apenas fazer é muito positivo.

A técnica da meditação é a maneira de fazer, pura e simplesmente. Na meditação, a vida expõe-se a nós e encontramo-nos no meio de uma situação de vida. Em definitivo, isso requer uma abordagem intuitiva. Usar a intuição dessa maneira exige uma atitude positiva, uma convicção de que somos pessoas basicamente sadias, de que não estamos condenados e não somos vistos como pecadores. Nós já somos, fundamentalmente, pessoas sadias. Apesar das projeções que possam ser feitas sobre nós, apesar da sombra que possa ser lançada sobre nós, o importante é que vejamos através da sombra e simplesmente façamos e vivamos. Isso é intuição.

A confusão é uma divisão, uma espécie de atitude esquizofrênica, uma confusão entre isto e aquilo. Não podemos ficar confusos a menos que tenhamos dois lados que nos confundam. Quando estamos confusos, o raciocínio simplesmente torna as coisas ainda mais nebulosas. Às vezes, as pessoas confundem a aplicação dos meios hábeis, baseados na intuição, com a impulsividade. O impulso é frívolo. Pensamos em algo que desejamos fazer e, imediatamente o fazemos. Impulsividade é desatenção. Ela se baseia no medo e na confusão, não no instinto direto de "simplesmente fazer", que estamos discutindo. No caso da intuição, compreendemos completamente a situação antes de fazer algo, mas não criamos uma divisão. Há uma enorme diferença entre aplicar a intuição e fixar-se no "como" ou "no que" fazer diante de uma situação.

A questão é que não podemos obter instruções prévias sobre técnicas específicas de primeiros-socorros a serem aplicadas diante de *cada* situação com que venhamos a nos defrontar. É por isso que falamos em aplicar nossa intuição. Não existem instruções que nos ensinem a enfrentar cada situação específica. A questão é saber como lidar com as situações *em geral*, antes que ocorra aquela em que você estará particularmente envolvido. Assim, se nossas situações correntes da vida diária estiverem ligadas à intuição e não aos impulsos, conseguiremos dar conta de qualquer desafio especial. Não há diretrizes estabelecidas sobre como nos comportarmos em coquetéis, por exemplo. Se tais diretrizes fossem fornecidas e tentássemos segui-las, teríamos de mudar imediatamente e ser pessoas diferentes, o que não é possível. Meios hábeis e intuição são um assunto importante para nosso progresso contínuo no trato com a vida, mesmo não havendo nenhum coquetel. Temos que adotar um processo contínuo de intuição e tentar perceber a diferença entre as qualidades do impulso'frívolo e a intuição. Se formos capazes de nos relacionar com isso durante o dia, estaremos bem preparados, ao anoitecer, quando a reunião para o coquetel começar. Não há uma pronta resposta pré-programada para tudo. Qualquer tentativa tem de ser considerada um processo de longo prazo. Temos de nos encontrar pela primeira vez com nós mesmos, completa e verdadeiramente. Temos de fazer amizade com nós próprios. Preciso saber quem sou, o que sou e o que é o mundo para mim.

Intuição é confiar em nós mesmos. Sentimos que podemos nos *permitir* confiar em nós mesmos, o que significa ser amigos de nós mesmos. Então concluímos que não somos pessoas perigosas, como talvez tenhamos acreditado. É possível que nos tenham dito que somos pessoas perigosas, que temos de nos vigiar; mas agora, finalmente, podemos relaxar, trabalhar com nós mesmos. Nossa existência não é assim tão ultrajante, perigosa ou suicida.

Somos bons; no fundo, somos sadios. Além disso, essa sanidade especial é capaz de acomodar tanto nossa maldade quanto nossa bondade. Quando somos bons, não ficamos particularmente encabulados a respeito de nossa bondade e, quando somos maus, tampouco ficamos especialmente chocados por isso. Esses são simplesmente nossos atributos. Quando começamos a aceitar esses dois aspectos de nosso ser como energia, como parte da visão de nós mesmos, então fazemos contato com a bondade fundamental, que pode acomodar todas essas energias como parte de nosso ser básico. Isso é muito concreto e muito simples. É verdadeiramente inabalável. Eis a ideia básica do bem: ele pode acomodar, ao mesmo tempo, o errado e o certo. Por isso é bom. É chão firme, terreno sólido.

Finalmente, quando começamos a nos relacionar com o bom e o mau, não temos mais nada a transcender. Fazemos isso por causa da inexistência de uma qualidade sólida do bom e do mau. Quando olhávamos para eles como solidamente existentes, víamos o bom como definitivamente auspicioso e o mau como definitivamente desesperador. Não os vemos mais dessa maneira, absolutamente. Agora, não perdemos a esperança só porque nos julgamos maus nem a cultivamos só porque nos julgamos bons. Podemos acomodar as energias da luz e da escuridão nesse solo básico. Isso não é exatamente transcender, mas acomodar — reconhecer que o bem e o mal existem concomitantemente. O terreno básico não é infectado ou influenciado por nenhum deles.

Do ponto de vista do ego, solidez significa não permitir que haja espaço para o desenvolvimento de qualidades fluidas. O espaço é sólido. Em outras palavras, o espaço torna-se antiespaço. Não há lugar por onde possamos nos mover. Mas há outra ideia de solidez. No sentido positivo, quer dizer contato completo com a natureza. Então, sabemos como nos relacionar diretamente com as coisas. Conhecemos diretamente as leis da natureza. Não somos suscetíveis de ser influenciados por frivolidades de qualquer espécie, porque nossos fundamentos são definidos. Não temos dúvidas sobre nós mesmos.

A verdadeira busca espiritual não consiste unicamente em procurar a felicidade. No entanto, essa abordagem limitada ainda é muito aceita. Segundo essa ideia predominante de espiritualidade, a pessoa que alcança a realização parece muito feliz. Sorri constantemente e diz coisas boas a respeito de todos. As pessoas que adotam essa visão do caminho espiritual dizem: "Amo você". Beijam os outros, lançam flores, vestem-se de branco e tudo é bonito, sem problemas e feliz. Seu ponto de vista é que a espiritualidade garante a felicidade definitiva e que, se você se juntar a seu clube, será feliz para sempre, porque não acreditam em maldade e infelicidade. Tudo ficará bonito e cheio de flores. A vida espiritual é colorida, feliz e brilhante.

Essa é a "viagem" da espiritualidade e o importante é sair dela. Depois, sua atitude compassiva ainda poderá ter algo de falso, para início de conversa. Os praticantes têm de aprender a ir além de seus limites para se comunicar com outras pessoas. No começo, talvez não sintamos vontade de nos comunicar e tenhamos de nos forçar a isso, a nos comunicar com o mundo, com o sofrimento e o prazer, e com todo o resto. Afinal, o mundo espiritual não é um mundo tão feliz assim; ele também está repleto de muita dor, sofrimento e miséria — junto com felicidade e inspiração, é claro. Mas nos relacionarmos com o mundo real não é somente uma questão de pura felicidade. Logo, no início, o praticante poderá necessitar de um ponto de partida. Poderá ter de simular, o que não é bom. Diz-se muitas vezes que essa é uma atividade do ego, mas isso não importa de modo algum. Se a pessoa for capaz de prosseguir nesse caminho, desenvolverá gradualmente a convicção e a confiança. Sua maneira de enfrentar as situações finalmente se tornará real. Ela estará lidando com o mundo real.

No começo, nem sequer a meditação é meditação no sentido integral do termo. Imaginamos que estamos meditando. Inicialmente, nenhuma das disciplinas espirituais que possamos praticar será real de modo algum. Apenas nos imaginamos praticando-as. Mas essa espécie de impostura limitada e essa espécie de faz de conta devem ser aceitas como um ponto de apoio inicial. Não temos nenhuma outra maneira de fazê-lo. Não podemos absolutamente começar de modo perfeito. Temos de usar a imperfeição como um caminho rumo à perfeição. É tudo o que podemos fazer. Temos de usar a pobreza para ficarmos ricos. Não existe nenhum outro jeito.

O misticismo geralmente pressupõe uma qualidade misteriosa de algo oculto, fora de nosso alcance. Mas uma abordagem verdadeira ao misticismo envolveria a apreciação da qualidade misteriosa da representação dos fenômenos, que não está verdadeiramente escondida de nós. A experiência mística, nesse segundo sentido, é frequentemente lúdica e encerra uma grande dose de humor. Há algo que não é bem solene e concreto, mas que proporciona o intenso prazer de vivenciar as coisas tais como são. Na tradição do sufismo, por exemplo, há centenas de histórias sobre o grande místico Mulá Nasruddin. Nasruddin encarava o mundo de uma forma muito bem-humorada. Descobria humor em todas as situações. A espiritualidade verdadeira possui essa mesma qualidade, porque compreende que o mundo já é um mundo espiritual. Comunicamo-nos com a vida como ela é em vez de tentar inventar alguma nova abordagem espiritual a ela. Regalar-se com as coisas tais como elas são é o humor verdadeiro.

A espiritualidade verdadeira consiste em aceitar o mundo como um mundo que já é espiritual. Assim, não precisamos remodelá-lo. Para aqueles que acreditam em uma visão tradicional do misticismo, o mundo é misterioso. Eles não podem experimentar o misticismo no seu sentido mais pleno porque esperam demasiado. Ficam surdos e mudos diante dos ensinamentos, que lhes parecem altamente misteriosos. Mas não são misteriosos para aqueles que verdadeiramente vivenciam o misticismo no seu sentido mais completo. A realidade do mundo poderia ser chamada de autossecreta. Nesse sentido, o espiritual ou místico é aquilo que contém a verdade. A espiritualidade verdadeira é a ausência de frivolidade, a ausência de crença no bem e no mal no sentido religioso, a ausência de religiosidade. Assim, a espiritualidade parece transcender a religião das igrejas estabelecidas. É aquilo que está contido na situação de vida, que fala a verdade, que nos lembra da situação natural das coisas tais quais elas são.

Capítulo 4

SIMPLICIDADE E CONSCIÊNCIA

Há duas abordagens ao trabalho muito comuns: preencher o espaço de maneira a não haver lugar para o processo criativo ou ficar com medo do processo criativo e, portanto, evitar se envolver nele. Esses são dois exemplos de abordagem do ego ao trabalho. Ao preencher o espaço em vez de deixá-lo ser o que é e permitir que o processo criativo se desenvolva, o ego impõe automaticamente à nossa consciência a próxima pista do que está acontecendo. Isso ocorre porque temos medo de uma solução de continuidade que nos forçaria a olhar para trás e ver nossa origem fundamental. Ver sua própria nudez é muito perturbador para o ego, pois isso traz para ele uma sensação de derrota. Portanto, quando percebe o espaço aberto, você fica com medo de iniciar qualquer processo criativo adicional que possa revelar novamente esse espaço.

Entender esse processo poderia ajudar-nos a ir além da abordagem costumeira do senso comum que aplicamos ao trabalho. Em geral, quando concluímos que temos de trabalhar para ganhar dinheiro, simplesmente trabalhamos de uma maneira mecânica. Quando sentimos que não precisamos mais trabalhar, passamos a fazer outra coisa qualquer. Com essa abordagem mecânica, não estabelecemos uma relação adequada com o trabalho em si. Trabalhar não significa apenas ganhar dinheiro e cumprir uma tarefa ou simplesmente realizar algo com eficiência. Trabalhar é criar.

A resistência à criatividade também provém do desejo de não se relacionar com a terra. Não se permitir uma associação com a terra significa não ser capaz de apreciar as coisas corretamente, tais como elas são, não ser capaz de sentir verdadeiramente o vínculo entre nós e os objetos com que estamos lidando. Se percebermos nossa relação com uma flor silvestre, poderemos nos abaixar e sentir seu perfume, sem preguiça de fazer isso.

Quando ocorre essa espécie de comunicação fluida entre nós e o objeto, o ego não tem a oportunidade de digerir coisa alguma; ele não recebe um relatório sobre nós e nosso trabalho. Quando nosso trabalho se torna uma comunicação natural e espontânea, o ego não tem oportunidade para agir como intermediário. Contudo, o que em geral acontece é que o ego tem mensageiros que trazem informações de volta para seu quadro de controle. Então, ele as aceita ou rejeita. Tudo depende do que lhe cause prazer. Por outro lado, se temos uma comunicação boa e fluida com o trabalho, trabalhamos sem a autoridade do ego, o que é muito humilhante para ele.

O ego nasce de nossa confusão, e a confusão nasce do pânico e do medo. Não existe um ego definitivo como tal; o ego é antes constituído de diferentes ingredientes. Portanto, eu não diria que ele seja especialmente mau, mas que não é uma coisa muito sadia, porque começar com confusão, ignorância e medo é como tentar plantar cimento em pó como se fosse semente. A sensação é a de estar totalmente separado das demais coisas. É por isso que há pânico. Nós nos sentimos apartados de tudo o mais, e, por isso, tremendamente inseguros, como se estivéssemos sozinhos no meio do deserto do Saara. Passamos a ser ameaçados por tudo. Aí começa o pânico e, uma vez começado o pânico, logo começa também a confusão — porque, quando entramos em pânico, não sabemos o que estamos fazendo. A ignorância assume o controle, para falar com crueza. Então, o ego não é criativo.

Querer preencher o espaço é uma resposta neurótica muito comum ao pânico. Nessas horas, o trabalho torna-se um meio de fuga. Se estiver enfrentando a depressão ou o medo, ou se a vida simplesmente não estiver correndo sem problemas, você logo começará a lustrar sua mesa ou a arrancar as ervas daninhas do seu jardim. Sem demora, tentará encontrar algo para fazer. Essa é uma maneira de reagir fisicamente ao padrão mental do ego. Nesse caso, o trabalhador não tem absolutamente nenhuma comunicação real com o seu trabalho. O trabalho é um meio de fuga ou, no nível mental, um pretexto para não encarar o problema básico. Aqui a pessoa está envolvida no processo por impulso. Está procurando um tipo de prazer momentâneo. De certa maneira, está vivendo no agora, vivendo o instante. Mas esse é o modo errado de viver o momento presente, porque a pessoa não se sente capaz de analisar o problema básico, fazer o retrospecto e aprender com isso. Tenta, automaticamente, preencher o espaço — o espaço físico, mas também o mental ou espiritual. O espaço — qualquer canto vazio — parece assustá-la.

Muitas vezes, essa abordagem pode ser percebida no modo como a pessoa decora sua casa. Sempre que há uma parede vazia, ela coloca alguma coisa sobre ela. Se um espaço fica vazio, ela pendura um quadro ou ocupa-o com um móvel. Cada vez que há uma sensação de espaço, ela preenche a lacuna. Por isso, seu estilo de decoração interior é o de encher completamente as salas. O espaço vai ficando cada vez mais atravancado. E quanto mais atravancado ele estiver, mais confortável se sentirá a pessoa, porque não precisará lidar com áreas desconhecidas, indeterminadas.

Eis outro aspecto desse tipo de manifestação do ego: quando uma pessoa vê um pouco de pó em algum lugar, sente que essa pequena quantidade de pó é tão importante que é preciso limpá-la imediatamente. Cada partícula de pó transforma-se em invasão de seu espaço e ela tem de limpá-lo e preenchê-lo. Ocupa-se o tempo todo em preencher vazios.

Muitas pessoas sofrem dessa neurose de encher o espaço. Quando se aposentam, procuram imediatamente outro trabalho para se manter ocupadas. Sem isso, ficariam com medo de perder o entusiasmo, a sensação de estar constantemente avançando. Apenas seguir em frente e fazer alguma coisa torna-se sua ocupação, o que é um processo muito neurótico.

A outra abordagem, baseada no medo da criatividade, é o da pessoa que resiste a assumir um emprego ou trabalhar. Essa abordagem revela uma espécie de cegueira, já que a pessoa não utiliza a própria inteligência. Nas décadas de 1960 e 1970, muitos jovens repudiavam a necessidade de trabalhar. Esse protesto era uma espécie de recusa a aceitar os aspectos práticos da vida, uma recusa a ligar--se com a própria terra. Essa atitude é muito significativa. Qualquer ser humano, jovem ou velho, tem uma inteligência muito grande. E por causa dessa inteligência, sabe dos problemas que enfrentará caso inicie um processo criativo. O principal problema que essas pessoas temem é: depois que começarem, não poderão mais parar. Terão de continuar envolvidas. Um tipo de trabalho leva a outro, isto é, trabalhar consigo mesmo é um processo sem fim.

Discutir essas abordagens ao trabalho é importante porque precisamos compreender que tudo o que fazemos repercute fisicamente em nosso estado de espírito. Qualquer movimento feito no nível físico tem um significado no nível espiritual. Isso pode soar irreal, mas é assim mesmo. Quando falo aqui sobre espiritualidade, não me refiro a atitudes pietistas ou religiosas. Aqui, espiritualidade significa a verdade, a instantaneidade dos fatos naturais da vida. Toda situação influi na psicologia da pessoa, sobre a sua psicologia verdadeira, o aspecto absoluto da mente.

Uma pessoa pode ser muitíssimo inteligente e recusar-se a trabalhar, quando é demasiadamente preguiçosa para se dedicar a qualquer atividade. Ela prefere sonhar acordada ou pensar em outra coisa. Para mim, isso é uma espécie de postura anárquica. Se você faz algo construtivo e prático, beneficia a sociedade. Significa cuidar de algo, o que parece ser muito ameaçador para esse tipo de pessoa, porque ela não quer ajudar a preservar ou melhorar a sociedade.

Mesmo que você seja contra o materialismo da sociedade e não queira incentivá-lo, recusar-se a trabalhar é entender tudo errado. Fugir do trabalho e das atividades práticas não leva a nada. Mais do que qualquer coisa, isso só aumentará sua própria negatividade. Não fazendo coisa nenhuma para ajudar, você meramente terá a sensação de ser inútil para a sociedade. Se realmente levar essa espécie de omissão à sua conclusão lógica, então não deveria comer, nem mesmo respirar, porque o ar que respira pertence ao mundo ou à sociedade. Essa abordagem pode levar a extremos, implicando, por exemplo, que você nem mesmo deveria existir.

Há uma grande confusão sobre materialismo e sociedade. Apenas tomar conta da própria empresa ou mesmo administrar um negócio não implica materialismo. Não há nada de errado com tudo isso. O que realmente gera uma visão materialista da sociedade é o materialismo psicológico. O materialismo vem associado a um tipo de filosofia contagiante, transmitido oralmente de pessoa para pessoa e ensinado a todos por meio de exemplos. Uma pessoa aprende isso de outra. É assim que o materialismo psicológico funciona. Contudo, tentar evitar essa contaminação unicamente não fazendo nada, não ligando absolutamente para coisa alguma, simplesmente não funciona.

Não fazer nada é uma forma de preguiça e, para sermos preguiçosos, temos de desenvolver certo tipo de inteligência. Na realidade, a preguiça pressupõe uma inteligência tremenda. Quando você é preguiçoso, tão logo sente vontade de fazer alguma coisa, imediatamente lhe vem à mente algum pretexto para não fazê-la. Mais tarde poderá dizer: "Não fiz isso porque não tive tempo. Ocorreu este ou aquele incidente que me impediu de fazer. Não fiz por causa disto ou daquilo". Essa resposta automática é muito conveniente. A pessoa tem de ser muito inteligente para encontrar esse tipo de desculpa. Há uma enorme inteligência contida na preguiça, mas é uma inteligência mal-empregada.

A melhor maneira de usar a inteligência é aprender a perceber qual é a ação mais indicada para determinada situação. Para tanto, temos de nos relacionar com a terra tão diretamente quanto possível. Fato interessante, chamamos a isso estar "aterrado". Nessa abordagem, não consideramos o trabalho apenas como uma tarefa, mas também como uma maneira de nos expressarmos. Pode ser cuidar do jardim ou fazer trabalho doméstico — cozinhar, lavar pratos —, qualquer coisa. Essas não são propriamente tarefas, mas aquilo que deve ser feito porque a natureza exige atenção. Quando você deixa alguma coisa por fazer ou não desempenha sequer tarefas insignificantes como cozinhar com atenção plena e adequada e clareza de pensamentos, o que se segue é sempre uma espécie de caos. Isso ocorre porque você não estabelece a devida conexão e não expressa corretamente seu amor pela terra. Você quebrará um prato, derramará algo, a comida sairá ruim ou alguma outra coisa dará errado. A natureza tende a reagir com muita sensibilidade dessa forma. Se você não sentir uma ligação entre você mesmo e seu trabalho, o resultado será o caos.

Um estado de espírito equilibrado depende do modo como você faz as coisas, enche uma xícara de chá e depois adiciona o açúcar e o leite. Talvez isso pareça insignificante, mas tem muita importância. Sempre é possível dizer se uma pessoa sente a atividade em que está engajada como um ato de se relacionar com a terra ou se a considera algo de menor importância, que faz porque *precisa* fazer. Se a pessoa não estiver tendo uma boa relação com a terra, você sempre perceberá nela uma certa falta de destreza, mesmo que pareça estar trabalhando bem. Isso é muito evidente e fácil de sentir.

O mesmo se aplica à maneira como você conduz sua vida de um modo geral. Toda situação tem valor espiritual. Se você não sente cada passo que dá, seu padrão mental se torna caótico e você começa a se perguntar de onde vêm esses problemas. Eles simplesmente irrompem do nada, pois são sinais de que você não lhes dá atenção. Eles estão dizendo: "Algo está errado e nós queremos atenção". As situações solicitam sua atenção porque você se recusa a ver as sutilezas da vida. Mas se você for capaz de vê-las, se ficar atento, aí elas não reclamarão sua atenção. Aqui, é impossível trapacear. Você não pode fazer de conta que é capaz de encher uma xícara de chá elegantemente. Não pode fingir isso. Não consegue enganar; ao contrário, você realmente tem de sentir o que faz; tem de sentir a terra e sua relação com ela. Então, depois de ter começado assim, precisará terminar tudo o mais segundo esse mesmo processo de trabalho. Venho falando apenas sobre situações domésticas, mas o mesmo se aplica a quaisquer outras.

É muito interessante observar a cerimônia japonesa do chá. Ela começa pela reunião dos elementos necessários: a tigela e o guardanapo, o batedor, a água fervente, e assim por diante. Tudo é feito metodicamente, da maneira apropriada. Depois, o chá é servido e os convidados bebem-no sem pressa, com a sensação de estar fazendo tudo da forma correta. A cerimônia inclui também o modo correto de limpar as tigelas e retirá-las para guardar. Guardá-las é tão importante quanto arrumar o espaço no começo. Em geral, quando sentimos o primeiro impulso para fazer algo — falemos outra vez de cozinhar —, costumamos reunir uma porção de ingredientes, picá-los e cozinhá--los com grande entusiasmo. Depois de picar, cozinhar e esvaziar o prato, com frequência simplesmente deixamos tudo espalhado. Não pensamos que temos de limpar. Esperamos que um voluntário apareça e nos ajude a concluir a tarefa. Se esse voluntário for prestimoso, não dirá absolutamente nada: lavará nossos pratos tranquilamente e guardará tudo antes mesmo de percebermos sua presença. Não é isso que queremos!

Na roda viva da existência materialista, a publicidade nos convida a comprar o sem-número de coisas que são produzidas, mas ninguém explica como jogá-las fora — como livrar-se do lixo. Esse parece ser nosso maior problema. Eis uma variante do ditado tibetano que já citamos: "É melhor não começar nada, mas, se você começar, limpe a bagunça que fez". Portanto, o desafio não é apenas o trabalho em si, mas também o modo de terminá-lo corretamente.

Nossa abordagem a um trabalho no mundo lá fora, para além da situação doméstica, é também extremamente importante. Se você não utiliza o trabalho como uma fuga ou uma forma de ignorar sua existência básica, trabalhar é bom. Quer você tenha seu próprio negócio ou seja empregado, trabalhar é importante. É tremendamente importante caso você esteja interessado no desenvolvimento espiritual, porque as dificuldades em trabalhar com você mesmo sempre aparecem em seu relacionamento com outras pessoas e com a desordem associada ao contato com seres humanos e coisas. Esse é um dos meios mais sutis de gerar autodisciplina e resolver essas dificuldades. Se você trabalha em uma fábrica, não menospreze os outros como meros operários e fabricantes de objetos materiais. Você pode aprender muitíssimo com seu emprego fabril e com seus colegas de trabalho.

Muitos dos problemas que as pessoas têm no relacionamento com o trabalho provêm de uma pseudossofisticação da mente analítica: você não quer de modo algum empenhar-se fisicamente, quer trabalhar apenas intelectual ou mentalmente. Esse é um problema espiritual, que ocorre quando a pessoa interessada no desenvolvimento espiritual pensa em termos da importância da mente. Gostaríamos de ter uma compreensão mais profunda ou mais elevada, aquela compreensão misteriosa, mais elevada e mais profunda das coisas, seja lá o que for que isso possa ser. De fato, as coisas mais elevadas, mais profundas e mais transcendentais existem na pia da cozinha e na fábrica. Essas situações talvez não sejam muito agradáveis nem tão fascinantes quanto ler sobre experiências espirituais, mas nelas existe a verdadeira realidade. Trabalhar com as pessoas e descobrir sua simplicidade, assim como enfrentar todos os problemas que atravessam nosso caminho, confere uma tremenda profundidade à nossa experiência. Se você estiver efetivamente trabalhando em uma fábrica ou tocando seu próprio negócio, encontrará todo tipo de pessoas e coisas que repercutirão em seu próprio estado de espírito. Há uma simplicidade sutil no modo como enfrentamos as situações comuns do trabalho. A espiritualidade do terra a terra, quase diríamos do tipo camponês, é algo que frequentemente nos falta muito. Essa espécie de qualidade tribal ou camponesa é uma das qualidades mais bonitas, sadias e equilibradas que existem.

Se você tiver essa qualidade de simplicidade ligada à terra, então, de fato, não terá de modo algum problemas com sua mente. Tudo funcionará de uma maneira equilibrada e ligada à terra. Tudo será tratado correta, completa e simplesmente. Quando consideramos, por exemplo, nativos da Índia, do México ou dos Estados Unidos, descobrimos que eles são saudáveis porque estão ligados à terra. E são saudáveis porque resolvem pessoalmente as situações. São fortes, sérios e rudes. Observando-os, é quase impossível pensar que possam perder a cabeça. Há neles alguma coisa de sólido e prático. Pessoas do passado, como o Buda e o Cristo, eram desse tipo. Passavam muito tempo com camponeses e gente simples. As pessoas que escreveram ou coligiram os Vedas, o Dhammapada e todas as grandes escrituras não eram intelectuais pomposos.* Eram pessoas simples. Viviam uma vida muito singela. Iam buscar a própria água e cortavam a própria lenha para fazer seu chá e sua sopa. Aprenderam a executar as tarefas domésticas e a viver de um modo rústico.

Para desenvolver o espírito e a capacidade de executar ações corretamente, temos de simplificar muitíssimo nosso modo de encarar a vida. Se formos capazes de fazer isso no nível corporal ou físico, também seremos capazes de lidar com nosso aspecto psicológico, porque a simplicidade faz uma tremenda diferença em nosso estado de espírito. Todo o nosso padrão de pensamento mudará. O jogo interior,

---

* Os Vedas são os textos sagrados mais antigos do hinduísmo, escritos em sânscrito arcaico. Tradicionalmente, acredita-se que compreendem quatro coleções: os Samhitas, os Brahmanas, os Aranyakas e os Upanishads. O termo Veda provém da palavra sânscrita para "conhecimento". O Dhammapada consiste de uma coleção de 423 versos em páli, que se acredita ser a língua falada pelo Buda, para o benefício de uma ampla gama de seres humanos. Essas prédicas foram selecionadas e compiladas em livro devido à sua beleza e relevância. (N.Orgs.)

que continua, já não será tanto um jogo quanto uma forma prática de pensar nas situações.

Assim, o trabalho e nosso vínculo com ele se baseiam em nosso estado de espírito e no modo como nos relacionamos com a terra. A consciência meditativa é muito importante para isso. Podemos descrever a meditação como um salto. Dar um salto significa experimentar a abertura do espaço. Você pode dar essa espécie de salto meditativo enquanto está trabalhando. É como juntar o ar e a terra. Você não pode sentir a terra a menos que sinta o ar. Quanto mais sentir o ar, mais sentirá a terra. Sentir o ar e a terra juntos é sentir o espaço entre você e os objetos com que está trabalhando, o que gera uma consciência natural da abertura. Você começa a sentir automaticamente paz e leveza. O modo de praticar isso não é tentar se concentrar ou ficar consciente de si mesmo enquanto, ao mesmo tempo, se ocupa da tarefa que está executando. Pelo contrário, o que se deve é, durante o trabalho, procurar sentir plenamente a existência. Então se percebe que há mais espaço para fazer coisas, mais espaço para trabalhar. Ao cultivar um estado meditativo contínuo, você aceita a existência da abertura. Não precisa tentar se agarrar a ela ou produzi-la. Apenas o puro reconhecimento desse estado é suficiente. Reconheça a energia imensa da abertura. Simplesmente note-a, simplesmente reconheça-a por um segundo. Um instante de reconhecimento é tudo que basta. Depois de tê-la reconhecido, não tente se apegar a ela, mas ignore-a. Continue com seu trabalho. A sensação de abertura também continuará e você começará a desenvolver a verdadeira sensação da situação, a percepção das coisas com que estiver trabalhando.

Portanto, a percepção de que estamos falando aqui não é a percepção constante sob a forma de objeto da mente. Em vez de considerar a tomada de consciência como um objeto, você se torna um só com ela, um só com o espaço aberto, o que também significa, é claro, tornar-se um só com as coisas reais com as quais está trabalhando. Então, todo o processo se torna muito fácil, de mão única, não uma situação em que você tenta se dividir em diferentes níveis de consciência, com um nível prestando atenção no outro. Com esse fácil processo de um só passo, de mão única, você começa a estabelecer uma relação verdadeira com os objetos e também com a beleza deles.

Não tente se apossar da abertura, mas apenas a reconheça e depois se afaste. É importante afastar-se porque, se tentar possuir a abertura, você terá de persegui-la. Você tentará persegui-la, mas não conseguirá alcançá-la. Não poderá possuí-la de maneira nenhuma. Se abrir mão dela, ignorá-la e continuar trabalhando, essa sensação permanecerá com você o tempo todo.

Aqui, abertura refere-se a um estado meditativo de simplicidade ou ausência de complicação. A inexistência de complicações torna-se simplicidade. Dentro da simplicidade há lugar para fazer coisas, para se mover. Isso é verdadeiro tanto nas ações do dia a dia quanto na meditação.

O materialismo psicológico também está relacionado à abertura e à complicação. É o oposto da amplitude que caracteriza a consciência meditativa. Em geral, o materialismo psicológico é o desejo violento de satisfazer alguma coisa, que há por trás de suas atividades. Você se relaciona com as situações com avidez e possessividade. Em outras palavras, você leva demasiadamente a sério sua lógica sobre o que está acontecendo e tenta aplicá-la com avidez deliberada. É um estado penoso e contínuo onde impera o anseio de alcançar certas metas. Você fica preso a um estado de espírito competitivo. Sua maneira de buscar as coisas é, de um modo geral, pesada. Esse peso mental dá mais ou menos a sensação de que sua mente está cheia de um metal pesado. É quase um estado de espírito metálico. Você pode tentar ficar longe disso rejeitando-o, mas então a alternativa será o fascínio puro com objetos, com coisas. Em vez de percebê-los de uma maneira simples, você fica fascinado por eles. Isso produz uma espécie de mundo plástico.

Portanto, a mente materialista pode ter estas duas qualidades: peso ou fascinação. Para colocar isso em termos do mundo moderno, poderíamos comparar essas duas qualidades ao metal — digamos, o ferro — e o plástico. A abordagem plástica implica o fascínio pelas cores e não pelas qualidades efetivas das coisas tais como são. A abordagem pesada ou metálica busca as coisas com muita seriedade, de uma forma quase obsessiva. Nesse estado de espírito pesado, não há de maneira alguma lugar para o senso de humor; não há espaço para criar o pensamento novo. Tudo tem de ser numerado e planejado. Aqui, a mente se torna muitíssimo exigente. Isso pode levar à ação, mas essa ação é o produto de uma mente sobrecarregada. Na verdade, essa ação é menos horrível e menos demoníaca do que o estado de espírito em que predominam o peso e a solidez.

A abordagem materialista faz com que todo o espaço pareça ter sido preenchido por cimento, metal ou plástico! É por essa razão que as pessoas sentem uma claustrofobia tremenda com relação ao materialismo. Não é só por causa de todas as coisas materiais que as rodeiam. É muito mais por sentirem que toda a sua psicologia se transformou em alumínio e plástico. Não há espaço para se mover, não há lugar para fazer nada. Seu espaço, que era aberto, tornou-se sólido.

Digo que o peso do estado de espírito do materialismo psicológico é quase obsessivo porque há algo de terrivelmente cruel e autodestrutivo no ato de não se permitir espaço. Poderíamos quase descrever esse estado de espírito como perverso, por ser tão autodestrutivo. Ele nunca permite nenhuma espécie de liberdade. Quando você está nesse estado de espírito, quanto mais sente que existe algum trabalho a fazer, mais é impulsionado a colocar sua energia nele. Isso se torna uma reação em cadeia sem fim. A pessoa sente a situação como obsessiva, no sentido de ficar sem ar, o que está ligado à sensação de morte, realmente. É como se não houvesse nenhuma janela em uma sala. É completamente sufocante. É como a morte porque não há nada prosperando, nada crescendo, nada mais se desenvolvendo. Tudo é simplesmente puxado para dentro, recolhido, e você nunca deixa que nada se desenvolva, de modo algum. Embora o espaço já tenha sido completamente preenchido, recolhe cada vez mais material até que a situação se deteriora completamente. Portanto, o materialismo psicológico é um processo suicida que resulta da fome do ego. Ele não tem nenhum senso de humor e nenhuma qualidade exuberante. É avarento e possessivo.

É importante discutir esse ponto porque, embora não precisemos fazer o mundo funcionar com exatidão, temos de administrar a nós mesmos, gostemos ou não disso. Nós somos o mundo, o que simplifica muito as coisas. A ideia de mal, como sabemos, não é a de que existe fora de nós algo fundamentalmente ruim; ao contrário, mal é o estado de espírito que destrói nossa capacidade de nos desenvolver e crescer. O mal é a solidez que não deixa espaço ao desenvolvimento de coisa alguma. A mente confusa, que todos nós temos, tende a ser autodestrutiva, absorvendo coisas sem digeri-las. Simplesmente por não interromper o processo de absorver coisas, não nos permitimos digeri-las. A continuar assim, podemos nos destruir. Você pode terminar em uma espécie de hospital mental eterno, que chamaríamos de o estado confuso do inferno. Não me refiro a um hospital mental físico nesta Terra e sim ao que é conhecido na tradição budista tibetana como o inferno *vajra*. É o inferno pessoal, que perpetua as alucinações da confusão o tempo todo. Nesse nível, parece não haver uma maneira de sair da confusão. Chamemos a isso egocentrismo absoluto.

De qualquer modo, mesmo no nível da maior intensidade desse materialismo psicológico, nossa inteligência primordial não cessa; ela não cede. Finalmente, começamos a achar que há algo errado com o materialismo. Isso está acontecendo agora, no mundo ocidental — estamos procurando algo além da nossa visão materialista do mundo. O peso e o congestionamento, que todos nós sentimos, automaticamente trazem consigo a dúvida. A dúvida estimula as pessoas a procurarem mais além desse peso, e elas começam a descobrir algo mais além do pensamento materialista. Isso está acontecendo agora, mas o resultado é que as pessoas tendem a condenar este mundo como sendo um fracasso completo, como completamente mau. Aqui elas exageram porque a natureza búdica, ou inteligência espiritual, progride ao longo de todo o caminho. Ela nunca irá embora, nunca nos abandonará; nunca irá exaurir-se ou ceder. Sempre que encontramos algo que parece uma resposta, em seguida, automaticamente, nossa inteligência funciona e vê que essa resposta não é a resposta verdadeira — o que significa que encontramos a resposta sob a forma de uma pergunta.

Semelhantemente, a vida continua, ou a consciência continua. Não me refiro aqui à reencarnação propriamente dita: nascimento físico e morte. Esse é verdadeiramente um exemplo muito cru de renascimento. O renascimento acontece a cada momento. A cada momento você morre e renasce. Nascimento e morte ocorrem o tempo todo, sem cessar. Portanto, enquanto existir a consciência, que morre e dá vida ao momento seguinte, haverá reencarnação contínua, renascimento contínuo. O momento seguinte depende do estado de consciência no momento atual; então, ele será semelhante a este. O momento seguinte depende da qualidade negativa ou positiva do momento atual. Essa qualidade se perpetua no momento seguinte. Os minutos e os segundos da hora também são minutos e segundos tanto de dia como de noite.

Você talvez não se lembre de sua vida passada. Não há nada, em especial, que a prove ou refute. Contudo, você não pode parar sua consciência; você não pode matar sua consciência ou anular sua consciência do momento. Ela existe o tempo todo.

Muitas pessoas comuns tiveram experiências que julgam confirmar a existência da reencarnação. Na Inglaterra, conheci uma família católica cuja filha morreu em um acidente. Anos depois, eles tiveram outra filha. Certo dia, a segunda filha estava atravessando a estrada com seu pai e subitamente disse: "Não quero atravessar esta estrada. Foi aqui que o acidente aconteceu na última vez, não é, papai?". E, de fato, fora lá que o acidente tinha acontecido. Coisas semelhantes ocorreram com muita gente, mas não quero especular sobre o assunto ou tentar fazer com que as pessoas acreditem nisso. O importante é que a consciência continua o tempo todo. Ela não pode ser destruída. Quer estejamos adormecidos ou inconscientes, a consciência persiste o tempo todo.

Se tivermos uma certa sensação de espaço vazio e abertura, haverá algo com que trabalhar. Não é muito difícil encontrar esse sentido de espaço. Requer apenas um salto no espaço vazio sem nos questionarmos ou censurarmos. Essa sensação de espaço vazio pode ser desagradável, para início de conversa, mas simplesmente salte para dentro dele e verá o que acontece.

A meditação, em especial, fornece-nos a inspiração para nos relacionarmos com a amplitude da vida. Para começar, isso provém de trabalharmos com nossos pensamentos. Na sua prática de meditação, você pode descobrir que os pensamentos estão o tempo todo passando apressados por sua mente. Se você os vir apenas como pensamentos, em vez de concentrar-se no assunto de seu pensamento, haverá mais espaço. Quando você pensa em seus pensamentos puramente como um *processo* de pensar, em vez de focar no conteúdo dos pensamentos, isso faz com que sua atitude com respeito aos pensamentos seja muito impessoal. Se você observasse uma nuvem e visse dentro dela seus amigos e parentes perambulando, imediatamente você se ligaria a essas pessoas, identificaria todas por seus nomes e se fixaria nelas, independentemente da nuvem. Então, acabaria envolvido por todas essas coisas e tudo ficaria muito congestionado. Mas se você simplesmente notasse as pessoas, sem tentar se identificar com elas, o resultado seria mais impessoal. Ocorre o mesmo com seus pensamentos.

Em nossa abordagem moderna do trabalho, penso que usamos demasiados aparelhos automáticos, o que torna mais difícil apreciar o espaço. Certa vez, quando eu vivia na Escócia, alguns de nós estávamos tentando tirar a pintura velha de uma parede. Usávamos raspadeiras manuais para remover a pintura e vínhamos conseguindo um bom progresso. Havia uma pessoa conosco que não gostava muito de fazer esse tipo de trabalho. Não obstante, eu tinha lhe pedido que nos ajudasse e ele se juntou a nós. Depois de cerca de meia hora, ele disse: "Vamos comprar uma ferramenta elétrica para fazer isso mais depressa". Então compramos uma e tentamos usá-la. Mas ele disse que algo estava errado com a lixa e nos convenceu a comprar uma mais grossa. Foi o que fizemos, mas aconteceu que deixamos a parede com a superfície cheia de cavidades.

Assim, às vezes, pomos tudo a perder por usar aparelhos demais. Por isso sugiro cultivarmos o estilo camponês de apenas trabalhar, sem nos preocuparmos se estamos indo bem ou não. Se pensarmos unicamente em terminar uma tarefa, não seremos verdadeiramente bons trabalhadores. Só seremos bons trabalhadores se gostarmos do processo.

Eu não diria que a sociedade humana está em decadência, mas os seres humanos estão criando cada vez mais substitutos para todo tipo de coisas reais. Os instrumentos que os seres humanos têm criado podem ser avassaladores. Eles ficam cada vez maiores até que você finalmente se vê em uma casa cheia de dispositivos gigantescos. Todas as fábricas e maquinarias devem ter partido de utensílios simples: uma foice, uma faca, uma colher e talvez também alguns pauzinhos. Agora, em vez de usar coisas simples, usamos equipamentos complexos, gigantescos. Em vez de usarmos utensílios, os utensílios estão nos usando. Acho que não estamos captando o essencial. Temos que voltar à simplicidade.

Porém, se você tentasse voltar no tempo e imitar a vida da Idade da Pedra, isso não sanaria o problema de jeito nenhum — porque então levar uma vida da Idade da Pedra tornar-se-ia uma nova forma de luxo e elegância que precisaria ser superada. Em vez disso, temos de encarar a situação que temos e tentar desenvolver a qualidade camponesa no meio do trabalho com todas essas máquinas. Penso que podemos fazer isso. Sem dúvida, há muito poucos exemplos desse tipo de mentalidade na América, mas poderíamos estar entre eles. Se formos capazes de superar o materialismo psicológico, seremos capazes de trabalhar corretamente com as máquinas. Porque o materialismo não são as máquinas; não são as coisas. O materialismo é o aspecto psicológico, nossa mentalidade materialista. Temos uma das maiores oportunidades jamais oferecidas de descobrir a simplicidade no meio das complicações. Essa é a maior descoberta que poderíamos fazer. Ela seria um grande feito para os seres humanos e estamos prestes a realizá-lo.

Chegará um tempo em que o coração da espiritualidade será descoberto nos países mais adiantados. Um dia, em vez de os estudantes desses países irem para a Índia, Tibete ou Japão a fim de estudar com grandes professores espirituais, os estudantes indianos, tibetanos e japoneses virão para a América para aqui aprender com grandes professores de sabedoria. É assim que o ciclo funciona.

Capítulo 5

SUPERANDO OS OBSTÁCULOS AO TRABALHO

FRIVOLIDADE

Quando você começa algo descuidadamente, frivolamente, todo o processo termina como um trabalho pela metade. Antes de começar, se não abordarmos a situação corretamente, entraremos nela de forma leviana. Não quero dizer que se deva ser solene, mas ter respeito pela sacralidade, a sacralidade perpétua da situação em que se está. Essas situações são sagradas pelo simples fato de que você se encontra nela. As situações em que você se encontra são parte de suas lembranças, parte de sua forma de expressar-se. Se você ignorar a enorme oportunidade que elas lhe fornecem para expressar sua verdadeira natureza, então toda a sua abordagem da vida se torna leviana.

Pode haver confusão entre leviandade e senso de humor genuíno. Um verdadeiro senso de humor sem leviandade é um estado de confiança, de destemor, porque você conhece a situação tal como ela é. Você mergulha nela e passa a fazer parte dela. Uma vez que você sabe o que está fazendo, é uma situação prazerosa, não solene ou demasiadamente séria. Quando a leviandade se manifesta, toda a área de confiança fica obscurecida, sendo substituída por uma fachada de impulsividade. Em parte envergonhado e em parte inseguro, você se envolve com alguma coisa. Daí em diante se torna uma espécie de comediante amador tentando agradar a plateia. Em casos assim, é melhor não começar.

A frivolidade é secundária, não é sua natureza inata. Seria difícil encontrar alguém que tenha desenvolvido toda a sua personalidade em torno de um comportamento leviano o tempo todo. Todos temos um estilo digno, inato e sempre à nossa disposição. Quando o comportamento de uma pessoa se baseia na expressão de algo verdadeiro e humano, é sempre digno. Não importa o que você faça, mesmo que essa atividade seja dormir ou defecar. Mais uma vez, leviandade é uma coisa secundária. Por isso, é possível a uma pessoa sintonizar o estado primordial de todo o seu ser, não importa o que esteja fazendo. Isso é sempre possível.

A leviandade é óbvia. É uma espécie de estado de semidesprendimento. Na leviandade está presente uma qualidade fundamental autoconsciente e autojustificativa. É por isso que você tem de introduzir um elemento sério em qualquer situação leviana. Essa necessidade deve ser óbvia para você quando está acontecendo. Chegará um momento em que, na leviandade, haverá espaço para uma seriedade temporária. Essa parece ser a única ocasião em que a seriedade ou a solenidade funcionam como uma porta de entrada para o senso de humor verdadeiro. O momento em que você substituir a leviandade pelo senso de humor verdadeiro será óbvio.

Você não precisa esconder sua leviandade e fingir que ela não existe. Em primeiro lugar, há o ato de ser leviano. Em seguida, um súbito dar-se conta, uma percepção retardada de ser leviano traz você de volta para a seriedade, o que leva você a desenvolver o senso de humor verdadeiro e definitivo.

A frivolidade não se torna irrelevante. Ocorre apenas que você percebe o que está acontecendo. Quando a frivolidade é percebida, detectada, pode se transformar em outra coisa. A alternativa de tentar rejeitar completamente a frivolidade poderia conduzir a uma atitude muito rígida — como a de pais muito ortodoxos que não permitem que seus filhos se divirtam ou brinquem de modo algum. Tudo que é leviano, qualquer excitação que as crianças tentam expressar é considerada imatura. Os pais tentam empurrar as crianças para um estado adulto, que termina por ser bastante negativo porque elas não têm nenhuma chance de tomar consciência do estado leviano tal como ele é. Além disso, a leviandade aparente poderia ser uma simples expressão de divertimento ou espontaneidade. Não há razão para tentar suprimir a frivolidade, pois a frivolidade pode dar início a uma compreensão súbita da situação e conduzir ao senso de humor.

RAPIDEZ

Outro obstáculo a ser trabalhado é a rapidez, que impede a pessoa de se relacionar com o trabalho verdadeiro. Há com frequência um mal-entendido ou confusão entre realização e rapidez. Elas estão intimamente associadas. A verdadeira energia da realização tenta acompanhar os padrões daquele momento no trabalho, de modo que não se perca uma só polegada. Você está o tempo todo observando cada ângulo e cada detalhe do que ocorre, portanto, o que você faz é muito eficiente. No caso da rapidez, há também uma tendência à realização, mas sem relação com o que ocorre — apenas, o prazer de acelerar por acelerar. É bem possível que isso cause ineficiência porque ninguém enxerga os detalhes do trabalho quando está mais ocupado com a velocidade do que com a realização. É difícil generalizar, mas numa situação dessas você tem de experimentar e examinar toda a sua abordagem: se ela está baseada na comunicação com o trabalho ou na rapidez. A rapidez tem muito que ver com as expectativas. Você prepara sua mente para realizar certas coisas no nível esperado, e quando elas não correspondem ao seu nível de expectativa você acelera ainda mais. A aceleração também está ligada a uma sensação de territorialidade, uma sensação de que você está envolvido na sua velocidade; portanto, todos em volta deveriam sair do seu caminho e recuar para seu próprio território.

FANTASIAS

Outro obstáculo é simplesmente pensar sobre as coisas que você necessita fazer em vez de fazê-las verdadeiramente. Você quase pode se convencer de que as fez só por ter pensado nelas. Nesse caso, a alternativa é ser mais realista. Em algum ponto, como budista praticante, você deverá praticar a visualização. No início, quando fizer essa prática pela primeira vez, você talvez comece pelo lado errado. Poderá se visualizar como o Buda, já iluminado, enviando suas emanações para ajudar outros seres sencientes e salvá-los, tornando-se, em sua mente, uma grande personalidade mundial. Mas, quando despertar de seu sonho acordado e retornar à sua prática, vai se encontrar na mesma situação de antes. Você não precisa considerar o processo de sonhar como necessariamente mau ou como um obstáculo, mas tem de compreender que ele não é suficientemente realista. A ação fala mais alto que as palavras. Você deve ver as fantasias como simples padrões de pensamento.

Na situação fantasiosa, convém relacionar-se com a terra, a situação física da vida. Habitualmente, fantasias e imaginação começam a aparecer quando estamos em uma situação aparentemente confortável, uma situação segura. Então, temos a oportunidade de estender nossos tentáculos, esticar nossas pernas e sonhar com muitas coisas.

Não precisa se torturar para superar esse problema; basta que inclua, em sua vida diária, uma atividade física ou um trabalho manual qualquer. Pode até mesmo cavar valas ou dirigir o trânsito. Em Calcutá, na década de 1960, depois de ter deixado o Tibete, vi pela primeira vez mulheres dirigindo o trânsito em equipes femininas. Elas tinham que estar completamente presentes, determinando qual o carro que passaria em seguida. Não havia possibilidade de sonhar.

Tenho um amigo, notável erudito budista, que me convidou certo dia para tomar chá, em Oxford. Fui à sua casa e ele tinha encarregado outra amiga de fazer o chá para nós dois. Ela fez e depois colocou o bule, os bolinhos e todos os apetrechos sobre a mesa. Em seguida, saiu, pois tinha de ir a algum outro lugar. Então quem teve de servir o chá para nós dois foi meu amigo, mas estava tremendo e não conseguiu fazê-lo da maneira correta. Derramou o chá na mesa toda. Era um grande pensador, pelo jeito.

Quando terminei minha xícara de chá, ele hesitou em me oferecer outra. Deixei que me servisse mais uma! Enquanto bebíamos, ele me fez uma longa preleção sobre como os tibetanos enrolam os thangkas, pinturas tibetanas, e parecia ignorar completamente o fato de eu ser tibetano. Era como se estivesse falando com uma pessoa sem a mínima noção de onde ficava o Tibete. Ele me mostrava, ou melhor, demonstrava: "Isto é o que os tibetanos fazem! Eles enrolam os thangkas assim. É uma prática tibetana". Explicou-me tudo a respeito. Eis um exemplo do que acontece quando estamos desligados da terra ou alheios à situação.

CONFLITOS INTERPESSOAIS

Outro problema surge quando as pessoas trabalham ou vivem juntas e estão em desacordo quanto ao modo de fazer determinada coisa. Por exemplo, algumas pessoas talvez queiram que um lugar seja mantido limpo e em ordem, mas outras não se importam se está tudo desarrumado. Nesse caso, a questão não é se você se importa ou não, mas saber o que é aplicável à situação real, tal como ela é.

Conflitos desse tipo podem ser uma tremenda oportunidade para nos darmos conta de que não podemos nos apegar aos nossos conceitos sobre a situação. Você pode ter todo tipo de conversa consigo mesmo: "Não me importo de viver em um lugar desarrumado, mas, ao mesmo tempo, talvez eu deva me esforçar para fazer algo a respeito disso. Talvez eu esteja ficando demasiadamente relaxado, em parte porque não quero limpar o lugar e em parte porque gosto de fazer bagunça. Tudo fica mais informal e espontâneo dessa maneira". Você alimenta todo tipo de conversa em sua mente. A questão verdadeira é: você está expressando seu ponto de vista, sua ideia específica, com a finalidade de contribuir com algo de bom para a situação ou não? A pessoa precisa sair de sua situação confortável, de sua própria zona de conforto. Você tem que aprender a dar um passo a mais para a frente, desenvolver uma visão panorâmica da situação inteira, de toda a comunidade, de todo o grupo de pessoas. Você deve tentar trabalhar de acordo com essa visão, em vez de simplesmente fixar-se à sua perspectiva. Sua visão é uma, a deles é outra; portanto, não há convergência. Mas os outros podem alterar o ponto de vista deles, tanto quanto você pode alterar o seu. Se eles não o fizerem, dê você o exemplo adotando o ponto de vista aéreo, da visão geral da situação. Então, algo pode nascer da convergência de dois pontos de vista acerca de uma mesma situação.

De fato, você poderia dizer a uma pessoa dogmaticamente empenhada em manter a casa completa e absolutamente limpa que essa preocupação não é muito sadia. E ela poderia retrucar que seu estilo bagunçado tampouco o é. Você reconheceria: "Tudo bem, é verdade; ambas as situações não são muito sadias. Então vamos encontrar um novo terreno comum para podermos resolver o assunto". Isso não chega a ser um compromisso, no sentido de encontrar um único e feliz meio-termo, mas é dar-se conta de que há uma grande probabilidade de se relacionar um com o outro.

Quando a relação entre duas pessoas é absolutamente simples e direta, é possível alcançar tal entendimento. Se a relação implica problemas mais fundamentais e se a outra pessoa faz objeções a seu comportamento ou estilo com base em outros aspectos sutis da relação, então você tem de levar em conta também essas sutilezas. Você não pode simplesmente agir de maneira estúpida ou simplória. Isso não seria criativo nem honesto.

Em muitas situações, as pessoas sabem que têm conflitos sutis em sua relação mútua. Mas, quando se aproximam uma da outra, elas se detêm em banalidades, detalhes ínfimos, a pretexto de que a relação existe puramente nessas situações triviais. Como a outra pessoa tampouco quer se ocupar de sutilezas, também encarará a relação do ponto de vista da banalidade. Essa pequena dissensão sobre quem levará o lixo para fora ou arrumará a cozinha pode ser resolvida pelo bom senso, mas algo maior ainda ficará sem solução. Mesmo frases como "Bom dia, como você está hoje?" podem encerrar todo tipo de implicações. Uma vez que você comece a se concentrar somente nas situações simples, como se essas constituíssem o problema, sem reconhecer os desacordos maiores, essa situação torna-se cada vez mais complicada. Não estou atuando aqui como um psiquiatra ou tentando resolver os problemas das pessoas para elas. Você tem de respeitar a situação e usar sua inteligência. Tudo o que discutimos até agora é uma orientação aproximada.

VER OS PROBLEMAS COMO UNIVERSAIS

Às vezes, as pessoas tentam examinar o conflito a partir de algum ponto de vista da consciência universal. Você diz a si mesmo que seus problemas são os problemas de todas as pessoas, que sua felicidade é a felicidade de todos. Na verdade, quando você pensa no assunto dessa maneira, o problema ou o compromisso deixa de ser universal. Torna-se muito pessoal. Por outro lado, tenho certeza de que o problema de todos é um problema de todos. O prazer também é um problema de todos, mas essa abordagem dos problemas faz com que na realidade fiquem mais difíceis de ser resolvidos. Pode parecer mais fácil entender as coisas dessa maneira, mas, falando em termos práticos, como vamos pôr nosso entendimento em ação? Temos de encontrar alguém — uma pessoa — que dê o primeiro passo, não todo mundo. Como dissemos antes, os atos falam mais alto que as palavras. A pessoa tem de dar o primeiro passo; todos não podem agir ao mesmo tempo só porque o problema é universal. O problema inteiro deve ser reduzido por alguém a um único ponto de partida. Alguém encontra o ponto de partida, uma determinada pessoa. Seria muito difícil dividir as tarefas de maneira que todos pudessem fazer o mesmo simultaneamente, como todos tentando passar o sal ao mesmo tempo. Sob o ponto de vista prático, é impossível.

CONCEITUAÇÃO DO BOM E DO MAU

Quando nos envolvemos com o caminho espiritual e os ensinamentos espirituais, frequentemente nos deparamos com o problema fundamental de conceituar o bom e o mau. Esse pode ser nosso maior problema com relação ao trabalho ou à atividade: imediatamente, tão logo uma situação se apresenta, pensamos em Ensinamento, com E maiúsculo, o que nos torna autoconscientes. Então agimos de acordo com essa autoconsciência. Agimos em termos do que achamos ser melhor ou pior ou do que nos faz sentir que nos comportamos de forma correta ou incorreta, da perspectiva de uma visão conceitualizada ou coisificada dos Ensinamentos. Então nada de real acontece na forma de uma relação humana autêntica. Esse tem sido um dos maiores problemas ao longo da história: tentar agir de acordo com os Ensinamentos com E maiúsculo, de acordo com ideias e não com os ensinamentos reais contidos em nossa experiência. O erro ou a autoconsciência ligados à conceituação de situações só podem desaparecer quando a pessoa rompe a barreira da autoconsciência, que é o observador. Depois, ela poderá agir de forma verdadeira e correta — do jeito que a situação é. Então nossa ação transforma-se, por assim dizer, em atividade búdica. Uma pessoa não faz as coisas de certa maneira porque ela é um buda, mas age conforme a situação exige.

Não existe uma solução simples para nenhum problema até que a avaliação conceitual desapareça, o que requer um grande desprendimento. A pessoa pode sentir que está absolutamente consciente de tudo. Pode ter absorvido todos os ensinamentos sobre como ser espontânea. Contudo, quanto mais informação lhe é apresentada sobre a espontaneidade, mais autoconsciente ela fica. Finalmente, a tensão se torna insuportável. A única coisa a fazer é renunciar a todas as tentativas e ser uma criatura humana comum.

Quando você começa a abandonar suas ideias de como as coisas deveriam ser, começa também a pôr em dúvida suas obrigações e compromissos com os ensinamentos em geral. No entanto, abrir mão de suas conceituações não significa que você deva faltar ao respeito para com os ensinamentos. Ainda poderá respeitar os ensinamentos depois de desistir de seus conceitos pessoais sobre eles. Isso o ajudará a ser uma pessoa verdadeira, uma pessoa real e não imitada dos livros. Tenho enfatizado aqui a renúncia a ideias preconcebidas sobre os ensinamentos budistas, em relação ao modo de conduzir a vida cotidiana. Mas isso se aplica a qualquer sistema de pensamento ou ética adotado de uma maneira estreita, que nos afaste da imediaticidade da vida e impeça a espontaneidade nas respostas às situações.

Isso não quer dizer que você deva desistir da sanidade básica. Ao contrário, adote-a. Abdique de suas limitadas opiniões sobre a sanidade básica, que, de qualquer maneira, é uma parte sua. Se alguém se encontra em um estado de espírito em que é suficientemente corajoso para abrir mão da conceituação dos ensinamentos, já está conectado com a terra, o que lhe permite vencer os bloqueios mentais aos ensinamentos. Torna-se, então, um mestre. Isso é verdadeiro tanto para um professor de meditação quanto para um mestre jardineiro ou um chefe de cozinha.

Embora achem que deveriam desistir da viagem, do conceito, dos ensinamentos, algumas pessoas sentem que isso é impossível para elas. Nunca se sabe. Jamais deveríamos nos subestimar. Esse pode ser seu grande passo, como foi para Gautama, o Buda. Ele abandonou os ensinamentos que tinha recebido de outros grandes yogues hinduístas e, com isso, alcançou a iluminação. A capacidade de dar esse passo está tão disponível para nós quanto estava para o Buda. Em qualquer caso, quando você está trabalhando consigo mesmo e chega a essa espécie de encruzilhada, não pode realmente voltar atrás; você não pode recuar. O que você abandona são os conceitos. Já que está no caminho de qualquer maneira, não pode verdadeiramente desistir de toda a viagem, de modo algum. Você só desiste dos conceitos. Por outro lado, seria muito perigoso estar demasiado seguro de si mesmo:

"Tenho confiança para desistir da viagem. Posso passar sem os conceitos. Posso parar agora". Isso poderia ser o ego enganando você.

A questão é que você não tem de ser cem por cento fiel o tempo todo, como um profissional que segue a fórmula expressa nos ensinamentos. Se essa profissão começa a ser um problema, então desista dela. É por isso que temos níveis de desenvolvimento espiritual como os dez *bhumis*, ou estágios, do caminho do bodhisattva. Os bodhisattvas movem-se de um bhumi para o seguinte ao ver que seu envolvimento anterior era uma viagem, uma fantasia, e então o deixam para trás. Depois, envolvem-se em outra fantasia e saem dela da mesma maneira. E assim sucessivamente.

A atitude que aqui estamos discutindo é bem diferente da abordagem hinayana de seguir preceitos muito específicos e concretos como ser amistoso e generoso, e nunca matar nenhuma criatura viva. Nos mosteiros tibetanos, a ordenação para ingressar nas disciplinas monásticas é chamada *dompa* [*sdom pa*], o que significa "ligação". A disciplina liga você constantemente. Você sente que está permanentemente ligado pelos preceitos, vinculado à disciplina e por ela conduzido; não tem a oportunidade de agir espontaneamente e ultrapassar limites porque a coisa toda está arrumada e completamente padronizada. Essa é uma parte necessária da disciplina monástica e é muito importante segui-la naquela situação.

Os preceitos hinayana se baseiam fundamentalmente em regras para enfrentar quaisquer situações físicas que surjam. Certa vez, um monge perdeu sua tigela de mendigar na torrente de um rio e aquilo resultou em uma nova regra: no futuro, os monges não deveriam lavar suas tigelas de mendigar em rios caudalosos. Quando alguém é ordenado, tem de seguir todos esses pequenos detalhes, todas essas pequenas regras que foram desenvolvidas ao longo da vida do Buda. Não pode dormir em um colchão recheado com lã negra; não pode dormir em cima do telhado dos outros; a coluna de sua cama não pode ser afilada.

Os preceitos do bodhisattva são diferentes dos preceitos do hinayana. Os preceitos do bodhisattva baseiam-se no trato com a psicologia humana e, além deles, há os preceitos *vajrayana* ou tântricos, que estão ligados a um altamente sofisticado estado psicológico de ser. Todas as três abordagens aos preceitos são válidas, mas há diferenças entre elas. Nem todos querem viver como monges ou yogues; na verdade, pouquíssimos fazem isso. Assim, a abordagem mahayana ou do bodhisattva para enfrentar a vida diária poderá ser especialmente útil e aplicável a praticantes leigos.

OBSTÁCULOS À GENEROSIDADE

Continuando com a discussão de como ultrapassar nossos conceitos de bom e mau, examinemos agora a abordagem à generosidade, que é a primeira *paramita*, ou ação transcendente de um bodhisattva. Generosidade verdadeira é generosidade sem expectativa. Em geral, quando está sendo generoso, você espera receber algo em troca, uma palavra ou um gesto de gratidão. Se não espera receber nada, então você é generoso de uma forma transcendental. A verdadeira generosidade é como ser rico e pobre ao mesmo tempo. Você é rico: pode permitir-se dar muitas coisas; mas você é pobre ao mesmo tempo: aprecia qualquer coisa que receba sem sentir que tem direito a ela. Os sutras descrevem a prática da generosidade como o ato simples de estender e recolher o braço. Dar, receber, dar, receber, dar, receber. Vale a pena ser generoso mesmo que possa haver nisso um componente conceitual. Às vezes, dar o primeiro passo é penoso para as pessoas. Elas acham ridículo ceder de uma maneira tão simplória, porque têm medo de ser tolas. Que motivo você alegaria para ser generoso? Esse ato poderá fazê-lo perceber que é um tolo. O Dhammapada afirma que quem se reconhece como um tolo é na verdade um sábio.

Se você se mostrar generoso por um motivo qualquer e não sem motivo algum, ao se dar conta disso, poderá seguir em frente e continuar sendo generoso. Você trabalha a partir do que é; não precisa deixar de ser generoso. Se deixar, estará sendo novamente ludibriado pelo ego. Em lugar disso, continue no mesmo caminho, pois estará apenas seguindo o padrão desse caminho. Nele, encontrará tigres e serpentes venenosas. Não pare por causa deles, simplesmente siga adiante. Quando hesitar, talvez por concluir que sua generosidade é puramente conceitual, siga em frente, como se fosse um ator. Isso não significa esquecer o impulso de recuar; esse impulso ainda existirá. Mas prossiga mesmo assim com sua ação generosa.

Talvez, dentro de sua zona de conforto, a generosidade lhe pareça muito natural. Mas quando você dá um passo para fora dessa zona, a generosidade pode parecer pouco natural. Quando você sai, sente-se desconfortável e tem a impressão de estar jogando um jogo ou desempenhando um papel. Apenas vá em frente e aja — force-se um pouco. Você não precisa ir tão longe a ponto de transformar sua atividade em um jogo completo. Na verdade, no momento em que está prestes a sair, a ideia de que aquilo é um jogo nem sequer lhe vem à mente —, porque consegue ver com clareza no exato momento em que está caindo fora. Depois desse instante, pode brotar a ideia da generosidade como um jogo, juntamente com todos os tipos de ideias conceitualizadas, mas elas são de natureza secundária. Você começa a perceber que a verdadeira generosidade é possível. De fato, você a está praticando!

Esforçar-se assim exige muito empenho. Muitas vezes, você não quer sair de onde está porque deseja a todo custo manter seu território e seu ressentimento e fazer isso lhe parece muito difícil. De fato, até mesmo escapar só um pouquinho tem um tremendo impacto sobre você. Em certas situações, a melhor maneira de relaxar é sair da situação psicológica para a situação física das ações, o que é muito concreto.

Um obstáculo adicional ao desenvolvimento da generosidade é nossa preocupação com a chamada dignidade pessoal, do tipo que se origina de uma educação como pessoa autocentrada. Isso às vezes é reforçado por nossa experiência escolar, ao longo de nossa formação. Ninguém gosta de abrir mão desse jogo de autoimportância, porque é algo a que podemos nos agarrar; é nossa alça de segurança. Então, na primeira vez em que tentar ser generoso, você só renunciará a um pouquinho daquele espaço. Depois, na próxima vez, você pode dar muito mais e em seguida mais e mais. O processo se aperfeiçoa com o tempo, mas quase sempre a honestidade fundamental começa a desenvolver-se a partir desses pequenos gestos de generosidade.

Na primeira vez que você tentar desistir, procure se abrir, compreendendo que não há aí nenhuma realidade. Você está só representando um papel. Em seguida, muito possivelmente, poderá pensar: "Estou apenas desempenhando um papel; isto não é sério, não é real". Pensamentos assim podem fazer com que você se feche e sinta que não deve se abrir para os outros. Não convém se analisar no momento em que está prestes a se abrir; de fato, isso pode até ser destrutivo. Apenas vá em frente e se entregue. Se essas dúvidas e arrependimentos surgirem, passe por cima deles. Ser generoso de um modo concreto e físico é muito saudável e oportuno. Isso não quer dizer necessariamente que uma pessoa deva começar com um grande sorriso, embora possa fazê-lo. Ela pode descobrir que está sorrindo para seu próprio sorriso franco. Depois, o próximo sorriso torna-se mais espontâneo.

RECONHECIMENTO DAS COISAS TAIS COMO SÃO

Existem muitas formas de superar os obstáculos ao trabalho. O que você precisa fazer depende do padrão básico que você tem. Diminuir a intensidade ou reduzir a velocidade pode ser útil em algumas situações porque essas são as únicas maneiras de manter seu velocímetro relacionado com a terra. Em outras situações, é menos útil porque seu tempo de inatividade torna-se um momento de fantasia, o sonho de não existir, em que você gasta seu tempo antecipando como seus sonhos se tornarão realidade. Isso realmente não ajuda.

Em conjunto, é difícil dar prescrições categóricas sobre como relacionar-se com as situações do momento. Uma pessoa simplesmente tem de estar desperta e aberta para sua situação e trabalhar com isso de uma forma ou de outra. Certamente você tem de se relacionar com as situações tais como são. Então a situação toda de trabalho torna-se mais amistosa, porque você pode se relacionar com o trabalho em termos de seu próprio estado de ser, a partir de onde realmente se encontra. Se você não puder se relacionar diretamente com a situação, todos os seus esforços serão um desperdício de energia. Então, a resposta direta da situação pode realmente parecer pouco compassiva e, por vezes, até cruel. A resposta talvez seja muito forte e pesada, mas é absolutamente verdadeira.

Você não consegue fundamentalmente melhorar as coisas pensando que da última vez se saiu mal e agora vai se sair bem. Se comparar o agora com a última vez, não melhorará de jeito nenhum. As coisas devem ser aferidas pelos méritos da situação presente, que pode de fato lhe parecer muito cruel. Se você estiver desligado, a situação o rejeitará. Se sintonizado, ela o aceitará infinita e lindamente. No entanto, se estiver dissociado do que acontece, a situação o rejeitará de uma maneira dolorosa. Ela poderá até mesmo destruí-lo. Lidar com a química de uma situação é assim. Se for o remédio certo, ele o curará. Se for o remédio errado, ele o envenenará. Relacionar-se diretamente é ser penetrante, arguto. De qualquer maneira, isso nos ajuda no sentido fundamental, porque não podemos trapacear com as situações. Não podemos mudá-las de modo algum, tentando evitá-las ou abordando-as pela porta dos fundos. As coisas não funcionam assim. Nossa abordagem tem de ser honesta, direta e muito precisa.

Inúmeras pessoas se queixam da resposta que recebem do mundo. Algumas chegam a pensar: "Se Deus é amor, por que minha sorte é tão má? Tenho enfrentado uma sucessão de infortúnios e, no entanto, nunca matei uma mosca. Sou honesto, bom cidadão, religioso; por que isso acontece comigo?". E continuam: "Às vezes me pergunto se Deus existe mesmo. É um mau pensamento, mas não consigo afastá-lo". As pessoas realmente se questionam dessa maneira. Perguntas desse tipo se multiplicaram depois das duas guerras mundiais porque grandes desgraças sucederam a pessoas aparentemente boas, dedicadas. Muita gente começou a se queixar de tamanha injustiça. Porém, de certo modo, a justiça não consiste em sustentar conceitos gerais tais como bom e mau. Ela é muito mais inteligente e finamente sintonizada do que isso. A justiça consiste nos detalhes mínimos da nossa abordagem às coisas. Em certo sentido, as pessoas merecem suas situações dolorosas ou prazerosas, por mais difícil que seja aceitarmos isso.*

O Buda foi criticado por um de seus assistentes que o achava sábio, mas falho em compaixão. Esse assistente, Lekpe Karma, passou

---

* De acordo com a visão budista do karma, ou a lei de causa e efeito, as situações não surgem aleatoriamente na vida das pessoas, mas sucedem devido a nossas ações anteriores, ou por causas e condições kármicas que conduziram a determinada situação. Em capítulo posterior, Chögyam Trungpa explica como sair dessa criação perpétua de karma bom e mau. Quase todos nós, na maior parte do tempo, contudo, colhemos os resultados de ações passadas e criamos as sementes de condições futuras. (N.Orgs.)

24 anos com o Buda. Depois de tê-lo servido por tanto tempo, disse a si mesmo: "Se ele é o assim chamado Buda, eu mesmo poderia ser um buda. Exceto por sua calma e maneira metódica de abordar as coisas, não há diferença entre nós". Essas eram as únicas diferenças, entre ele e o Buda, que o assistente podia ver. Em certo momento, o Buda lhe disse: "Você morrerá em sete dias". O assistente ficou muito apreensivo, dizendo a si mesmo: "Às vezes, o que esse demônio diz é verdade". Ele jejuou por sete dias para evitar qualquer causa de doença e morte. No sétimo dia, pôs-se a caminho para ver o Buda e mostrar-lhe que não morrera. Sentia-se muito feliz, mas, enquanto caminhava, sentiu uma súbita e forte sede, e tomou um pouco de água, que estava envenenada. Morreu indo ao encontro do Buda para provar ao Desperto que ele não tinha dito a verdade.

Os mestres budistas nem sempre apresentam as coisas com brandura, porque as situações não são brandas. Você talvez tenha de dizer: "Você vai morrer e isso é um fato". Não faz sentido dizer: "Oh, sinto muito e estou perturbado com isso, mas dentro de sete dias você morrerá". Estou certo de que o Buda não se deu ao trabalho de empregar essa linguagem apologética. Em vez disso, agiu como um reflexo, como um espelho completo. Falou a partir de seu verdadeiro estado psicológico, sem tentar criar uma atmosfera agradável, algo que não poderia ter feito de qualquer maneira. Devido a essa crueza, o Buda foi acusado por seu assistente de ter uma visão desprovida de compaixão, um conhecimento absoluto sem emoção.

A suavidade da situação deve vir de você e não ser reivindicada por outra pessoa. Se alguém se enamora de você, nada ajuda se você não corresponder. Nada pode ser criado do exterior. Você tem de estar em um estado de ternura ou abertura à situação; a situação exterior somente pode atuar como um lembrete. Situações externas podem apenas atuar como pontos de referência. Isso também é verdade na sua relação com um mestre espiritual. Ele só pode dizer a você onde você está. Ele não diz: "É aí que você está; logo, você é uma pessoa maravilhosa", ou "É aí que você está; logo, você é uma pessoa horrível". Essa frase adicional não ajuda. A mensagem é simplesmente: "É aí que você está".

Capítulo 6

O INSTANTE PRESENTE DO TRABALHO

O ego é muito orientado para objetivos. Com o ego você tem alguém *aqui* que está indo *para lá* — para a meta. Se você estiver fixado em um objetivo, um objeto ou um alvo, sua busca se transformará em uma batalha. Toda a sua jornada espiritual se transforma em uma batalha, uma questão de esperança e medo. O problema de ter uma meta é resolver o que fazer depois de atingi--la. Enquanto houver uma meta, haverá um beco sem saída. É como receber seu grau de doutor. Depois de receber seu título, você tem de procurar um emprego. Todas as estradas conduzem a um beco sem saída, mesmo que ela seja uma autoestrada. Não importa a extensão da estrada, ela sempre terá um fim. Finalmente você chega até o oceano e não pode conduzir o carro mais adiante. Deve dar a volta e regressar.

A busca espiritual não deve ter uma meta. Caso contrário, deixa de ser espiritualidade, porque espiritualidade não tem limite. Além disso, ela se aplica a qualquer coisa na vida, não apenas à jornada espiritual como tal. A atividade do bodhisattva é um modelo de ação que não está orientado para uma meta do ego, pelo menos teoricamente. Idealmente, os bodhisattvas — praticantes mahayana que fizeram o voto de ajudar todos os seres sencientes — diriam: "Eu me entrego e tenho um vislumbre da ausência de ego. A ausência de ego é um território muito maior do que eu jamais poderia imaginar. Ele se estende a todos os seres sencientes, até onde o espaço alcança. Eu os ajudarei a todos". Como um bodhisattva, você precisa ter essa visão maior, uma visão absoluta que acompanha um sentimento infinito. Esse sentimento infinito — de que você salvará todos os seres sencientes — não tem fim porque você também viu a infinitude da interioridade. Não há um fim lá e tampouco há um fim aqui. Nesse sentido, ambos os lados são iguais.

Você poderia pensar que o bodhisattva se ocupa unicamente de si mesmo. Mas não, o bodhisattva se ocupa do que está lá. Satisfaz as necessidades em todos os lugares. Sempre que uma ajuda é necessária, ele ajuda. O espaço é verdadeiramente infinito. O bodhisattva se identifica com quem necessita de ajuda, não consigo mesmo. Nisso se resume todo o problema. Se você ajuda os outros apenas para se sentir bem — "Quero ajudar as pessoas porque quero vê-las felizes" —, está apenas se divertindo. Ao contrário, é preciso ajudar os outros porque a ajuda é necessária.

O bodhisattva promete salvar todos os seres sencientes, mas essa não é sua meta no sentido relativo. O bodhisattva sabe que aquele voto é completamente irrealizável. Não pode realmente ser posto em prática. Vemos isso na história mítica do grande bodhisattva Avalokiteshvara. No início, ele tinha uma mente literal. Fez aquele voto: "Até que eu salve todos os seis reinos da existência, não alcançarei a iluminação". Ele trabalhou repetida e insistentemente para cumprir esse voto. Ajudou seres e pensou ter salvado centenas de milhões deles. Depois, olhando ao redor, viu que pessoas em número bem superior aos salvos ainda estavam sofrendo. Naquele instante, foi assaltado pela dúvida.

No início, quando fez os votos, dissera: "Se eu tiver quaisquer dúvidas sobre meu caminho, que minha cabeça se parta em milhares de pedaços". Naquela ocasião, esse voto se cumpriu. Sua cabeça começou a desfazer-se em pedaços. Ele sentia uma tremenda dor por causa da confusão, por não saber o que estava fazendo. Então, de acordo com o mito, Amitabha — um grande buda da compaixão — veio a ele e disse: "Você agora está sendo tolo. Aquele voto que fez não deve ser tomado ao pé da letra. O que fez foi um voto de compaixão ilimitada". Avalokiteshvara compreendeu. Por meio desse reconhecimento, tornou-se mil vezes mais forte. É por isso que a imagem iconográfica de Avalokiteshvara com frequência tem doze cabeças e mil braços. Quando interpretamos literalmente o significado de salvar todos os outros, perdemos a sacralidade do voto. Se você entender que a compaixão se aplica a todas as situações, então a compaixão se torna ilimitada. Você não tenta alcançar a iluminação de modo algum, mas sente-se iluminado no estágio em que está porque persistiu em um esforço concentrado.

Você percebe que o caminho é também a meta. O bodhisattva está bem feliz com o caminho que percorre. O caminho existe para ser percorrido e esse percurso é eterno, porque os seres sencientes são inumeráveis e temos de trabalhar com eles eternamente. Essa percepção se manifesta como uma energia imensa. O voto de bodhisattva é realmente uma aceitação da energia. Consiste em dizer: "Faço o voto de comprometer-me a trabalhar com esta energia ilimitada". É uma promessa de trabalhar 24 horas por dia sem folga. Não se pode ser bodhisattva por meio expediente.

Quando dizemos que a espiritualidade não pode ter um alvo, queremos dizer que a espiritualidade consiste em reconhecer essa energia ilimitada. A partir daí, começamos a desenvolver uma compreensão clara e precisa do agora. O agora é tudo. Qualquer coisa que você fizer neste momento é tudo; é o passado, é o futuro, é o agora. Assim, você adquire uma confiança tremenda de que aquilo que está fazendo é verdadeiro, honesto e absolutamente real.

Por exemplo, não é possível ouvir uma música antecipadamente. Quando se ouve uma música, o que se ouve é a música presente, naquele exato momento. Também não se pode desfazer o passado, a música que já se ouviu. Não se pode fazer isso; ouve-se a música do momento. O agora é de imensa amplitude. O passado e o futuro não podem existir sem o agora, pois, sem o ponto de referência do agora, não seriam nem passado nem futuro.

O tempo todo é o agora: não há saída. Sempre há o agora, o agora eterno. As formas e as lembranças do passado existem sempre em relação ao agora. O futuro também é uma situação relativa ao agora. Há sempre essa exatidão do agora, que existe o tempo todo e que nos ajuda na relação com o passado e o futuro. Com o agora, sabemos onde estamos e, por isso, como nos relacionar com outras coisas. É claro, no momento em que você tenta se relacionar com uma situação, a experiência atual já se foi para o passado. Ainda assim, em algum lugar há uma âncora qualquer de agora, agora, agora, que continua o tempo todo. Desse ponto de vista, as escolhas que fazemos dependem do quanto estamos exatamente no agora.

Os conceitos vêm ou do futuro ou do passado. De alguma maneira, eles não se aplicam ao agora. A ausência de conceitos é muito útil e também se torna uma fonte de ensinamentos, que é o agora. No momento em que você começa a especular, esse momento já é passado. Você percebe o agora em vez de pensá-lo. O agora apenas pode ser percebido, não pensado. No momento em que você pensa no agora, o que faz é confirmá-lo. Portanto, é inútil. Você pode então pensar que conceitos do passado são de algum proveito, já que fornecem pontos de referência úteis para o que estamos fazendo agora, mas sua ausência também ajuda, não somente sua existência. No momento presente, você pode achar que está voltando ao passado e indo para o futuro. No entanto, só o momento presente existe verdadeiramente. É a única realidade, a escolha sem escolha.

O trabalho acontece agora. Nunca se deve descuidar dele. Se você perceber o agora tal como é, ele sempre estará precisamente no lugar certo e no momento exato. Se você tiver de fazer uma escolha, só poderá escolher o que existe aqui e agora, neste momento. Em certo sentido, você talvez ache que faz uma escolha, mas na verdade não faz escolha nenhuma; isso ocorre porque você vê a situação com precisão. A precisão vem do agora. Quaisquer possibilidades de uma escolha descuidada vêm do passado e do futuro. Elas são puramente sonhos.

Falemos mais concretamente sobre o trabalho. O ponto de vista do agora fornece um bom terreno para nossa discussão sobre esse assunto. Vejamos em primeiro lugar algumas das atitudes comuns com relação ao trabalho. Há a abordagem impulsiva, como, por exemplo, quando você decide ajudar alguém, levanta-se e vai lavar os pratos. Nesse momento, você se sente disposto a ajudar. Mais frequentemente, no entanto,você encara o trabalho que tem pela frente como uma obrigação: uma tarefa árdua, uma chateação. Mais uma vez, pode ser melhor não começar uma coisa, mas, se começar, termine-a bem. No entanto, muitas pessoas, depois de se envolver em uma situação de trabalho, logo começam a se perguntar se deveriam realmente levar adiante esse projeto ou não. Isso solapa a situação presente em que já se encontram. Na medida em que já estivermos trabalhando e formos potencialmente úteis, teremos de enfrentar a situação como ela é. A menos que façamos as malas e fujamos, teremos de enfrentar as circunstâncias diretamente. Mesmo que escapemos de uma situação, em seguida teremos de enfrentar outra. As circunstâncias ocorrem incessantemente quando temos de lidar com algum tipo de trabalho.

Talvez tenhamos de cuidar da casa ou estejamos trabalhando em uma empresa. Quando estamos fazendo qualquer tipo de trabalho, há a necessidade de nos abrirmos e nos relacionarmos com ele. Muitas vezes surgem problemas de relacionamento que devem ser enfrentados. Você talvez não saiba ao certo quem é a autoridade dentro de casa ou quem é seu chefe na empresa. Talvez esteja esperando por uma autoridade que lhe diga o que fazer ou tentando evitar o olhar do chefe para trabalhar menos. Em qualquer caso, tem a sensação do "eles e eu".

Você não pode escapar dessas situações. Em casa, no trabalho ou em qualquer comunidade a que se junte, você descobrirá que o esforço e a ajuda são necessários. Mesmo que ninguém a quem você possa ajudar tenha se aproximado para que você comece a trabalhar com afinco, você está precisamente ali, naquele exato momento. Você está presente naquele espaço. Você está respirando o mesmo ar que as outras pessoas no escritório ou em sua casa e compartilhando do mesmo teto. Nesse ponto você tem a escolha de ser um estorvo ou uma pessoa aberta. Essa escolha existe sempre, em qualquer situação.

Suponha que você decida ser um estorvo e queira gozar a vida sem trabalhar. OK. Vá em frente e escolha essa abordagem. Logo você descobrirá que ela não produz um resultado muito proveitoso. No momento em que você diz: "Eu só vou me divertir sem fazer nada", cada canto do lugar começa a atormentá-lo. Você passa a ser atacado continuamente por figuras imaginárias de donas de casa, chefes, carcereiros ou líderes comunitários. Elas o atacam continuamente com seus chifres e rabos. Você não se diverte de jeito nenhum, a menos que tenha desenvolvido uma completa insensibilidade, aquela insensibilidade absoluta de ser capaz de acampar ao ar livre por conta própria como um indivíduo independente.

Até mesmo a insensibilidade completa requer certa dose de inspiração e inteligência, ou seja, no fundo você não é uma pessoa totalmente embotada e insensível. É necessária alguma inteligência para manter essa insensibilidade. Enquanto houver inteligência, haverá paranoia. Portanto, parece que ser um estorvo não é lá muito divertido, mesmo que você ache divertido não fazer nada, simplesmente inspirar o ar e se apresentar como uma totalidade.

Naturalmente, a alternativa é tentar se comunicar, tentar ser útil. No entanto, tentar ser útil pode também não ser muito inspirador. Você se dirige a alguém e diz: "O que posso fazer por você?". Para algumas pessoas, isso ocorre naturalmente. Mas para outras, é incrivelmente difícil ficar disponível. Você se sente insensível, uma cabeça gigantesca com dois pés. Apesar dessa estranheza, você deve tentar ajudar.

Outra situação que você pode encontrar no ambiente de trabalho são as insinuações maldosas sobre quem está tentando prejudicar a quem. Nesse ambiente, surgem sempre boatos de perseguição, mas a boa notícia é que podemos nos adaptar a tudo isso. No geral, trabalhar com os outros significa relacionar-se. A questão não é tanto trabalhar proveitosamente o tempo todo quanto se comunicar.

Realmente, não importa se você trabalha em um escritório ou como dona de casa, se é uma secretária ou um gerente, um hóspede ou um morador de uma comunidade em um lugar qualquer. Todas essas situações envolvem a comunicação. Todas apresentam os mesmos desafios no relacionamento com outros.

Quando você está procurando emprego, lhe ocorrem todos os tipos de pergunta, tais como: "Serei ou não aceito quando fizer minha entrevista?". Para uma entrevista de emprego, você tenta se apresentar como uma pessoa muito respeitável; talvez corte o cabelo e faça a barba. Ainda assim, o corte de cabelo certo, uma barba bem-feita, um traje decente e sapatos lustrados não resolvem toda a questão. O desafio da entrevista é mais sério que esse. Consiste em ter uma comunicação verdadeira com os outros e com a situação como um todo. De fato, em qualquer aspecto do ambiente de trabalho, o desafio é o grau de comunicação que podemos efetivamente ter.

No local de trabalho, pode haver padrões de comportamento ou atividades com os quais você não concorda. Você pode descobrir que não aceita a filosofia básica, o produto final ou toda a atmosfera do lugar. Ainda assim, haverá espaço para se comunicar, espaço para que você se integre ao ambiente, uma vez que já está envolvido, karmicamente, com a situação.

Há uma constante avaliação de parte a parte quando somos recém-chegados ao local de trabalho. A perplexidade desempenha um papel muito importante: quem sou, por que estou aqui? e Vivemos nos perguntando: "Por que vim parar aqui, afinal?". Então tentamos passar por cima da perplexidade e fazer alguma coisa. Esse passo às vezes implica muita paranoia — ficamos ansiosos, mas preocupados em ser aceitos, em participar do grupo naquele local. Ou, se fomos recentemente contratados como gerente em uma empresa, queremos estar certos de ter todas as informações sobre o que está acontecendo. Muita coisa depende de colegas gerentes ou mesmo de sócios: até que ponto eles confiam em nós e nos aceitam? Quantos convites para jantares e coquetéis recebemos? Quanto mais convites houver, mais crescerá nossa confiança de que estamos sendo aceitos. Ainda assim, toda a abordagem se baseia na desconfiança ou paranoia.

A certa altura, a pessoa pode finalmente começar a relaxar um pouco mais, fazer amizade com os colegas, sorrir e contar piadas de vez em quando. Você pensa: "Aqui estou eu, ouvindo e contando piadas!". Depois de começar a relaxar, pode tornar-se mais ousado. Sente-se mais corajoso, pronto a tomar pequenas decisões — de uma forma diplomática, se você for uma pessoa diplomática. Tenta apresentar suas ideias. Envolve-se mais com toda a situação de trabalho. Tenta fazer tudo seguindo o princípio básico da fé na empresa e todas as suas decisões são baseadas em boas intenções. Você toma decisões de maneira muito séria, é claro. Essas pequenas decisões são corretas e agradam ao chefe. Enquanto isso, você vai ficando mais descontraído, menos autoconsciente.

Você se torna então mais insinuante, mas isso requer sutileza. Se se mostrar demasiadamente cativante, poderá despertar suspeitas em seus empregadores. Eles alimentarão dúvidas quanto a seus motivos e acharão que talvez esteja tramando algo de ruim. Não obstante, você vai se tornando cada vez mais ousado. Faz pequenas mudanças. Começa a se espreguiçar e a bocejar na frente das pessoas. Por enquanto, você ainda põe em dúvida se realmente está se comunicando. Algumas pessoas costumam prolongar essa fase de relacionamento indefinidamente, até mesmo por vinte anos — caso fiquem tanto tempo assim em uma empresa. Continuam a adotar a mesma abordagem: permanecem oficialmente pessoas paranoicas. Tentam manter exatamente a mesma imagem que apresentaram quando fizeram as primeiras entrevistas. Tentam manter a continuidade, que é maleável e plástica por natureza.

Por outro lado, pessoas mais audaciosas tentarão entrar em novas áreas. Elas tentarão deixar cair a máscara que originalmente exibiam. Tentarão entrar nos detalhes do trabalho, aprofundar-se na meta e no objeto daquilo que realmente desejam atingir. Começam muito formalmente, mas em seguida relaxam depois de finalmente terem aprendido a se identificar com sua organização. No entanto, mesmo que tenham atingido esse ponto, há ainda algo de errado, alguma coisa faltando. O trabalho de verdade ainda não começou, de forma alguma. A situação toda é como um acessório do palco. Qual é o trabalho verdadeiro que ainda não começou?

Parece que ocorrem todos os tipos de relacionamento no seu território ou condição de trabalho e que você está completamente envolvido com os jogos que está jogando. Contudo, suponhamos que você deseje se relacionar com uma pessoa de outro departamento. Será necessário que alguém lhe forneça algumas informações, mas não vai ser fácil obtê-las. Você não pode apenas enviar a essa pessoa um memorando. Isso não vai funcionar. Você precisa de um contato humano com ela. Mas isso é muito difícil. Você a convida para uma refeição ou para um passeio. De alguma maneira, isso não acontece facilmente. É óbvio para a pessoa — e para você — que há aí um motivo oculto. Ainda falta alguma coisa básica. Onde está a magia? O que está faltando? Se soubesse isso, você poderia ser o coração de toda a organização e se transformar naquela pessoa muito necessária que está fazendo falta.

O que falta é o senso de humor, o que significa entender-se bem consigo mesmo. Uma vez tendo isso, você começará a perceber a alegria de trabalhar dentro de uma situação. Quando falo de senso de humor, isso às vezes parece complicado para as pessoas. No Ocidente, elas normalmente não riem a menos que você esteja sendo grosseiro ou cínico. Não riem apenas por perceberem o humor natural de uma situação. Quando você ri, as pessoas podem ficar muito paranoicas e pensar que estão sendo ridicularizadas ou ironizadas. Não estou falando sobre o tipo de humor usado para criar um alívio cômico a uma situação muito tensa. Estou falando sobre o contentamento básico.

O cenário todo em que você está envolvido é aprazível. Qualquer que seja esse cenário, ele tem suas próprias qualidades e características. De fato, a situação em que você se encontra é única. Se essa circunstância tivesse de ser criada de propósito, ninguém o poderia fazer. O humor espontâneo só se pode realizar mediante o reconhecimento de que uma situação é como uma obra de arte única. A situação é verdadeiramente bonita. Quando você sente mesmo prazer por estar trabalhando em algum lugar, percebe a condição única que lá existe e que revela seu senso de humor. Nesse momento, seu trabalho ficará criativo e você será muito útil para a empresa, a organização, a sociedade ou seja lá o que for — talvez até para um centro de meditação. Você vê a ironia nas situações. Essa interação muito saudável dentro do ambiente é autoesclarecedora.

É por isso que precisamos do trabalho. Parece que uma situação tão rica não pode se tornar realidade para nós a menos que adotemos a disciplina do processo de trabalho. Disciplina quer dizer penetrar o que está acontecendo. Nas escrituras budistas há uma analogia para nossa afinidade com a disciplina: um cisne é automaticamente atraído para a água enquanto os abutres são automaticamente atraídos para os terrenos de carniça.* Isso é dizer simplesmente que você tem de se envolver nas situações com que se depara na vida. Temos de passar pelo processo de ser parte de uma situação; caso contrário, não ficaremos expostos a essa riqueza. Para perceber a alegria em uma situação, temos de nos envolver nela. Temos de senti-la verdadeiramente; temos de palpar toda a textura da situação completa. Então seremos capazes de nos relacionar adequadamente com o efetivo trabalho envolvido. Então, automaticamente, a eficiência em lidar com todos os pequenos detalhes acontecerá naturalmente.

---

* Segundo a tradição budista tibetana, os cadáveres dos praticantes são descarnados e oferecidos ao abutres nos terrenos de carniça Em inglês: *charnel ground*. (N.T.)

Mais uma vez, isso requer certa dose de humor, que implica um determinado grau de abertura, a visão da situação tal como ela é no todo. A não ser que quem participe da situação tenha dela uma visão aérea e panorâmica, não se pode falar de uma verdadeira ligação com os detalhes. Mesmo que uma determinada pessoa apenas esteja na portaria verificando os visitantes que entram no prédio, mesmo nessa posição tão pouco inspiradora ela precisa ter uma visão panorâmica. Precisa ter a completa sensação de ser inspirada pelo ambiente inteiro daquela instituição. Quanto mais uma pessoa for capaz de se relacionar com a completa sensação de estar tão distante do centro quanto o portão de entrada, mais ela perceberá o que é necessário para preencher as necessidades da sua tarefa. Ela se tornará muito eficiente. Não que vá tentar impressionar as outras pessoas; apenas perceberá o que é necessário. Você poderia ser o porteiro ou ter uma atividade tão modesta quanto esvaziar cinzeiros ou limpar o pó; apesar disso, essa simples ocupação é tudo. Enquanto uma pessoa tiver essa visão panorâmica, a paranoia de que estivemos falando estará ausente.

Se você conservar o senso de humor na situação de trabalho tal como ela é, conseguirá se relacionar com todas as outras situações humanas. Cada pessoa é única. Não quero dizer que exista apenas um John Brown, nascido em 1967 e, por esta razão, único. Cada pessoa tem suas próprias caraterísticas e sua maneira de administrar o próprio estilo, o que é belo e inspirador a seu modo. Você não precisa ser inspirado unicamente por seu estilo; qualquer estilo pode ser inspirador. Se for membro de uma comunidade, apreciar o estilo de outras pessoas pode despertar uma espécie muito bonita de sentimento de *sangha*, uma sensação da capacidade do grupo de unir-se. Todos nós entramos em um processo de aprendizado com nosso próprio estilo pessoal, nossos próprios padrões habituais, nossos próprios pontos de vista, e tudo isso fornece o tempero para a situação de vida que estamos compartilhando. Se não somos capazes de trabalhar com as situações dessa maneira, então não estamos aproveitando uma experiência de treinamento valiosa.

Capítulo 7

CRIATIVIDADE
E CAOS

uando a pessoa é capaz de se harmonizar com o ambiente criativo básico do trabalho, o resto do processo torna-se uma luta menor. A criatividade é a chave do trabalho. Curiosamente, parece ser a chave para o sexo também, o que discutiremos mais adiante. Ambos são um processo de comunicação, não um simples relacionamento com objetos materiais ou com as pessoas vistas como objetos. Uma vez entendida a filosofia básica do trabalho, conforme discutida antes, então, de certo modo, o trabalho se torna muito fácil. Não é uma questão de toma lá, dá cá, mas um contínuo processo de intercâmbio aberto.

Quando o trabalho se baseia puramente na ambição, é como se você tivesse um alvo que deseja destruir, ou, em outras palavras, como se desejasse construir algo muito grande com sua ambição. Há uma história tibetana sobre um proprietário de terra local que desejava cortar o cume de certa montanha muito alta porque ele o impedia de receber a luz do sol em sua residência no inverno. Mandou que seu pessoal fizesse o trabalho. Então, quando a tarefa já estava pela metade, eles se deram conta da situação, correram morro abaixo até a residência do proprietário e cortaram sua cabeça. Disseram ter compreendido que seria muito mais fácil cortar a cabeça de um homem do que o topo de uma montanha. Assim, a ambição pode resultar em um tiro pela culatra para você. Se toda a sua abordagem for baseada na ambição, você poderá romper seus vínculos com o significado real do trabalho.

Muitas pessoas acham que o trabalho é negativo, especialmente se têm um trabalho não inspirador, trabalho diário de rotina com o qual não sentem um compromisso ou ligação pessoal. O problema é que alguém precisa fazer o trabalho de rotina. Nem todos podem ser artesãos ou artistas. Isso faria com que não sobrasse ninguém para executar as tarefas de rotina. O público não contaria com os serviços essenciais. Alguém deve estar disposto a ser o leiteiro e entregar o leite; alguém tem de estar disposto a ser o guarda de segurança e passar o tempo rondando um grande edifício durante todo o dia. Sempre há essa necessidade.

No entanto, conforme discutimos no capítulo anterior, mesmo o trabalho rotineiro e nada inspirador pode ser abordado do ponto de vista do humor e da comunicação. Caso contrário, terminaríamos por ter uma divisão na sociedade em que pessoas talentosas se sentiriam extremamente orgulhosas, e as assim chamadas pessoas sem talento se sentiriam inúteis e puramente funcionais. Isso é como se aplicássemos uma distinção entre os humanos, do tipo que haveria entre os seres humanos e os animais. Há um grande problema quando as pessoas são incapazes de se relacionar com todos os tipos de trabalho preservando o senso de comunicação. Se você realmente se comunicar, se for capaz de perceber o processo criativo em uma situação aparentemente não criativa, estará constantemente inspirado. Dessa maneira, cada qual poderá ser um artista talentoso — de fato, muito mais talentoso do que o artista oficial, que tem o escopo muito limitado de simplesmente despertar seu próprio potencial. Aqueles que não são artistas propriamente ditos, que executam trabalhos manuais e tarefas comuns — tarefas repetitivas — são sem dúvida artistas extremamente habilidosos quando conseguem perceber e usar o padrão de criatividade em seu trabalho. Temos de investigar todos os tipos de situação de trabalho. Os ensinamentos budistas não são destinados unicamente à sociedade elegante ou aos intelectuais, de modo algum. São para qualquer um, para todos. Deveria haver uma qualidade universal para os ensinamentos. Naturalmente, não podemos conseguir uma coisa apenas falando sobre ela. Temos de aplicar os ensinamentos, pô-los em prática.

Se uma pessoa já foi gerente e depois aceita um emprego de simples funcionário de escritório, talvez leve dias ou meses para acostumar-se com a nova posição. Uma vez que estiver aberta para a situação de ser um funcionário de escritório, poderá expressar ali o mesmo tipo de estilo individual que no seu trabalho anterior de gerente. Não há dúvida sobre isso — você pode expressar seu trabalho de arte em qualquer situação. Isso é verdade desde que não se sinta ofendido por ter sido colocado em uma posição inferior, uma vez que não se ressinta com isso, pensando: "Pertenço a uma categoria superior de pessoas. Deveria ter uma posição mais elevada, porque sou mais artístico ou mais inteligente". Esse modo de pensar cria uma tremenda barreira.

Quando a invasão comunista aconteceu no Tibete, muitos grandes mestres foram colocados em campos de trabalho. Eles nunca tinham esfregado o chão ou carregado tijolos antes. Levaram um longo tempo para se habituar às tarefas manuais, mas aparentemente, depois disso, continuaram a ser grandes mestres porque eram bons trabalhadores. Muitas vezes, foram feitos líderes de dez grupos de trabalhadores por serem pessoas singelas, que respeitavam seu trabalho e conservavam seu equilíbrio. Isso mantinha o trabalho progredindo, de modo que automaticamente eles se tornaram líderes.

Tenho em vista aqui algo mais criativo do que apenas entender a insignificância da situação. As coisas não são assim tão más, embora possamos pensar o contrário. Podem ser más, podem ser a síntese do mal, do pior; mas o que estamos tentando assinalar aqui é que sempre haverá algum meio para progredir na situação, em qualquer situação.

É uma grande vantagem lidar com pessoas, mesmo que o tempo todo. Essa é sempre uma situação criativa. As pessoas me perguntam muitas vezes o que eu acho de dar entrevistas o dia inteiro, ouvindo sempre as mesmas perguntas. As pessoas têm seu estilo individual e cada estilo é diferente dos demais, logo isso é muito criativo. O maior problema parece ocorrer quando se trata de uma tarefa repetitiva, mecânica, na qual você não vê pessoas, simplesmente aperta botões ou se ocupa dos objetos que vêm pela linha de montagem em uma repetição constante. Mesmo então, deveria haver um modo criativo de relacionar-se com isso. Nós poderíamos explorar até mesmo uma situação como essa. A pessoa não deveria isolar-se completamente nessa circunstância e abandonar toda esperança. Analise a situação e encontre uma maneira de trabalhar com ela.

Sua atitude básica para com o trabalho é muito importante. Caso sinta que está completamente tolhido por um trabalho, a consequência será que você deixará de ver seu aspecto interessante. As pessoas em situações entediantes e repetitivas, que não esperam permanecer nessas tarefas para sempre, não se sentem tão tolhidas. Elas têm a sensação de que poderiam sair a qualquer momento; é meramente um arranjo temporário. Por isso, sua mente está aberta e pode ver seu trabalho como uma situação criativa. Tudo é questão de saber quanto você teme estar preso a algo ou quanto sente que o momento atual lhe oferece liberdade. Novamente, é uma questão do futuro e do passado. Se você vir o futuro como um futuro fechado, então não haverá espaço para a inspiração. Se você perceber que o futuro é um futuro aberto, existirá um espaço para a inspiração. Desse ponto de vista, é uma questão de opinião.

Uma pessoa pode achar inspirador passar o resto da vida executando tarefas modestas e cultivando a simplicidade. Talvez ache isso extremamente gratificante e seguro em certo sentido. Ela nunca mais terá de sair para outro território e explorar situações inteiramente estranhas. Por outro lado, se quiser explorar outros territórios e ainda não teve emoção suficiente, pode sentir-se completamente presa em uma armadilha. Nossa atitude depende de algum tipo de aceitação.

A mesma coisa acontece nos mosteiros. Os monges ou monjas acreditam que o resto da sua vida consistirá em fazer sempre as mesmas coisas, levantar-se pela manhã, comparecer aos serviços religiosos, cantar e meditar, e depois ir para a cama na hora certa. Pensando que toda a sua vida está baseada nesse padrão, eles podem se sentir aprisionados. Mas, ao mesmo tempo, inspirados. Naturalmente, os monges e monjas julgam estar fazendo algo espiritual, algo supramundano. Na realidade, isso talvez não signifique muito. O trabalho físico no mosteiro é muitas vezes repetitivo. Para os cartuxos e os beneditinos, por exemplo, a programação e a rotina são bastante fixas.* Não se deve

---

* Chögyam Trungpa visitou a Abadia Pluscarden durante sua lua de mel em 1970. Essa abadia abriga uma comunidade católica romana de monges beneditinos. No site da abadia, ela é descrita como "o único mosteiro medieval da Grã-Bretanha que continua a ser habitado e utilizado para a sua finalidade original". Em outro lugar do site, o ambiente é definido como sendo "de reflexão tranquila e de trabalho dedicado à glória de Deus". Em Dragon Thunder: My Life with Chögyam Trungpa, sua viúva, Diana Mukpo, fala do grande apreço de Trungpa Rinpoche pela verdadeira atmosfera contemplativa da Abadia Pluscarden. Para mais informações sobre esse assunto, veja Dragon Thunder, pp. 81-2. (N.Orgs.)

perder a missa na parte da manhã. Sua vida pode, em grande parte, consistir em receber a comunhão, confessar-se diariamente, comer, rezar e em seguida dormir, exceto nas celebrações como Páscoa e Natal. A vida é muito rotineira; você faz o tempo todo exatamente a mesma coisa, sempre. Talvez algumas pessoas julguem que essa vida, por ser tão simples, é satisfatória ou até mesmo estimulante. Todo o fluxo da vida cotidiana é concebido para ser tranquilo e repetitivo. As pessoas gostam disso. No entanto, suponha que tal estilo não fosse uma situação espiritual, mas algo concebido como uma rotina diária, em uma comunidade terapêutica construída para o tratamento de toxicodependência ou doenças mentais. Então, é muito provável que os clientes ou internos reagissem contra uma abordagem desse tipo. Eles considerariam toda a instituição como impraticável, uma enorme imposição. Assim, parece que nossa atitude é muito importante para a forma como vivenciamos um ambiente de trabalho.

Não estou sugerindo que procuremos uma condição de trabalho mais meditativa por natureza. Mas qual seria o jeito de trabalhar, em qualquer situação, que tenha maior potencial humano, por assim dizer? Qual o tipo de abordagem ao trabalho proporcionará maior potencial para que você coloque seu esforço e seu estilo na situação e se torne criativo? O trabalho não precisa ser meditativo no sentido de repetitivo ou simples. Pode haver muitíssimo lugar no ambiente de trabalho para a inspiração e a comunicação, que é a meditação externa ou a meditação em ação.

A criatividade em seu trabalho provém de sua mente. Trabalho criativo significa mente conectada com a argúcia ou a inspiração em qualquer situação. Há sempre alguma coisa clara e precisa acontecendo em uma situação, o que pode levar a outras possibilidades. Essa qualidade da mente conectada com o potencial poderia, a meu ver, chamar-se imaginação, mas não a imaginação de sonhos e sim a imaginação prática. Parece que cada etapa contém possibilidades de promover o avanço, qualquer que seja o seu processo. Isso inclui sua contribuição e todo o ambiente ao redor desse trabalho específico. Há espaço para aprender, para se desenvolver.

Quando você não sente a criatividade ou a exequibilidade em uma situação e há muita negatividade ocorrendo, começa a parecer que toda a situação é negativa. Isso é verdade não só em situações de trabalho, mas em quaisquer outras. Você entra em uma situação que de início parece ideal e se acostuma a ela. No entanto, a certa altura, você detecta um leve indício de caos. Esse indício vai se avolumando e logo você descobre que gostaria de sair completamente de cena. Isso acontece em todas as situações da vida, mas pode ser especialmente agravado quando você está envolvido em prática espiritual, pois você espera que a prática espiritual lhe forneça algo proveitoso e conveniente para seu ego, algo seguro. Muitas vezes, quando percebe que ela não dá a segurança esperada, a situação se torna terrivelmente aflitiva. Você tem uma súbita sensação de dúvida, uma perda de independência e segurança. Tais situações são únicas e para elas não se pode planejar uma estratégia. Elas são de fato muito oportunas e preciosas.

Para trabalhar com essas situações, você precisa de paciência inteligente, não de ingenuidade. Precisa entender que a situação está dizendo alguma coisa. Ela diz algo que você tem ignorado por muito tempo, e, finalmente, começa a se fazer ouvir. Se tentar criar estratégias nessa situação, dizendo para si mesmo que a negatividade é valiosa, você a transformará em objeto de cenário, no qual verá as coisas negativas como positivas, o que as faz perder sua qualidade direta.

Na verdade, não importa o que diga a si mesmo, você não acredita realmente que a negatividade seja útil. E não acredita porque as coisas são mesmo muito dolorosas. Você gostaria de usar estratégia para controlar o caos, mas, na realidade, não consegue controlá-lo de maneira nenhuma. Se tentar fazer isso, estará pedindo mais caos pelo simples fato de tentar controlá-lo. É um efeito bem conhecido.

A autoconfiança não vem do controle. Se você tiver certa ideia conceitual de autoconfiança, ela precisará ser constantemente mantida. Esse tipo de autoconfiança vai na direção errada. Se ela for construída sobre o alicerce errado, ficará automaticamente enfraquecida.

O caos é, na verdade, um sinal de que existe uma enorme quantidade de energia ou de força disponível em uma situação. Se você tentar cegamente alterar a energia, estará interferindo com o padrão de energia. Antes de tudo, você se torna muito mais autoconsciente. Em seguida, não é capaz de ver onde a energia está realmente ocorrendo na situação. A alternativa é acompanhar a energia. Em certo sentido, isso significa não fazer nada com a energia, como se ela fosse uma força independente. Quando você colabora com o que acontece, descobre a energia verdadeira na situação e consegue se relacionar inteiramente com as situações, de um jeito verdadeiro, completo.

A fim de aceitar ou rejeitar algo em sua experiência, para começar você tem de ver o quadro completo; caso contrário, não saberá qual é a coisa certa a fazer. A aceitação poderá ser a boa escolha, ou a rejeição. Antes de fazer uma escolha, você deverá encontrar a qualidade sem opção que existe como um elemento da situação. É como comprar mercadorias. Antes de comprar uma coisa, é melhor saber suas qualidades, seu valor, absolutamente tudo sobre ela. Do contrário, você não será um bom comprador ou vendedor.

Se aceitar algo cegamente, você poderá estar causando dor a si mesmo ou se acostumando em demasia ao prazer, o que lhe trará sofrimento futuro. Por outro lado, rejeitar as coisas cegamente é, em geral, fruto da agressão ou do medo. Antes de fazer *qualquer* escolha, você deve tentar descobrir o aspecto sem opção, que está sempre presente em qualquer situação. Você tem que sentir isso. Você tem de se relacionar com as coisas tais como são para depois rejeitá-las ou aceitá-las. Na experiência geral de procurar compreender as coisas tais como são, na verdade, você inclui todas as possibilidades de rejeitar e aceitar inteiramente a situação.

Para esclarecer melhor, em primeiro lugar você tem de aprender a ver as situações completamente, antes de tomar quaisquer decisões. Você começa sentindo a situação e se abrindo para ela, sem antecipar a rejeição ou a aceitação. Sem a ideia prévia de rejeição e de aceitação, você lida diretamente com a situação toda. Se puder trabalhar dessa maneira, então rejeitar, se for necessário, torna-se um processo natural, e aceitar, se necessário, torna-se um processo natural. Você se comunica completamente com a situação, sem qualquer julgamento. A comunicação aprofundada, por si só, inspira um julgamento sólido. Você pode pensar que as pessoas são imprevisíveis, mas uma pessoa realmente não consegue reagir a você de uma maneira imprevisível. Se você for realmente um só com a situação, descobrirá como e por que essa reação aconteceu.

A ideia principal que gostaria de aqui conseguir transmitir, em termos de como se relacionar com o trabalho, é a de que não importa que ocupação você tenha, não importa em que situação de trabalho você esteja envolvido, é necessário ver a coisa toda com uma mente aberta, sem preconceitos. Já falamos sobre transcender conceitos. Isso tem muito a ver com a visão da relação com o trabalho. Você tem todos os tipos de escolhas e talvez possa ter um projeto em mente para a vida que deseja. Essa é uma fonte de preconceitos. Também pode haver certo esnobismo na frase: "Eu não fui projetado para certos tipos de trabalho". Essa não é propriamente uma questão de dinheiro; sucede apenas que você se sente indignado porque acha que o trabalho não está à sua altura.

Esse tipo de esnobismo acontecia muitas vezes na vida monástica no Tibete. Quando um monge, um grande estudioso ou mesmo um grande mestre no mosteiro se deixava fascinar por si próprio, o abade podia pedir-lhe que trabalhasse servindo o chá ou recolhendo lenha até que ele corrigisse sua arrogância ou a transcendesse. Isso era muito mais eficaz do que a alternativa, por exemplo, de pedir que o faltoso fizesse quinhentas prostrações diante do *sangha*, punição que ele acharia mais aceitável do que um trabalho humilde porque, sendo uma prática religiosa, lhe permitiria resgatar o seu erro. Servir chá ou recolher lenha era mais difícil de engolir. Naturalmente, no Tibete, havia uma grande consciência social dentro da severa estrutura hierárquica. A necessidade de preservar a dignidade era maior do que na América do Norte. O Tibete é semelhante ao Japão a esse respeito. Ambos os países têm uma máscara muito mais espessa de conveniência social do que temos no Ocidente. As pessoas querem pertencer a determinados nichos na sociedade. Curiosamente, os comunistas trabalharam muito bem com isso. Prescreviam exercícios diários em que o presidente e o primeiro-ministro tinham de sair e fazer jardinagem ou recolher lixo e excrementos na rua. Eles punham tudo isso em um cesto às costas e levavam para o depósito de lixo. Como é evidente, essa solução errou o alvo no que diz respeito a superar preconceitos, porque havia ali um jogo, o jogo de "quanto mais humilde você for, mais respeitado será". Essa versão não ia ao encontro do problema que tentava sanar.

Sempre que há um jogo como esse ligado ao trabalho, a abordagem toda se baseia em um conceito e nossa capacidade de relacionamento com a situação de trabalho é direta e abertamente prejudicada. Quando você acha que um trabalho está acima da sua inteligência ou, o que é mais provável, abaixo, você se ressente dele ou fica desinteressado. O resultado é que, não fazendo bem o trabalho e não sendo um bom trabalhador, você demonstra que o trabalho não lhe serve. A realidade é que você poderia ser beneficiado se tivesse mais trabalho desse tipo para fazer.

Outra abordagem conceitual ao trabalho é a da pessoa ambiciosa que tem a intenção de fazer algo, de alcançar sua própria glória, mas a quem falta o compromisso com a disciplina exigida. Ela quer desesperadamente fazer um trabalho que não sabe como realmente é. A pessoa pode ter enormes expectativas românticas e, em seguida, não achar nada romântico, e sim decepcionante, o trabalho real. Queria ser um fotógrafo profissional e gostara da ideia por ter visto as lindas fotografias de algum outro artista. No entanto, nunca percebeu a quanta disciplina teria de se submeter para vir a se tornar um fotógrafo qualificado e acabou se dando mal na fotografia porque realmente não desejava se submeter a essa disciplina de modo algum.

Há muitos exemplos de pessoas que flutuam de um emprego para o outro por causa das ideias que têm a respeito do que gostariam de fazer. Quando se deparam com a situação real de trabalho, mostram-se incapazes de se dedicar exclusivamente a ele; não conseguem lidar pacientemente com esse trabalho e explorar a área toda. Elas são incapazes de passar conscienciosamente pelos desafios. Como resultado, longe de provar sua capacidade, se desmoralizam, se humilham diante de si mesmas e dos outros. Desistem do trabalho que queriam tão desesperadamente fazer e, às vezes, passam a viajar por diferentes países, envolvendo-se em situações interessantes ou exóticas. Esse estilo de vida talvez seja uma expressão de vida juvenil e exuberante, mas sem nenhuma profundidade. Muito possivelmente, durante as suas viagens, elas se entreguem à meditação e visitem *ashrams* e centros religiosos para encontrar pessoas interessantes.

A certa altura, o dinheiro acaba: elas têm de voltar para casa e fazer algo construtivo. Talvez você planeje escrever um livro sobre suas viagens, mas nunca encontra tempo para fazer isso. Talvez escreva dois ou três capítulos e depois pare. Não é capaz de dedicar-se com exclusividade e paciência a uma situação, explorar todo o campo e, serena e penosamente, concluir a obra. Mais uma vez, está de volta à estaca zero. "Devo voltar à fotografia, uma coisa tão bonita? Que outros tipos de emoção poderei encontrar?" Estranhamente, muitas dessas pessoas acabam por ser professoras de yoga, meditação ou budismo porque, de certa maneira, são trabalhos mais fáceis. Nesse estilo de vida, você não precisa apresentar uma amostra ou um produto do seu trabalho. Pode simplesmente continuar falando e descobrir que suas experiências de turista também ajudam muito.

O trabalho geralmente consiste na obtenção de um produto final, seja esse produto um objeto que você fabrica, um título acadêmico que você recebe ou um projeto que você completa. Alguém poderia dizer que essa orientação vai contra a filosofia budista, mas isso não é verdade. O fato de o trabalho gerar um produto nada tem a ver com os problemas de se estabelecer uma meta, em que se ignora o valor do processo, conforme já discutimos anteriormente. Mencionei muitas vezes o provérbio tibetano segundo o qual é melhor não começar uma tarefa, mas, se começar, terminá-la corretamente. Em uma situação de trabalho, tendo iniciado algo, você deve persistir até alcançar o ponto de sua realização final. As pessoas se saem com muitas desculpas para não fazer isso, especialmente as que querem "empreender uma autoexploração". Elas podem alegar que a situação não lhes propicia oportunidades de autoexploração ou que o lugar onde estão trabalhando tem más vibrações. Dão todos os tipos de desculpas, que não significam muito. O problema é que essas pessoas se tornam muito ardilosas, com uma preguiça muito ativa e inventiva; na verdade, muito inteligente e atenta. Sua preguiça não é de modo algum lerda ou estúpida. É muito esperta e precisa na sua capacidade de encontrar desculpas. Torna-se um porta-voz para o ego fundamental.

As pessoas no caminho espiritual, principalmente, correm o risco de perder a capacidade de perseverar na situação de trabalho. Em especial podem se mostrar propensas a encontrar desculpas para não trabalhar, pois são muito astuciosas em se tratando de aprimorar a prática do ócio. No momento em que não se sentem com vontade de fazer alguma coisa, vem à sua mente a citação espiritual apropriada.

O problema fundamental em todos esses casos é que as pessoas fazem uma ideia do trabalho ou projeto, mas, quando este não se adapta à ideia inicial, não querem mais prosseguir até o fim. Como eu disse, muitas vezes acham que o trabalho não está à sua altura.

O grande mestre Guru Rinpoche, Padmasambhava, executava todos os tipos de trabalho. Ordenado monge, viajou pelo país, aprendendo poesia e matemática, mas também carpintaria e outros ofícios. Além disso, a educação de um rei na tradição indiana pressupunha o ensino de muitas atividades, tais como pintura, costura, carpintaria, poesia e exercícios físicos. Os príncipes também estudavam as artes da guerra e o manejo de armas. Aprendiam a montar cavalos e elefantes. A construção de casas também fazia parte de sua educação. Era assim que se criava um rei. Se um príncipe queria ser ferreiro, podia sê-lo, desde que executasse seu ofício com perfeição. Preservava sua dignidade de príncipe, não pelo orgulho, mas pelo exemplo.

Nos dias atuais, as pessoas dizem às vezes que não conseguem realizar um determinado trabalho porque não fizeram um curso para isso. Muitas coisas na vida não precisam ser ensinadas em cursos. Você não precisa de diploma para fazer certos trabalhos. Basta pôr de lado a hesitação e usar sua inteligência. Basta mergulhar na tarefa e executá-la. Você pode obter o mesmo resultado final daqueles que se formaram em determinada disciplina. Existem muitas áreas nas quais a inteligência das pessoas tem sido minada pelo estudo sistematizado. Elas leem livros sobre como acender fogo, como consertar sapatos, como fazer uma caminhada — coisas desse tipo. No entanto, lançar-se a um trabalho que você ainda não tenha feito antes pode ser uma experiência estimulante quando você tem de usar sua inteligência básica para sondar o terreno. Você usa seu bom senso elementar para juntar as coisas. Simplesmente aplique-o e trabalhe, pois assim descobrirá que o processo está se abrindo e esclarecendo. Fundamentalmente, somos capazes de qualquer coisa.

Podemos dizer que determinada pessoa não seria um bom lutador porque não é suficientemente agressiva ou que outra seria um mau vigia porque não tem o tipo certo de concentração. Se você olhar para as coisas a partir desse ângulo, as escolhas se tornam muito limitadas. Aquele vigilante supostamente inadequado pode ser uma pessoa bastante atenta se a situação exigir isso dele. Ele poderá ser capaz de fazer o trabalho de vigia muito bem. Recordo-me de um incidente que ocorreu durante minha fuga do Tibete. Uma noite, quando estávamos prestes a atravessar a fronteira para entrar na Índia, passamos pela crista de uma montanha e subitamente, a apenas quinhentos metros de distância de nós, vimos uma estrada construída pelos chineses com os caminhões militares deslocando-se ao longo dela. Elaboramos um plano para nos aproximar lenta e silenciosamente da estrada e fazer com que todos os membros do nosso grupo cruzassem simultaneamente, com uma pessoa indo atrás apagando todas as nossas pegadas com um ramo, pois se tratava de uma estrada de terra. Quando todos estavam preparados, pusemo-nos em movimento. Pensamos que os mais fortes seriam os primeiros a cruzar, vindo depois os mais fracos. No entanto, quando chegou a hora, os mais fracos foram muito mais rápidos do que os mais fortes. Tudo depende do grau de estímulo da pessoa em um dado momento.

Se a pessoa estiver suficientemente estimulada para se comunicar abertamente com a situação de trabalho, tenho certeza de que ela será capaz de fazer esse trabalho muito bem. Não deveríamos classificar excessivamente as pessoas. Sempre há um potencial. Todas têm uma inteligência básica que é capaz de nos surpreender. Se a pessoa conseguir chegar a ponto de romper a barreira conceitual à comunicação aberta, seu trabalho se tornará aberto e criativo. Essa possibilidade existe sempre, como existem sempre, em nós, qualidades ocultas.

Capítulo 8

COMUNICAÇÃO

epetindo: basicamente, a prática espiritual consiste em lidar com nosso estado psicológico de ser. A diferença entre o estado iluminado e o confuso da mente depende de vermos as situações como elas são ou, do contrário, ficarmos confusos ou amedrontados por elas. O tipo de espiritualidade de que estamos falando não é de modo algum uma questão de fé nascida da revelação vinda de uma entidade externa. Nesse caso, a fé e a compreensão nascem da precisão e da clareza em perceber o universo tal como ele é. Logo, não faz sentido tentar fugir do mundo entrando em um estado de absorção semelhante ao transe para transformá-lo em uma morada, um lugar para residir.

A tendência do materialismo espiritual é tentar encontrar um lugar para morar onde a pessoa se sinta segura e satisfeita. A verdadeira espiritualidade não deveria se basear nesse tipo de meta, que parece encorajar a elaboração de padrões preestabelecidos, com os quais possamos nos identificar, e negligencia o desenvolvimento espiritual em si. Por exemplo, você faz um voto de ir para um lugar solitário e praticar meditação por dez anos. Encontra um lugar tranquilo, instala-se e inicia a experiência de passar pelo período de dez anos de, por assim dizer, desenvolvimento — dez anos de prática, em todo o caso. Então você conta cada hora, cada dia, cada mês, cada ano que passou e também quantos ainda faltam para cumprir. Esses dez anos passam muito depressa, Um dia, você se surpreende dizendo: "Amanhã é minha hora de sair". E sai. Há dez anos que você não ouve nenhuma notícia sobre o que aconteceu no mundo e tem de se adaptar a todas as mudanças que ocorreram. Além disso, sente dificuldade em se adaptar novamente a uma vida normal depois de ter vivido só por um período tão longo. Provavelmente não leva muito tempo para fazer esses ajustes, talvez um mês mais ou menos. Começa a visitar amigos e parentes, a participar novamente do estilo de vida que costumava ter. Você está de volta à estaca zero, com a exceção de que dez anos de sua vida foram diferentes da vida de todas as outras pessoas — quero dizer, fisicamente diferentes.

A mesma coisa se poderia dizer de práticas como cem mil prostrações, cem mil mantras e outras tradicionais do budismo tibetano. Você as faz com muito zelo, muito depressa, competitivamente, e logo completa seus cem mil disso ou daquilo. Mas no final, depois de ter concluído, você continua com os velhos problemas familiares, as velhas fixações e o velho estilo desajeitado que costumava ter. A mesma situação persiste.

É bem possível que consiga obter algum tipo de crédito ou credencial pela prática realizada. As pessoas talvez se sintam motivadas a dizer: "Ele realizou alguma coisa. Ele *deve* estar diferente". Mas isso é apenas um conceito, apenas palavras. Não digo que tais práticas careçam de valor. No entanto — se as abordarmos de um ponto de vista externo de heroísmo ou se tivermos um comprometimento material ou físico com essas práticas sem levar em conta nossa psicologia básica —, isso fará com que pareçam bastante fúteis.

O que há de errado aqui é que a espiritualidade é considerada como uma coisa extraordinária, algo completamente dissociado da vida cotidiana. Você sai para outra esfera, outro reino, por assim dizer, e sente que esse outro reino é a única resposta. É por isso que para nós é tão importante falarmos sobre espiritualidade ligada a todos os aspectos relacionados com o nosso mundo conhecido. Para nós, é possível ver as situações comuns do ponto de vista de uma percepção intuitiva extraordinária — que é a de descobrir uma joia sob um monte de lixo.

Você tem que começar com o que é, de onde está agora. O conceito não pode existir no estado presente, mas a consciência, sim. Você está consciente do estado presente. Você está *agora*, não está no passado, não está no futuro, mas agora. Nesse estado de consciência, não é preciso se agarrar a um conceito sobre quem você é ou quem você será. Mesmo antes de ir para a faculdade, não precisa dizer a si mesmo, por exemplo: "Serei um professor quando me formar na escola, Portanto, *sou* um professor, logo, devo me portar como um professor desde já". Essa abordagem, fonte de muitos problemas, foi o erro de muitos ditadores. Hitler, por exemplo, não tinha conquistado o mundo, mas comportava-se como se o tivesse feito. Em parte, foi por isso que fracassou. Tudo se voltou contra ele porque não se mostrou suficientemente realista sobre sua força presente, sua própria saúde física, mental ou espiritual. Quando os médicos tentaram dizer a Mussolini que ele não deveria trabalhar demais porque era um homem doente e necessitava repousar, ele simplesmente os enxotou. Ignorou seu estado de saúde presente. Comportou-se como se estivesse forte, com boa saúde, e fosse um conquistador universal. Por isso, fracassou.

Isso não quer dizer que você não possa fazer ou planejar nada. Você pode planejar tudo, mas planejar de acordo com seu estado presente. Não se planeja uma coisa com base no que se gostaria de ser. Ninguém pode fazer isso. Você só pode planejar com base naquilo que é agora. Agora, precisa de um emprego; portanto, se esforça para conseguir um. A melhor maneira de não ter meta ou objetivo é enfrentar a situação presente, a situação completamente presente. Quanto mais realista você for com respeito à situação presente — o dinheiro de que necessita, o tipo de trabalho que é capaz de fazer, o estado de saúde em que se encontra —, maiores serão suas chances de arranjar um emprego. Se uma pessoa estiver equivocada no seu relacionamento com o momento presente e ansiosa pelo futuro, então, muito provavelmente, sua procura por um emprego será desastrosa.

Eu mesmo sou muito ambicioso, de uma maneira extrema e perigosa! No entanto, procuro me relacionar com o *agora*. Nessa base, você pode determinar até onde pode ou não pode ir. Sua ambição não está focada no futuro. Talvez pense que, uma vez obtido um emprego, poderá ter uma casa, muita coisa bonita etc. etc., antes de conseguir *isso*. Em vez de realmente passar por todo o processo, você corre para a conclusão: o que gostaria de ser e não o que você é. Aí você se mete em apuros. Não há nada de errado com a ambição, desde que você se apegue à situação atual, à realidade.

Em termos de trabalho, sexo e dinheiro — que é o nosso tema geral —, se o trabalho se torna uma prática no momento presente, torna-se também uma prática extremamente poderosa, pois os problemas diários usuais continuam a existir de qualquer jeito. Mas agora eles deixam de ser problemas e se transformam em uma fonte de inspiração. No caso do dinheiro, com essa abordagem, nada é rejeitado como demasiadamente comum e nada é supervalorizado como sagrado. Em vez disso, todas as substâncias e materiais que estão disponíveis em uma situação de vida são utilizados de maneira simples. Sabemos basicamente o que o dinheiro representa e para que serve. Sabendo disso e sendo capazes de trabalhar em harmonia com essa compreensão — se pudermos encarar a situação comum com essa abordagem extraordinária, que consiste em não rejeitar nada nem supervalorizar coisa alguma —, operaremos uma mudança surpreendente no padrão habitual do ego.

Geralmente, toda a nossa abordagem se baseia na conceituação. Quando começamos a operar com o conceito de que algo ligado à nossa vida é bom para nós, com a ideia de que iremos ganhar algo com isso, esse tipo de abordagem se transforma na tentativa de encontrar um ninho adequado, confortável, para morar. Começamos a procurar um ambiente enriquecido criado para nosso ego, para a manutenção do *eu*, de mim mesmo. Quando, por outro lado, não há conceitos, simplesmente nos jogamos na água, saltamos do penhasco, por assim dizer. Apenas nos abandonamos ao processo de aprendizado tal como ele é; depois, a abertura pode começar a se desenvolver. Outras pessoas dirão que isso é ridículo, impraticável; que deveríamos ter mais amor-próprio, ser orgulhosos e estabelecer uma meta, um objetivo. No entanto, elas nunca abordaram a situação do outro ângulo, o não conceitual. Quem diz tais coisas sobre metas na verdade não tem autoridade, pois nunca viu o outro lado da moeda. E não a vê porque não ter conceitos é demasiadamente perigoso, demasiadamente assustador. De fato, embora essas pessoas não o percebam, existe outro modo de encarar a vida além do autorrespeito defensivo, do orgulho. A única maneira de descobrir isso talvez seja a pessoa travar amizade consigo mesma. Assim, não precisará passar pela tortura do processo competitivo.

O sexo, como o trabalho e o dinheiro, normalmente se baseia em preconcepções. A noção de fidelidade nos relacionamentos sexuais origina-se de preconcepções sobre maridos, esposas e amantes. A ideia principal que governa o sexo parece ser o sentimento de *dívida*, que determina o comportamento esperado. No entanto, o ponto mais importante do sexo, seu significado fundamental e sua filosofia essencial se perdem quando passamos a abordá-lo a partir desse ângulo obrigatório. O sexo e a experiência sexual deveriam ser considerados a essência da comunicação humana. É claro que aqui a comunicação depende de um corpo físico. A comunicação sexual só pode ser efetuada pelos meios óbvios de gestos físicos e palavras. Porém, implícita nesses gestos está a mente, o que é muito difícil de perceber.

No budismo, há uma descrição mitológica dos reinos dos deuses que estão conectados com os quatro estados de *dhyana*, os quatro estados de absorção meditativa.* Aparentemente, à medida que se avança para um nível mais elevado, do primeiro estado de dhyana até o quarto, cada um desses reinos passa a ter menos substância corpórea sólida do que o anterior. Há cada vez menos corpo sólido até que finalmente tudo se reduz ao corpo meditativo, o corpo ligado ao estado de absorção mais elevado, semelhante a um transe. Isso se dá porque, quanto mais alto você sobe, menos apego ao ego você tem. No reino correspondente ao primeiro ou mais baixo dos quatro estados, os deuses se comunicam sexualmente por meio de relações sexuais. No segundo reino, a comunicação sexual consiste apenas em ficar de mãos dadas. No terceiro reino, a relação sexual se limita a sorrir um para o outro. E, finalmente, no reino mais elevado, a comunicação sexual se reduz a olhar um para o outro.

---

* *Dhyana* (sânscr.) significa simplesmente "meditação". O termo é frequentemente usado para se referir a formas de meditação baseadas na absorção, que ainda são experiências egocêntricas, não importa quão refinadas elas possam ser. Em particular, *dhyana* refere-se aos quatro estados de absorção, às vezes chamados "quatro dhyanas". Veja o Glossário para mais informações. (N.Orgs.)

Essa descrição da comunicação nos estados de dhyana explica a dependência humana do corpo como base para o relacionamento, a necessidade de se comunicar de acordo com a solidez do corpo físico. A maneira humana de prestar homenagem a um mestre espiritual ou aos ensinamentos, por exemplo, pode ser a prosternação; na tradição católica, o beijo no anel do bispo; e em histórias de renúncia budista, o sacrifício da própria energia física, corporal, aos ensinamentos, como foi o caso de Milarepa ao carregar pedras nas costas a fim de construir uma casa para seu mestre. Não me refiro a sacrifício no sentido comum. Trata-se aqui de um ato de oferenda. É como se reconhecêssemos que existe substância sólida, o corpo, utilizado como veículo ou método. Entregar-se fisicamente é assumir um compromisso.

Como seres humanos, parece que a nossa abordagem do corpo é um pouco desajeitada, pelo menos do ponto de vista das esferas dos deuses ou estados mais etéricos de ser. Contudo, em certo sentido, a descrição da comunicação sexual nos quatro reinos dos deuses ou estados de dhyana é uma descrição da experiência humana. Vê-la como qualquer outra coisa é apenas especulação ou imaginação. Como ser humano, você se comunica na medida de seu peso. Não o peso do corpo físico, mas o do corpo mental. De fato, visualizações tântricas de você mesmo com seu consorte refletem uma abordagem similar à comunicação descrita nos estados de dhyana. À medida que ascende a níveis cada vez mais altos do tantra sem forma, você passa a ter meios mais elevados de comunicação com seu consorte visualizado, a *dakini*, ou consorte feminina; ou com o *heruka*, o consorte masculino. Em termos mais comuns do dia a dia, isso equivale apenas a dizer que existem muitos níveis de sutileza na comunicação humana. Há muitos meios de expressar afeto, nem todos baseados em uma qualidade sensorial corporal grosseira ou pesada.

O ato físico do sexo tem sido descrito muitas vezes nas escrituras e outros ensinamentos da espiritualidade oriental como *abrahmacharya*, um ato incompleto.* O sexo é visto como uma maneira desajeitada de liberar seu bindu. Bindu neste caso é a essência do corpo; frequentemente é considerado equivalente ao sêmen, mas essa não é necessariamente uma boa definição. Homem e mulher possuem o bindu. O bindu é a essência da mente e a essência do corpo, do mesmo modo que o sistema monetário é a essência da sociedade. O bindu é outro tipo de moeda no contexto da comunicação humana.

Os ensinamentos indianos em ambas as tradições, a hinduísta e a budista, concordam que abusar do bindu é um ato de *abrahmacharya*, um ato incompleto. Quando o corpo contém a essência do bindu, a pessoa é inteiramente saudável. Quando você abusa dela, quando a joga fora, o ato se torna abrahmacharya, uma desestabilização da completude de Brahma, que é o completo, o sadio. Brahma representa ou encerra a condição íntegra, saudável e unificada da nossa vida e corpo.

A questão se resume em como não abusar do bindu, como usar esse tipo de moeda corretamente e com respeito. A ideia de conservar ou não desperdiçar o bindu pode ser distorcida em uma espécie de materialismo do bindu: "Devo manter o que é meu em vez de dar, para ser completo". No entanto, essa abordagem, em si mesma, faria com que seu bindu se perdesse de qualquer maneira. Você está barganhando com seu bindu; você o está perdendo porque, psicologicamente, não o está dando, não está se comunicando completamente. Isso também poderia ser descrito como abusar do bindu. Acredita-se

---

* No hinduísmo, *brahmacharya* tem dois significados. De modo geral, refere-se ao controle dos sentidos. Mais especificamente, refere-se ao celibato ou à castidade. Portanto, *abrahamacharya* é a negação ou a violação disso. (N.Orgs.)

que esse tipo de abstenção mental possa causar alguma dor física e doença que seu corpo produz em resposta à abstenção.

Atitudes abusivas para com o bindu poderiam ser comparadas com atitudes abusivas para com o dinheiro. Por exemplo, temos histórias de milionários que usam cédulas de dólar para limpar o traseiro ou as enrolam para fazer charutos. Eles abusam de seu dinheiro. No que diz respeito ao sexo, há certa tendência a pensar que sexo, a menos que você seja casado ou esteja em outra situação regular, é algo perverso. Se você fizer sexo fora do padrão comum ou convencional, terá de praticá-lo em segredo. A atitude toda para com o sexo é muito leviana. Muita gente tem a consciência pesada com relação ao sexo: "Eu não deveria ter feito tal ato, mas não o pude evitar. Simplesmente aconteceu".

Tais atitudes automaticamente abalam a sacralidade da comunicação sexual. A sociedade, a cultura e o padrão convencionalmente moralista frequentemente não reconhecem a sacralidade do sexo, mas o consideram como um ato superficial. De alguma maneira, somos doutrinados para esse ponto de vista. Não percebemos a sacralidade do sexo, sua efetiva qualidade de comunicação. Quando se começa a considerar o ato sexual uma coisa frívola, toda a abordagem ao sexo se torna mesquinha. A atitude das pessoas entre si também se torna frívola, como se elas estivessem se usando mutuamente apenas como uma propriedade, apenas como um elemento funcional.

Deveríamos encarar o sexo como basicamente sagrado, dotado de espiritualidade. Por qualidade espiritual, entendemos aqui o aspecto de comunicação. A comunicação não pode sempre ser efetuada somente por um processo verbal ou mental; às vezes, ela tem de ser física. Essa não deveria ser simplesmente uma questão biológica de liberar sexualmente a pressão, mas uma questão de aprender psicologicamente a abrir o próprio ser a outra pessoa. A expressão sexual é um ato de comunicação e abertura. Essa parece ser a essência de todo o processo.

O mesmo poderia ser dito sobre o ato de comer. No sistema monástico tibetano há visualizações e mantras refinados aplicáveis a esse ato, por meio dos quais o alimento é transformado em oferenda. Há também a consciência da sacralidade no que diz respeito às roupas. Até o subir ou descer escadas são vistos de um modo espiritual. Qualquer ato físico tem implicações espirituais, desse ponto de vista. Por exemplo, se você é um monge tibetano, diz ao colocar o cinto: "Estou colocando o cinto da disciplina". Ou então: "Estou colocando os sapatos da energia e da paciência", ou: "Estou subindo os degraus para o estado desperto. Estou descendo os degraus para que eu tenha compaixão por todos os seres sencientes", ou ainda: "Estou fechando a porta do samsara. Estou abrindo a porta da sabedoria". Todas essas ações são consideradas coisas sagradas. Às vezes, punha-se um aviso acima do vaso sanitário para enfatizar a sacralidade dessa função. O monge, sentado no vaso sanitário, praticava algumas visualizações e mantras para que sua urina e excrementos alimentassem os *pretas* ou fantasmas famintos — o elixir da vida, ao sair de seu corpo, os alimentaria. Isso é uma coisa profunda. No momento, porém, seria prematuro entregarmo-nos a uma prática como essa, pois os ensinamentos ainda são muito pouco conhecidos aqui no Ocidente no que se refere à profundidade psicológica das pessoas. Por si mesma, uma prática como essa poderia tornar-se um culto especial, o que não seria bom. No entanto, essa abordagem contém uma enorme verdade — a de que há sacralidade em tudo o que diz respeito à vida.

Mesmo assim, não se deve adotar um ritual para cada coisa. Caso contrário, tudo se torna religião em vez de espiritualidade. E o que importa é nos relacionarmos com cada momento, seja ele qual for.

Basicamente, qualquer tipo de comportamento prejudicial provém da frivolidade, da falta de respeito suficiente. A pessoa deixa que as coisas aconteçam ao acaso, displicentemente, sem respeitar nenhuma forma de vida. O respeito é uma das virtudes muito importantes sobre as quais as disciplinas, regras e regulamentos espirituais se baseiam. Para perceber a sacralidade, você tem que ser determinado, se abrir e se preparar para que a experiência seja sagrada. Por assim dizer, você tem de preparar o recipiente certo para conter a sacralidade, para que você a possa compreender. Seu preparo deve ir além da frivolidade. Esse é um ponto muito importante porque mais acidentes e caos acontecem no mundo devido à leviandade do que a qualquer outra causa. A leviandade é bastante simples. Consiste em não respeitar as situações e não usá-las como veículo de desenvolvimento.

Por outro lado, se você tentar usar o sexo como um ato espiritual autoconsciente, estará ignorando o relacionamento real que acontece no momento e tentando sobrepor-lhe alguma outra coisa. Trata-se de outra trapaça do ego que, é claro, não vai funcionar. Você já não está ligado à situação presente. Procura acrescentar-lhe algo que logo se torna apenas um estorvo. Quando falamos da sacralidade, aludimos à experiência pessoal de um estado de desprendimento, de pura doação, de pura ação para além do observador.

Nos ensinamentos tântricos budistas, diz-se que quando você tem um orgasmo verdadeiro, você não existe e também a outra pessoa não existe. É possível ter essa experiência. No *Livro Tibetano dos Mortos*,* ensina-se que o orgasmo completo propicia um vislumbre de luz clara. Existem quatro situações em que você pode experimentar essa visão da luz clara. Uma é a de súbita consciência plena. Se você estiver

---

* Publicado pela Editora Pensamento, São Paulo, 1985. (N.R.)

assustado, em pânico ou chocado, poderá entrar em um completo estado sem pensamentos. A segunda experiência está ligada à morte. A terceira ocorre quando você está meio adormecido, quase pegando no sono; tem então o vislumbre de uma luz clara. Finalmente, há a experiência do orgasmo, orgasmo fundamental completo, quando ocorre uma abertura completa que está além do pensamento. De fato, ela é conhecida como "além do gozo".

A alegria da comunicação é descrita no tantra, de um modo geral, como os quatro tipos de alegria. Há a alegria, a alegria suprema, o além da alegria e finalmente a alegria coemergente. A alegria está relacionada aqui com a prática yogue de trabalhar com os chakras ou os vários centros de energia no corpo. Gradualmente, a comunicação passa para um estado cada vez mais sutil e menos orientado para o físico. Finalmente, tudo se torna coemergente, quase sem alegria: uma alegria que, suponho, é o equivalente a sorrir. Poderíamos quase chamar isso de um sorriso sem sorriso ou talvez de um sorriso sem face, como o gato de Cheshire.*

Ao falar sobre sexo, abordamos um tema muito vasto. Contemplamos o fato de que cada situação de vida tem um significado por trás dela ou um processo de comunicação *dentro* dela. A comunicação não pode ser estabelecida a menos que haja duas partes, uma das quais é a emissora e a outra a receptora. Nessa base, qualquer comunicação poderia ser considerada sexual, embora eu não esteja sendo freudiano aqui. Nela não se faz necessária a qualidade apaixonada do sexo, seu nível grosseiro. Porém, para comunicar qualquer coisa, deve existir o elemento verdadeiro da união. Do ponto de vista tântrico, tudo

---

* O gato de Cheshire é um personagem de fantasia do livro *Alice no País das Maravilhas*, de Lewis Carroll. Caracteriza-se por seu estranho sorriso exagerado. (N.T.)

é interpretado assim — em termos de união. Há a união do samsara e do nirvana, a união dos fenômenos e da consciência. Interpretamos tudo isso em termos dos princípios feminino e masculino.* Tudo é visto dessa maneira.

A comunicação sexual nem sempre é apenas de ordem física. Quando duas pessoas se sentem mutuamente atraídas, tendem a querer abrir-se uma para a outra tanto quanto possível. No entanto, caso não haja a possibilidade de se abrirem fisicamente, nem por isso precisam se sentir frustradas. A comunicação sutil, que encerra o elemento da amizade perfeita, parece ser o cerne da questão. Quando ela existe, a fidelidade se torna uma situação natural — se a pessoa está realmente interessada em ser fiel. Isso porque a comunicação entre as duas pessoas é tão real, bela e espontânea que nenhuma delas consegue comunicar a mesma coisa a ninguém mais; então, automaticamente, se aproximam.

No entanto, dúvidas e sugestões negativas podem surgir e induzir a pessoa a romper esse processo de comunicação. Elas podem fazer com que abandonemos nossa fidelidade e amizade mútuas. Quando isso acontece, você fica mais receoso de perder a comunicação do que propenso a desfrutá-la a cada momento. Começa a se sentir ameaçado. Embora, precisamente agora, sua comunicação esteja indo maravilhosamente bem, isso não o impede de se sentir ameaçado por algo, pela possibilidade abstrata de que algo saia errado. A semente

---

* Os princípios feminino e masculino são conceitos no budismo mahayana e vajrayana referentes a qualidades da mente e do mundo da pessoa. Eles podem ser associados na experiência não dualística. A sabedoria e a habilidade são um dos pares comuns que ilustram a atuação conjunta do feminino e do masculino. Aqui, a sabedoria é o feminino e a habilidade é o masculino. Nos capítulos sobre o sexo e os relacionamentos, o autor nos dá mais informações sobre esses dois princípios, que não têm nada a ver com gênero em si. Contudo, no vajrayana, o praticante pode visualizar o masculino e o feminino unidos, como um heruka, uma divindade masculina, e uma dakini, uma divindade feminina. Para mais informações sobre esse assunto, veja o Glossário e também *Glimpses of Space: The Feminine Principle and EVAM*, Vajradhatu Publications, 1999. (N.Orgs.)

da paranoia foi lançada e você começa a considerar a comunicação um mero entretenimento do ego. Então, acontecem todos os tipos de coisas caóticas.

Nesse ponto, a comunicação e a abertura franca de um para o outro poderia bem facilmente tornar-se franca agressão e ódio. É aí que a dinâmica da chamada relação de amor e ódio se torna muito óbvia, muito natural. Uma vez lançadas as sementes da dúvida, as pessoas se tornam rígidas e apavoradas, porque ficam com medo de perder sua comunicação, até então tão boa e real. A certa altura, aturdidas, já não sabem se a comunicação é de natureza amorosa ou agressiva. Esse aturdimento significa perder em parte o distanciamento e a perspectiva, surgindo daí a neurose. Quando se perde a perspectiva correta ou o espaço dentro do processo de comunicação, o amor pode transformar-se em um ódio profundo. E é natural, tanto no processo de ódio quanto no de amor, o desejo de comunicação física com a outra pessoa. Nesse caso, o que se deseja é matar o outro, feri-lo fisicamente. Ou seja, em toda relação pessoal — amorosa ou qualquer outra —, sempre há o perigo de que ela se transforme em seu contrário. Em presença da sensação de ameaça ou insegurança, a relação pode virar do avesso.

Há a história de um discípulo que assassinou seu mestre. Devido a seu sentimento pessoal de comunicação com o mestre, quando ele começou a rejeitar os ensinamentos deste, ficou de repente aturdido. O aturdimento automaticamente começou a procurar outro meio alternativo para estabelecer a comunicação. Esse senso de comunicação súbita transformou-se em ódio e o discípulo assassinou o mestre ali mesmo.

Às vezes, a frustração em um relacionamento surge quando você dá e sabe que está dando. Logo começa a sentir que merece também receber. Isso provoca enorme resistência na outra pessoa; ela acha que você está exigindo em vez de se abrir verdadeiramente. Todo o relacionamento chega ao ponto de saturação. Em seguida, concluindo que não está se abrindo como deveria, você tenta se abrir ainda mais. O relacionamento vai se tornando cada vez mais difícil. Também aqui, o princípio aplicável é o de generosidade desinteressada.

Em se tratando do sexo e da comunicação na vida diária, seria pedir muito que todos se tornassem amantes perfeitos. Seria pedir demais, na verdade. Porém, a profundidade do nível emocional em uma relação comum deve ser percebida de forma correta e completa, levando assim a pessoa ao estado meditativo.

Na meditação, em última análise, não existe um ponto onde se concentrar. Na tradição zen, pode-se aprender a meditar concentrando-se no abdome ou no que é chamado de *hara*. Às vezes se usa um koan para banir as intelectualizações. Finalmente, atinge-se o estado de *shikantaza*, que consiste apenas em permanecer sentado sem fazer coisa alguma, nem mesmo meditar como tal. Enquanto você estiver se relacionando com um determinado foco associado à sua situação corporal na meditação, ainda terá uma meta e um objeto. Talvez ache que meditar se concentrando em um objeto como o hara lhe dê um melhor senso de equilíbrio, de estabilidade. Aparentemente, sua mente fica mais clara. Contudo, essa abordagem às vezes pode ser um problema. Quando relacionamos nosso senso de equilíbrio a um objeto especial de atenção, isso significa que o equilíbrio depende de algo. Logo, no fundo, não é absolutamente equilíbrio verdadeiro. Ainda persiste uma divisão entre *aquilo* e *isto*, até mais profunda que usualmente. Quando você tem um senso expandido de consciência, não se relaciona com "isto", de maneira alguma. Ao contrário, então a meditação adquire um alcance muito maior. Em vez de privilegiar o que está "aqui", nossa concentração se volta para a totalidade, para todos os lugares. Isso se aplica à comunicação em geral. Quando dizemos "todos os lugares," é claro que também incluímos *aqui*, mas "aqui" não é especialmente importante. Aqui é apenas aqui. Isto é apenas isto. Mas "aquilo" é tudo.

Quando nos relacionamos com centros de energia específicos, ligados ao mandala simbólico do corpo, seja na meditação, ou no yoga sexual ou no que for, estamos às voltas com energias específicas e muito poderosas. Essas energias às vezes se tornam muito intensas, muito exigentes, muito turbulentas. A menos que esteja constantemente atenta, a pessoa pode se descontrolar fisicamente ou explodir, por assim dizer. Já se disse que um yogue ocupado unicamente com os fenômenos físicos é como um elefante bêbado — imprevisível e pronto a esmagar tudo de perigoso que possa haver por perto. Para evitar esse estado selvagem ou para domá-lo, convém trabalhar com o espaço. Dessa maneira, não pisamos os pés de ninguém. Simplesmente usamos o espaço que está em toda parte.

O importante é nos livrarmos de qualquer controle exercido sobre a nossa experiência, por mais tênue que seja, de qualquer entrave que nos impeça de ser pessoas abertas. Pontos de referência sutis nos impedem de ser criativos: temos sempre algo a fazer, algo a que nos apegar. Sempre que a meditação depender, ainda que minimamente, do apego a alguma coisa, então nem tudo estará plenamente livre. No entanto, de algum modo, a liberdade provém ou depende da prisão. Primeiro, você tem de reconhecer que está fundamentalmente preso. Depois, caso cesse de se aprisionar a si mesmo, ficará verdadeiramente livre. Portanto, sempre que tiver a experiência de um vago aprisionamento, estará capacitado a abrir mão desse aprisionamento — só um pouco. Para experimentar a liberdade, precisará fazer muito mais.

Suponho que poderíamos descrever o ato de fugir dos pontos de referência conceituais como uma espécie de descontrole no sentido positivo. No entanto, a ideia de fuga pode impedi-lo de fugir. Algo aí ainda não está totalmente livre. Em termos de comunicação, não estamos tentando nos relacionar apenas com a ausência de ego. Estamos trabalhando com base na ausência de *qualquer coisa*. Veja, uma vez tendo desenvolvido o estado de não eu, você fica consciente da qualidade insubstancial do eu. A ausência mesma do ego torna-se um lugar de moradia. Há inúmeros tipos de moradia. Portanto, seria uma boa ideia se desprender de todos eles, quaisquer que sejam.

Há uma história indiana — penso que originária do Punjabi — sobre um adepto da religião sikh que queria meditar sobre o nome de Deus. Toda vez que ele tentava pensar no nome de Deus, o nome que lhe vinha à mente era o de sua amante. Ficou repetindo incessantemente o nome dela, não o de Deus. Muito frustrado, procurou seu mestre para tentar resolver o problema. O mestre lhe disse: "Não importa; repita o nome de sua amante". Ele obedeceu. Mas então ocorreu um acidente: sua amante se afogou ou morreu de algum outro modo. O sikh apercebeu-se de que agora em sua meditação, embora ele sentisse um certo vazio em relação a ela, o nome da amante aflorava sempre. Finalmente, ele se deu conta de que não havia mais uma amante com quem se relacionar. Nesse momento, subitamente, o nome de Deus surgiu em sua mente e ele conseguiu desenvolver um estado meditativo.

O ponto importante é entrar na situação e senti-la completamente sem um observador. Inicialmente, você tem um observador em sua meditação. Sente-se observando a si mesmo enquanto medita, até o ponto em que o observador começa a fazer parte do espaço; então, ele deixa de ser necessário. O observador perde sua função. Emocionalmente, pode-se entrar em um estado de completa absorção sem o observador. Embora, a longo prazo, essa experiência talvez seja fruto do ego, temporariamente pode ser um trampolim útil. Nessa absorção, a pessoa nem sempre distingue entre o amor e o ódio. A certa altura, os critérios começam a se desgastar. A experiência particular em que a pessoa está envolvida começa a se tornar *tudo*. Perdem-se todos os critérios e a experiência lembra o estado de *bardo*, uma obsessão contínua e constante.* Isso confunde a pessoa, que pode então descobrir que essa confusão talvez seja algo mais fundamental do que a confusão comum.

Como base da comunicação, a paixão pode ser tão perigosa quanto, pisar em fios elétricos. Mas, em algumas situações, esse é o único jeito. Você pode pensar que, se fosse como a eletricidade, a paixão seria tão inteligente que não ofereceria perigo algum. No entanto, ela pode ser uma ou outra coisa, dependendo do modo como você a encara. As coisas mais perigosas são também as que encerram maior potencial.

---

* *Bardo* é uma palavra tibetana que quer dizer "estado intermediário" ou "no meio". A ideia de bardo é mais comumente entendida em conexão com os ensinamentos contidos em *O Livro Tibetano dos Mortos* e geralmente as pessoas a associam aos ensinamentos sobre o que acontece no momento da morte e no estado após a morte. Os ensinamentos tradicionais sobre o bardo falam de seis estados de bardo, vários dos quais são associados ao processo de morrer e às experiências que ocorrem depois da morte. Outros estados de bardo incluem o nascimento, o estado de sonhar e o estado de meditação.

Neste capítulo sobre a comunicação, Trungpa Rinpoche descreve o bardo como uma obsessão poderosa de certo tipo. Para entender esse ponto de vista, podemos verificar a introdução que Judith Lief escreveu para o livro de Chögyam Trungpa, *Transcending Madness: The Experience of the Six Bardos* (Boston: Shambhala Publications, 1992). Judith Lief, a organizadora do livro, esclarece o significado de bardo e como ele se relaciona com os seis reinos da existência: "Este volume [...] se baseia no entrelaçamento de dois conceitos essenciais: reino e bardo. O esquema tradicional budista de seis reinos — dos deuses, dos deuses invejosos, dos seres humanos, dos animais, dos fantasmas famintos e dos seres do inferno — é às vezes considerado uma descrição literal de modos possíveis de existência. Mas neste caso o esquema dos seis reinos é usado para descrever os seis mundos completos que criamos como conclusões lógicas de poderosas manifestações emocionais tais como raiva, ganância, ignorância, luxúria, inveja e orgulho. Ao negar o poder de nossas emoções e projetá-lo para o mundo exterior, nós nos deixamos aprisionar de várias maneiras e não vemos possibilidade nenhuma de fuga".

Ela continua: "Os seis reinos fornecem um contexto para a experiência do bardo, descrita como a experiência da terra de ninguém. Os bardos surgem como a experiência intensificada de cada reino, fornecendo ao mesmo tempo a possibilidade de despertar da confusão, da sanidade ou da insanidade completas. Eles são a derradeira expressão da armadilha dos reinos. No entanto, essa é uma experiência tão elevada que abre a possibilidade da súbita transformação daquela solidez em liberdade completa ou espaço aberto" (p. xi). (N. Orgs.)

Capítulo 9

A CHAMA
DO AMOR

osso assunto neste capítulo é o sexo, parte do problema maior do amor. Só poderemos discutir este tópico se entendermos como ele se relaciona com o ego. À semelhança de tudo o mais em nossa vida diária, sexo e amor podem se basear no ponto de referência central do ego ou em uma abordagem descentralizada, que vá além do ego. É muito importante entendermos o papel que o ego desempenha — ou não — em todas as nossas atividades.

O ego contém a ignorância, que se recusa a olhar para trás, para sua própria origem. Dessa ignorância fundamental ou confusão surgem o medo ou pânico. O ego se expande a partir do medo ou pânico para os processos posteriores de percepção, impulso, conceito e consciência.* Por que, após a ignorância, seguem-se a percepção, o

---

* Chögyam Trungpa refere-se aqui ao que se conhece em sânscrito como os *skandhas*, os cinco blocos de construção do ego. Estes são forma (onde primeiro surge a ignorância), sentimento, percepção, conceito e consciência. O impulso é um aspecto do terceiro skandha,

impulso e todo o resto? Porque nela existe um depósito de energia em processamento. Essa vasta energia não é a energia do ego, em absoluto; é a energia do ambiente primevo, que continuamente impregna tudo o que acontece.

O ambiente primevo do universo (ou o inconsciente — seja como for que o queiramos chamar) não é, de modo algum, apenas um estado de inexistência, vazio, em branco. Ao contrário, ele contém uma energia tremenda; é completamente cheio de energia. Se examinarmos essa energia, descobriremos que ela tem duas caraterísticas. Uma é a qualidade semelhante ao calor abrasador do fogo; a outra, a qualidade direcional. A energia primeva semelhante ao fogo tem uma direção, um padrão específico de fluxo, tal como o que se vê em uma centelha. Uma centelha contém calor e também reage ao ar que a dirige para determinado lugar — a centelha assume um padrão de movimento na atmosfera. Todo o processo da energia do ambiente primevo segue um padrão que é o mesmo, quer ela passe ou não pelo filtro confuso do ego. Seu padrão prossegue repetida e continuadamente. Ela não pode ser destruída; não pode ser interrompida.

Essa centelha, essa energia que contém calor, é mencionada em conexão com a prática de yoga conhecida como *tummo*, um dos seis yogas de Naropa.* A prática de tummo foi descrita como o desenvolvimento do calor interior. Essa energia se consome, está sempre quei-

---

a percepção. Para uma descrição completa da evolução dos skandhas, veja o capítulo "The Development of Ego," no livro de Chögyam Trungpa, *Cutting Through Spiritual Materialism,* Boston: Shambhala Publications, 1973, 1987. pp.121ss) (N.Orgs.). Em português: "O desenvolvimento do ego", em Chögyam Trungpa, *Além do Materialismo Espiritual*, publicado pela Editora Cultrix, São Paulo, 1987, pp. 119ss. (N.T. — fora de catálogo)

.* Os seis yogas são práticas de meditação transmitidas pelo grande mahasiddha indiano Naropa a seu discípulo Marpa. Eles são muitíssimo praticados na escola Kagyü de budismo. São a prática de *tummo* ou calor interior; o corpo ilusório; o yoga do sonho; o yoga da luz clara; a transferência da consciência na hora da morte; e a prática do bardo ou estado intermediário. Muitas outras escolas tibetanas do budismo vajrayana também incorporam disciplinas yogues semelhantes. (N.Orgs.)

mando, como a do Sol. Vai ardendo e se consumindo continuamente até chegar àquele ponto em que, falando psicologicamente, não deixa mais lugar a dúvidas ou manipulações. Essa força vasta continua incessantemente, não deixando lugar para a manipulação, não deixando lugar para a confusão, a ignorância, o pânico ou a dúvida. No entanto, quando esse calor é filtrado pelo processo da ignorância do ego, ocorre uma mudança muito interessante. Em vez de permanecer um puro processo de incineração, ele se torna um pouco estagnado por ignorar o terreno básico e pelo fato de o ego se recusar a investigar suas próprias origens.

Poderíamos dizer que é aí que ocorre a distorção básica do amor. O amor comum, o amor que comumente encontramos em nossa vida, parece conter uma distorção básica, assim como sucede com outros aspectos de nossa vida diária. Essa distorção básica consiste em nos recusarmos a perceber a vasta energia que tudo queima, sobre a qual falamos. Em consequência da recusa de perceber essa energia vibrante, o ego é forçado a acomodá-la dentro de algum tipo de recipiente. O ego acomoda essa energia sob a forma de confusão.

A confusão é uma espécie de rede, de tela de arame que forma um recipiente. Uma vez criada essa rede de confusão, tentamos colocar dentro dela a vasta energia primeva. Uma vez capturada a energia dentro da rede de confusão, a distorção básica do ego começa a ocorrer. Contudo, a inteligência do ego não é igual a essa força abrasadora do calor do amor. Ela somente é capaz de distorcer aquele calor que queima. O ego pode distorcê-lo, mas não consegue prendê-lo completamente. O resultado da impossibilidade do ego de conseguir capturar completamente a energia básica é que essa energia produz um calor que queima só em parte, uma chama parcial de amor.

Quando o calor do amor é capturado pela rede da confusão, ele ainda expele uma chama dirigida para fora. Porém, esse processo dirigido para fora é somente uma expressão do fascínio, porque a chama não foi completamente liberada no espaço aberto. Apenas um aspecto parcial da chama conseguiu escapulir da rede e estender sua língua. Esse fascínio pelo outro, ou pelo objeto do amor, é a energia básica incandescente que foi filtrada sem sucesso pela confusão do ego.

Digo que o ego fracassa porque o seu maior desejo é controlar completamente toda a energia, capturá-la inteiramente para que nenhum aspecto da chama básica escape pelas malhas de sua rede de confusão. Contudo, alguma coisa consegue escapar, mas essa chama é somente uma manifestação parcial da energia. Por isso, a chama precisa retroceder ou voltar para dentro da rede, a fim de se realimentar. É assim que nossa confusa paixão comum funciona.

Repetindo, a paixão comum estira-se para fora, mas, por causa da rede da confusão que a aprisiona, não tem a capacidade de se estender de uma maneira ilimitada, por isso recua automaticamente. Mas recua, de certo modo, já programada ou reajustada, devido à confusão que a impregna. Porém, surpreendentemente, esse amor, desejo ou paixão não é completamente cativado pelo ego. É a única emoção que escapa parcialmente, que é capaz de funcionar fora da esfera do ego, ao contrário da ira, do orgulho, da inveja e dos outros *kleshas*, ou emoções, que são capturados com sucesso. A paixão é algo muito poderoso. É a expressão vigorosa da origem fundamental. Não conseguimos realmente prendê-la ou danificá-la cem por cento.

Normalmente, quando nos projetamos em situações externas, estendemos nossa paixão ou desejo e, depois, procuramos possuir o objeto de desejo. Portanto, estendemos nosso desejo, nossa paixão e, com isso, pretendemos atrair algo. Se nossa tentativa falhar, nós nos sentiremos muito frustrados; se apenas pudéssemos possuir o objeto do nosso desejo, sentiríamos ter conquistado algo. É um pouco como alguém que sai para olhar as vitrines em uma rua movimentada, cheia de lojas caras. Ela admira os produtos exibidos, mas também os quer para si. Gostaria de comprar muitas mercadorias, mas dá-se conta de que não tem dinheiro suficiente e, toda vez que vê algo desejável, se sente terrivelmente magoado. Ainda assim, continua olhando, pois essa primeira olhada momentânea lhe dá prazer. Outra pessoa passaria adiante, caminhando lentamente, apenas admirando o que está exposto nas vitrines das lojas. Temos, portanto, duas abordagens contrastantes: a maneira possessiva de ver e a maneira de ver com admiração.

A abordagem possessiva aplica-se também aos relacionamentos, muito mais do que a objetos, pois as relações entre pessoas são extremamente sofisticadas. Em um relacionamento, uma das pessoas tem os meios de estender sua chama para fora na direção da outra, no esforço de consumi-la, mas a outra também tem. Se uma quiser se apossar da outra, todo o processo de relacionamento se transformará em um jogo disputadíssimo para saber quem tem a personalidade mais forte e avassaladora, capaz de subjugar a outra. Quando se adota uma abordagem possessiva, geralmente é isso que acontece.

A tentativa de apossar-se de outra pessoa reveste uma qualidade primitiva, quase simiesca. Você pode querer possuir alguém simplesmente por sua beleza física. Porque essa pessoa é bonita ou elegante, você gostaria de apossar-se dela. Ou talvez ela tenha qualidades especialmente interessantes e sutis em seu psiquismo, e você gostasse de ter esses aspectos da pessoa. Ambos os casos são extensões de uma abordagem simiesca. Relações sexuais possessivas são muito simiescas, isto é, puramente impulsionadas pela estrutura básica do ego. Você vê a outra pessoa como uma espécie de bife suculento, e gostaria de engoli-la e dar o assunto por encerrado — só isso. É o instinto animal persistindo no nível humano.

Não estou sugerindo que as pessoas devam ser mais sofisticadas e aprimorem uma arte especial de apossar-se do outro. Se nossa abordagem apresentar esse arranjo possessivo, quanto mais tentarmos ser sofisticados, mais nos faremos de bobos — pois todo mundo conhece os truques dos outros. Nesse campo, todos são profissionais, sabemos disso muito bem. Tentar ser sutil, neste caso, lembra a história chinesa do homem que queria roubar um sino. Um tolo resolveu furtar um belo sino, que era muito caro e tinha um som muito bonito. Esgueirou-se silenciosamente para dentro da casa em que o sino estava, encontrou-o e pegou-o. O sino soou e ele entrou em pânico. O sino continuava soando porque o homem, ainda em pânico, balançava-o de um lado para o outro. Segurando-o com uma mão, tentava cobrir ambos os ouvidos com a outra, dizendo: "Não estou ouvindo, não estou ouvindo".

Não só em situações sexuais, mas em todos os tipos de situações, nós jogamos esse jogo do sino. Sabemos muito bem que a outra pessoa conhece nosso jogo, mas mesmo assim não queremos deixar de fingir. Apenas continuamos jogando, fazendo de conta que ninguém percebe nada.

O karma desempenha um papel importante nesse jogo. O karma é uma lei natural de causa e efeito. Não importa o que você faça agora, está plantando sementes para o futuro. Essa reação específica em cadeia se iniciou a partir da confusão ou da ignorância, da criação do ego. Você decide agir a fim de chegar a um resultado. Quando decide fazer alguma coisa para melhorar sua vida e garantir sua segurança, essa ação é prontamente acompanhada pela dualidade e isso é chamado ação relacional ou dualista. Havendo dualidade no início, haverá ação dualista ao longo de todo o processo. Assim, qualquer coisa que você tenha feito no passado produz algum resultado no momento presente — no agora. O que quer que faça no momento presente também terá algum resultado no futuro. O processo do karma não pode ser eliminado no passado. Mas o que você vier a fazer no futuro está ligado ao momento presente. O karma pode ser comparado ao cultivo de flores. Se você plantar uma determinada espécie de semente, a partir dela vão se desenvolver flores de um determinado tipo. É uma força natural que atua em todos os lugares, o tempo todo. Se você golpear alguma coisa com força suficiente, ela se quebrará — isso é o karma. É uma reação natural em cadeia que nunca deixa de ocorrer.

Dentro da tradição monástica budista, há uma maneira antiga, ortodoxa e muito disciplinada de trabalhar com a paixão a fim de superar a atitude possessiva e do apego. Você encontrará essa abordagem em muitas escolas espirituais de pensamento que reconhecem a existência da paixão, mas também buscam controla-la. É interessante notar que nos estágios iniciais dessa abordagem ortodoxa, controlar a paixão não diminui a sua intensidade de maneira alguma. De fato, ao tentar controlá-la, aprende-se a viver com ela em um nível mais intenso. A experiência da paixão se intensifica até provocar a indiferença, quando então você se dá conta de que colocar ou não colocar a paixão em ação dá no mesmo. Você tem que se libertar da paixão antes de aprender a conviver com ela.

Essa abordagem reconhece a existência da paixão mental. Em sua mente, você desenvolve uma relação com a paixão até conseguir controlá-la. Graças a uma rígida disciplina, pode se libertar da paixão. E faz isso, não exprimindo a paixão, mas aprendendo a conviver com o desejo. Entretanto, se tentar suprimir a paixão, poderá se dar mal, pois nesse caso estará negando por completo a existência da paixão. Seja o que for que aconteça, você subitamente se fecha, sentindo-se culpado por estar cometendo um pecado ou qualquer coisa parecida. Então, como você se recusa a vê-la, a paixão se retrai e fica como o ar comprimido dentro de um balão: um dia, mais cedo ou mais tarde, ela tentará escapar.

A repressão é uma forma muito inábil de lidar com a paixão. Não que haja algo de errado com os ensinamentos tradicionais, mas você os aceita de maneira equivocada. Se você entrar em pânico, sentindo-se terrivelmente constrangido por causa de sua paixão, não conseguirá percebê-la. Não conseguirá examiná-la. Se efetivamente a perceber, concluirá que não é importante exprimi-la fisicamente. Controlá-la parece uma questão secundária. O importante é perceber a paixão com clareza.

Assim, na tradição monástica budista, o celibato é uma maneira eficiente de lidar com o desejo, não pela supressão da paixão, mas pelo exame de seu aspecto mental. Na tradição budista em geral, em vez de suprimir um desejo que venha à sua mente, você o examina. Você tem de se familiarizar com os desejos; desse modo, a necessidade de expressá-los fisicamente desaparece. A expressão física não é mais do que uma extensão do próprio desejo — você percebe a característica infantil e caótica da expressão. De qualquer forma, o aspecto comunicativo básico do desejo tem de continuar existindo. Você canaliza sua energia para o processo de comunicação. Eis como a tradição monástica básica pode simplificar a vida.

Repetindo, o monasticismo aqui não se baseia na supressão ou no puro ascetismo. Baseia-se na simplicidade, a simplicidade do não envolvimento, a simplicidade de estar só. Você se familiariza com o desejo e depois se relaciona com ele com a simplicidade do isolamento ou até mesmo da solidão. Com o tempo, a própria solidão se transforma em uma espécie de consorte, de companheira. É por isso que, na tradição budista, os praticantes do tantra que levam vida monástica celibatária continuam a praticar a disciplina interna do yoga, que envolve relacionar-se com o princípio da união sexual no nível mental. Em qualquer situação monástica, tanto monges quanto monjas poderiam ter uma experiência de solidão em relação a seu consorte ou companheiro. Tem de haver um meio de lidar com a paixão, mesmo na vida monástica.

Às vezes, os leigos acreditam que é melhor poupar sua energia sexual para finalidades espirituais. Acham que, se gastarem a energia sexual, não a terão disponível como energia espiritual. Conforme é explicado em textos de yoga, tudo depende de como os indivíduos encaram seus relacionamentos sexuais. Depende de colocarem ou não toda a sua caraterística possessiva — sua avidez — no processo. Se o fizerem, então isso transformará sua energia em uma espécie de paixão pesada, que afetará sua vida espiritual adversamente. No entanto, se alguém puder relacionar-se com a expressão física, sexual, da paixão como parte de um processo de comunicação, não penso que o sexo de modo algum possa afetar adversamente a vida espiritual. Na realidade, ele será uma inspiração, porque a expressão física do desejo torna-se então um gesto simbólico, o mesmo que fazer prostrações e vários outros exercícios de yoga ou circunambular um *stupa** ou algo similar. Todo tipo de exercício físico tem sido recomendado nos ensinamentos tradicionais para aprendermos a usar nossa energia corretamente e colocar o corpo em contato com a terra de uma maneira que estimule mais energia espiritual.

Na tradição monástica tibetana, primeiro a pessoa recebe a ordenação *samanera*, pela qual se torna um monge ou monja noviça.

---

* *Stupa* (sânscr.): Estupa. Monumento comemorativo budista que encerra comumente relíquias sagradas associadas com o Buda ou outras pessoas sagradas. A circunambulação, andar ao redor no sentido horário, recitando mantras, é uma prática muito comum entre os budistas das escolas tibetanas. O próprio autor, Chögyam Trungpa Rinpoche, anos após seu paranirvana, viria a ser homenageado com a construção do Grande Estupa Dharmakaya, nas Montanhas Rochosas, no Shambhala Mountain Center, em Red Feather Lakes, estado do Colorado, nos Estados Unidos. (N.T.)

Depois, a ordem de *bhikshu*, pela qual se torna um monge ou monja com ordenação plena. Finalmente, a pessoa faz o voto de bodhisattva, que está ligado à prática da compaixão, recebendo também as iniciações da tradição yoga budista ligadas ao vajrayana. Essas também podem ser feitas fora da ordenação monástica. Um praticante leigo pode fazer votos na tradição yoga budista, assim como os votos de bodhisattva. Então estará comprometido com a prática da compaixão, mesmo continuando a ser um chefe de família e vivendo uma vida secular comum. Caso faça os votos monásticos, observará a disciplina monástica do celibato enquanto for monge ou monja, o que pode ser pelo resto de sua vida. No entanto, segundo a tradição tibetana, não há castigo para o abandono do hábito. Se um lama quiser despir o hábito e deixar de ser monge, sua escolha seguinte será entre continuar no trabalho espiritual e tornar-se um negociante ou um chefe de família e até mesmo um caçador, como ele quiser. Essa escolha depende de cada indivíduo. Ainda assim, depois de deixar o hábito, o praticante continua com suas práticas de bodhisattva e de yoga. A tradição monástica enfatiza bastante a relação física com a simplicidade, da maneira com temos falado. As outras disciplinas estão mais conectadas com o estado mental. Assim, mesmo que um monge ou monja decida abandonar o hábito, sua mente não será afetada. A saúde espiritual persiste.

Capítulo 10

PAIXÃO
PURA

O celibato, como disciplina ortodoxa, aplica-se apenas a certos tipos de pessoa. Poucas podem alcançar o estado desapaixonado em que há negação completa de expressão da paixão. Quase todas ainda conservam o desejo de expressar sua paixão fisicamente. Se não nos dedicarmos a essa disciplina ortodoxa, como poderemos controlar nossa paixão? Existe outra perspectiva da paixão e dos relacionamentos que aborda de maneira diversa a sutileza da energia primitiva básica sobre a qual falamos no capítulo anterior. Poderíamos chamar essa segunda abordagem de trabalhar com a paixão pura. Na realidade, no sentido comum, paixão pura é apenas paixão, mas, ao mesmo tempo, é o que se chama paixão vajra. Vajra significa indestrutível por natureza.* Dizemos paixão vajra porque é paixão selvagem, no sentido de não ter ao seu redor redes egoístas ou

---

* *Vajra* é uma palavra em sânscrito que quer dizer "diamante", "adamantino" ou "indestrutível". O cetro em forma de raio empunhado por Indra, o rei dos deuses na mitologia

telas de proteção. É paixão livre, paixão bravia, paixão *desenfreada*. É paixão não direcionada por nenhuma espécie de quadro de controle, paixão mais poderosa do que o aspecto simiesco discutido no capítulo anterior. Mas ela também contém elementos de luz brilhante — um elemento de sabedoria. Possui uma tremenda energia que consome, que não passa por nenhum filtro ou rede. Esse tipo de paixão é autenticamente paixão selvagem, esteja ela conectada com sexo ou qualquer outra coisa desejável que surja na vida.

O ego e sua inteligência vivem em um mudo que não reconhece outras dimensões. Do ponto de vista do ego, o mundo todo é seu. Isso complica nossos esforços para libertar a paixão pura. Quanto mais tentamos sair do jogo do ego, mais respostas lógicas ele nos fornece, na tentativa de bloquear nossos esforços. Essas soluções são todas muito limitadas, baseadas na distorção fundamental do ego.

O mundo da paixão real é uma atmosfera diferente, um mundo sem limites. Quando você tem um vislumbre dele, quando um instante de arejamento não programado lhe permite perceber algo fora do ego, talvez se sinta motivado a sair de uma vez por todas. Você percebe que é possível ir além de seus padrões habituais — o labirinto do ego.

No entanto, continuar simplesmente vagando pelo labirinto do ego, na tentativa de achar a saída, não resolve o problema, porque depois que sair de um labirinto encontrará outro. Enquanto a pessoa vaga pelo labirinto, produz também cada vez mais forças kármicas. A única saída é perceber diretamente outra dimensão paralela, fora do esquema do ego. Essa dimensão pode aparecer como uma percepção momentânea, que forneça um caminho paralelo de saída e não se

---

da Índia, é conhecido como vajra. No sentido adjetivo em que é aqui empregado, o termo se refere à indestrutibilidade absoluta que está além da existência condicionada. (N.Orgs.)

baseie na lógica do ego. Por esse caminho é possível sair de vez do labirinto.

A dimensão pura ou liberta da relação apaixonada baseia-se na energia da não mente. Em outras palavras, na experiência da pura paixão, a mente transcende a lógica. É preciso ter coragem para acessar essa dimensão de vida. Em geral, as respostas lógicas dão segurança. Conclusões lógicas nos trazem algum conforto. Nossa lógica nos diz que, se fizermos isto, ocorrerá aquilo. Isso cria um mundo aparentemente previsível. Tendemos a planejar tudo, a nos programar completamente. Temos de aprender a evitar essa espécie de consolo que vem da sobreposição de respostas. Parar de fazer esse tipo de análise lógica obsessiva e abandonar a reação em cadeia de respostas exige coragem, a coragem que consiste em não apelar para o consolo. Precisamos deixar de fantasiar sobre nossa própria segurança para chegar ao ponto da não mente ou do pensar não lógico.

A única maneira de desligar o processo de raciocínio logico é simplesmente sair dele. Quando não há lógica, começamos a ver as coisas muito claramente, mas também a sentir frio. Podemos sentir essa área, que está livre da mente habitual, como desolada e fria porque nos parece muito pouco familiar. Por essa razão, quando a vivenciamos, geralmente tentamos nos apegar cada vez mais ao nosso território conhecido. A fim de se libertar dos padrões habituais, sempre que você perceber alguma espécie de recanto misterioso, sombrio e frio, em vez de tentar preenchê-lo com qualquer outra coisa, entre nele — porque ele não está participando do processo lógico do ego. Isso é tudo o que podemos fazer. De certa forma, o que fazemos é simplesmente não fazer nada.

Sempre que nos deparamos com um misterioso canto escuro e sombrio onde pode haver aranhas, mosquitos ou morcegos mentais, nós nos apressamos a fabricar alguma lógica, alguma espécie de alternativa para explicar essas criaturas assustadoras das trevas. Poderia haver qualquer coisa naquele espaço. Mas em vez de investigar essas coisas tão terríveis, preferimos fazer com que tudo seja confortável e aconchegante. Tentamos nos convencer de que tudo vai ficar bem. Estamos sempre tentando evitar essas áreas escuras.

Quando você sentir esse medo do vazio, é exatamente então que precisará dar um salto. Simplesmente entre naquele espaço. Não penso que ficará com medo durante o salto, pois já estava com medo antes de saltar. O próprio salto transcende o medo. Ele lembra, de certa forma, um paraquedas. Você fica aterrorizado à ideia de saltar de paraquedas, mas, uma vez no ar, tranquiliza-se. O medo se dissolve e o espaço aberto da não mente se abre.

Quando falamos sobre a paixão selvagem e livre, tendemos a pensar que nos referimos a algo neurótico e sem rumo. No entanto, não é o que acontece com a paixão vajra. Se deixarmos a paixão primitiva solta, ela não será mais neurótica devido ao próprio fato de ter sido libertada. Não há limites para nada e a paixão que opera além dos limites age automaticamente com sabedoria e inteligência. Em tal abordagem, a inteligência encontra automaticamente seu caminho. A essa altura, você consegue manter uma boa comunicação, comunicação real, porque sua natureza básica pode expressar-se.

Quando falamos de espaço selvagem e liberdade, tendemos a pensar em termos de atributos quase animais ou simiescos, como já discutimos. Imaginamos algo assim como um gorila fugido do zoológico. Porém, essa é a descrição da paixão do ego. No entanto, se você se soltar da maneira correta, essa natureza fundamental será comparável ao gorila na selva, na fase anterior à captura, antes de ser colocado em uma jaula, como se ele continuasse na situação primordial de vagar pela floresta. Se você verdadeiramente deixar que aquele aspecto primitivo da paixão fique solto, ele não destruirá ninguém, pois a paixão possui equilíbrio como parte de seu instinto natural.

Se sua abordagem ao sexo, ou a qualquer outra coisa em sua vida, estiver ligada a essa qualidade primordial, achamos que existe a possibilidade de uma maravilhosa comunicação hábil. No início de uma comunicação assim, não nos sentimos autoconscientes, como ocorre com a abordagem neurótica e orientada para o ego. Se, em um primeiro momento, no próprio ponto de partida, você for completamente natural e aberto, então, na sequência do processo, não sentirá nenhuma inibição autoconsciente. Nesse caso, descobrirá que o seu processo de se comunicar, de encontrar e de reconhecer as qualidades do seu parceiro é absolutamente extraordinário. Isso acontece porque você não está julgando a ele ou a ela somente em termos do aspecto nu e cru. Você contempla o todo, a inteireza da outra pessoa, que é como ouro puro. Tal como o ouro puro, ela é bela, sólida e grandiosa por fora e por dentro, pois você não vê apenas os aspectos superficiais, mas o caminho inteiro. Eis a maneira aberta e hábil de se relacionar com a paixão. Isso acontece porque você não está vendo apenas a superfície, mas sim o caminho inteiro. Essa é a maneira aberta e inteligente de se relacionar com a paixão.

Digamos que você seja casado e se sinta atraído por outra pessoa. Você poderia pensar que essa é uma paixão muito livre. No entanto, não acho que seja realmente paixão livre, de modo algum. É uma reação contra algo em seu casamento que está fazendo você se sentir atraído por alguém de fora. Porque você é casado, sente-se completamente preso, e, assim, psicologicamente começa a cultivar uma atitude anarquista. Isso não é liberdade verdadeira, de modo algum. É uma espécie de insatisfação, a sensação de que a relação não vai bem — e quanto antes a relação for rompida, melhor.

Livre é uma palavra muito interessante. Pode ser "livre-livre" ou "livre-selvagem". "Livre-livre" é quando estamos livres não porque outra pessoa nos libertou, mas porque descobrimos que podemos fazer o que quisermos — descobrimos que dispomos de espaço para nele nos movimentar. "Livre-selvagem" é quando começamos a sentir que conseguimos arrebatar a liberdade de algum outro lugar; é reagir contra a prisão. Então, em vez de criar espaço, você tende a encher o espaço com todo tipo de coisas. Isso se torna selvagem porque é como um eco — quanto mais você gritar, mais o som voltará para você. Trata-se de uma criação contínua da sua própria teia de aranha. Torna-se selvagem no final. Tem de ser selvagem porque é frenético. É selvagem no sentido de neurótico. Imediatamente, quando percebe que tem liberdade no sentido "livre-selvagem", você começa a gritar, começa a encher todo o espaço e o som volta para você. Você grita cada vez mais até que finalmente a coisa toda se torna um caos completo. Você está criando sua própria prisão, sob o pretexto da liberdade. Assim, liberdade é uma questão de saber se você dispõe ou não de espaço verdadeiro.

Quando você usa a paixão com sabedoria, abarca todo o processo e não fica fascinado ou estupefato só com o exterior. Ao contrário, quando você vê o exterior, isso simultaneamente o conecta com o interior também. Você vai até o fim, completa e profundamente, de modo que alcança diretamente a essência da situação. Depois, se houver a união de duas pessoas, essa relação será muito esclarecedora. Você não apenas vê aquela pessoa como atração física pura ou padrão habitual puro, mas percebe tanto o exterior quanto o interior. Isso se aplica a qualquer forma de comunicação, não apenas ao sexo. Uma comunicação assim é uma comunicação completamente transparente.

Temos agora outro problema, um problema bastante grave. Suponha que você veja alguém inteiramente, até o íntimo, e que essa pessoa não queira ser vista assim — ela pode ficar aterrorizada com você e fugir. Então, o que você faz? Bem, como você fez sua comunicação completa e a fundo, deve reconhecer que essa atitude da outra pessoa é a maneira que ela encontrou para se comunicar. Fugindo de você, ela se comunicou com você. Portanto, esqueça o caso. Se não esquecer, se perseguir aquela pessoa, mais cedo ou mais tarde você se transformará em um demônio aos olhos dela — um vampiro, na realidade. Para a pessoa, você invadiu o tempo todo seu corpo até aquela carne gorda e suculenta no interior, que você gostaria de comer até o fim. Quanto mais a perseguir, mais fracassará. Se ela reagiu daquela maneira, então deve haver algo de errado com você. Você não pode estar sempre completamente certo. Talvez, com seu desejo, você tenha olhado de modo demasiadamente agressivo para a pessoa. Talvez você tenha sido demasiadamente invasivo. Uma vez que tem bonitos olhos aguçados por paixão e sabedoria penetrantes, você não quererá abusar disso.

Não estou necessariamente falando sobre como poderá conquistar aquela pessoa. Se ela foge de você, deve haver algo de errado no modo como *você* aplica sua paixão desenfreada. Muitas pessoas dotadas de algum poder especial ou energia excepcional às vezes tendem a abusar desse poder e usá-lo mal, intrometendo-se em cada canto, em cada parte remota da outra pessoa. Não há dúvida de que aí falta algo — o senso de humor.

Nesse caso, humor significa também consciência panorâmica, sensação de espaço, de abertura. Muitos relatos das escrituras budistas contam-nos que o trabalho dos bodhisattvas fracassou porque lhes faltava senso de humor. Eles foram demasiado honestos, mortalmente sérios na aplicação de seus ensinamentos. Mesmo possuindo um bom entendimento de como aplicar os ensinamentos, não forneciam o necessário acompanhamento, que era o senso de humor. Tornaram-se, assim, bodhisattvas mal-humorados.

Quando você deseja se abrir completamente para uma pessoa, mas ela lhe resiste, entra em uma situação semelhante à dos bodhisattvas. Você pode ter sabedoria, compaixão e tudo o que pensa ser necessário para comunicar-se com os outros, mas falta-lhe senso de humor, que é uma expressão de dhyana, consciência meditativa. Se você for insensível e tentar forçar em demasia as coisas com a outra pessoa, isso significa que não está sentindo a área de modo apropriado. Você só sente o espaço até onde sua relação com ela o conduz — percebe o que está errado ali, mas não vê o que está do outro lado. Você não percebe o ponto de vista da outra pessoa e não capta o perfil da situação toda. A visão abrangente deve moldar sua relação em qualquer situação. E é isso que o tão necessário senso de humor fornece.

Às vezes, uma pessoa foge de você porque quer envolvê-lo em um jogo. Não deseja ter um envolvimento sério, direto e honesto com você. Quer apenas jogar. Se faltar senso de humor a você e a ela, ambos poderão parecer demoníacos aos olhos um do outro.

É então que intervém o lalita. *Lalita*, termo sânscrito já mencionado anteriormente, quer dizer dançar com a situação. É uma dança com a realidade, com os fenômenos. *Dança* aqui quer dizer intercâmbio. Quando você quer muito alguma coisa, não estende simplesmente a mão para apanhá-la. No caso da paixão vajra, não estende nem o olhar nem a mão automaticamente. Apenas admira aquilo que deseja. Espera por um movimento da outra parte. Isso é aprender a dançar com a situação.

Às vezes, somos muito rudes. Se não gostamos de algo que está acontecendo em nossa vida, sentimo-nos muito autoconscientes. Não sabemos como controlar a situação que nos incomoda, porque nós é que criamos, armamos essa situação. Uma atitude inábil. Não precisamos absolutamente montar toda essa cena. Podemos apenas observá-la, participar dela. Dessa maneira, ela não precisa ser *nossa* situação; em vez disso, ela se torna uma dança mútua, nossa e de nosso mundo, de nossos fenômenos. Se adotarmos de fato essa abordagem, terminaremos em uma situação ideal. Ninguém se torna autoconsciente porque a circunstância é compartilhada. Autoconsciência significa estagnação. Estamos atolados porque não sabemos ir além da situação; mas se formos além da autoconsciência, a situação torna-se muito criativa. A relação fica tremendamente criativa e dinâmica.

Na paixão vajra, que é a paixão combinada com sabedoria, uma relação entre duas pessoas pode ser muito bonita, porque os dois parceiros estão completamente relaxados. Ambos se entregam totalmente, de modo que ninguém precisa assumir o comando. Relacionamentos sexuais podem ser um dos mais importantes exemplos desse tipo de comunicação, embora a mesma abordagem também se aplique a outras formas de comunicação. Todos os tipos de comunicação sempre incluem ambos os princípios, o feminino e o masculino, o aspecto caótico ou sedutor e o aspecto hábil. Eles estão presentes em qualquer comunicação, seja na conversação, na correspondência, ou até mesmo na simples comunhão com a natureza. Em qualquer comunicação, essas qualidades da prajna e upaya, sabedoria e meios hábeis, estão sempre presentes.* Na relação sexual, isso é especialmente claro e óbvio.

O simbolismo das divindades em conjunção sexual, da tradição do yoga, é aqui aplicável. Esse simbolismo não é uma simples metá-

---

* *Prajna* é um termo sânscrito que significa "conhecimento transcendental", o conhecimento que percebe através da dualidade e reconhece a vacuidade. *Upaya* é também um termo sânscrito. Refere-se à ação compassiva que é verdadeiramente eficaz nas situações. Prajna e upaya são associados aos princípios feminino e masculino, respectivamente. A iluminação é às vezes definida como a unidade dos dois. (N.Orgs.)

fora; ele se torna real no sexo, uma aplicação viva. A relação sexual é um exemplo vivo, básico, um símbolo vivo ou *mudra*, como o chamamos.* Em toda comunicação, seja em um relacionamento entre dois parceiros ou amigos, ou em qualquer outra situação comunicativa, os princípios feminino e masculino estão presentes. Há uma abertura que a tudo permeia — um espaço aberto é criado ou a comunicação não poderia de modo algum ocorrer, e, a fim de comunicar, um salto para dentro desse espaço é também necessário. O salto são os meios hábeis, o princípio masculino, enquanto o espaço aberto para dentro do qual saltamos é o princípio feminino da sabedoria. O espaço aberto que está presente deve ser preenchido pela ação hábil. Esta é a ação que lida com aquela sabedoria, que sabe como nadar naquele oceano de sabedoria.

O jogo dos princípios masculino e feminino é o fundamento da inspiração em todos os aspectos da vida. Se um alicerce adequado foi bem colocado, permitindo a interação harmoniosa dos princípios, os princípios masculino e feminino agem juntos nas situações de uma maneira muito criativa e bonita. Ao se relacionar harmoniosamente, eles desenvolvem um modo de atividade que é conhecido na tradição vajrayana como os quatro karmas, as quatro ações iluminadas. Por meio dessas ações você pode gerar a paz e acumular riquezas; pode magnetizar situações e também subjugar, conquistar ou destruir tudo que seja necessário.** Em outras palavras, a relação entre os princípios

---

* *Mudra* é uma palavra em sânscrito que literalmente significa "signo", "símbolo" ou "gesto". Mudra pode ser qualquer espécie de símbolo. Especificamente, mudras são gestos das mãos que acompanham várias práticas budistas que expressam diferentes momentos de realização ou aspectos da prática. Aqui, o autor se refere ao sentido mais geral do mudra, no qual o símbolo e o simbolizado são inseparáveis. (N.Orgs.)

** *Karma* refere-se à lei de causa e efeito em geral. Os quatro karmas aqui citados referem-se às quatro ações iluminadas e avançadas que são praticadas por um yogue ou mestre evoluído, que surgem da compreensão e da habilidade ganhas com a prática prolongada. Os quatro karmas são: pacificar, enriquecer, magnetizar e destruir, que o autor descreve aqui. Ele algumas vezes caracterizou os quatro karmas como a expressão da louca sabedoria. (N.Orgs.)

masculino e feminino é a fórmula básica para um mandala.* O terreno sobre o qual você constrói o mandala é o princípio feminino da abertura; a maneira hábil com que você usa esse terreno para construir o mandala é o princípio masculino. Nesse caso, os dois princípios são também chamados prajna e upaya. Se examinar a tradição vajrayana, tenho certeza de que você sempre encontrará os dois princípios em ação. Entender isso pode ser tremendamente inspirador.

Você talvez pergunte por que dizemos que a sabedoria representa o princípio feminino. A sabedoria encerra um aspecto inquisitivo: querer aprender, querer saber tudo, querer perscrutar em cada canto. O feminino dá-se conta de que é o terreno em que tudo se apoia e gostaria de explorar esse terreno. Na tradição budista, chamamos isso de o princípio da dakini.

Sabedoria é aprendizado, conhecimento, não é assim? O conhecimento pode ser criativo, produzir mais conhecimento, portanto é o princípio da mãe. O conhecimento pode ser também destrutivo, porque você também sabe como criar o caos. Portanto, há uma qualidade destrutiva no feminino assim como uma qualidade criativa. Fundamentalmente, é o princípio materno.

O princípio masculino mostra ao princípio feminino o movimento hábil para colocar seu padrão na ordem correta, por assim dizer. Sabedoria é saber, puro saber. Não está conectada com a ação. O contraste entre masculino e feminino lembra o contraste entre a prática e a filosofia, ou teoria.

---

* *Mandala* é uma palavra em sânscrito. O termo tibetano *kyil-khor* significa "centro e periferia" ou "centro e borda". Embora frequentemente associemos mandalas a diagramas tibetanos bidimensionais usados como um meio auxiliar para a visualização da prática, em geral o mandala é a unificação de muitos elementos vastos em uma só visão por meio da experiência da meditação. Complexidade e caos aparentes são simplificados em um padrão e hierarquia natural. Mandala pode às vezes ser quase sinônimo de *mundo* ou *visão de mundo*. Aqui, o autor descreve como a relação entre o princípio masculino e o feminino dá origem a um completo padrão de energia ou um mundo. (N.Orgs.)

Podemos perguntar-nos como a paixão está relacionada à compaixão. Compaixão também é comunicação, a comunicação suprema. Não significa necessariamente lamentar alguma coisa; ao contrário, é uma forma de comunicação básica que consiste em não hesitar em envolver-se. Na compaixão, dispomo-nos a ajudar os outros, não importa o que seja exigido. A compaixão percebe a natureza do jogo samsárico que está sendo jogado e, sempre que for necessária uma ação para ganhar esse jogo, a ação compassiva entra em campo no momento exato, de maneira muito precisa. Se necessário, ela pode ser inexorável. Os quatro karmas mencionados anteriormente são verdadeiramente uma descrição de diferentes aspectos e qualidades da compaixão. Quando os princípios feminino e masculino atuam juntos em harmonia, isso também é a essência da ação compassiva.

Mahasukha, ou a grande bem-aventurança, representa a união dos princípios feminino e masculino. É a comunicação suprema ligada à paixão vajra. Quando se é capaz de estabelecer uma comunicação completa, a alegria é imensa porque não há mais caos na dança. É como o encontro do mestre com o discípulo, o ponto de encontro supremo que expressa grande alegria. Essa alegria existe como a súbita realização ou experiência da paixão vajra.

A paixão *vajra* não nos estimula a preencher o espaço, de maneira alguma. Quando você tem constantemente o desejo neurótico de expressar sua paixão desta ou daquela maneira, toda vez que um espaço é criado, você tenta preencher a brecha fazendo alguma coisa. Isso é consequência do pânico. Se você tentar abordar a paixão ilimitada do ponto de vista do preenchimento do espaço, não terá êxito. Essa abordagem limitada deixa-o completamente impotente. Mas a paixão vajra, paixão aberta — ou poderíamos até mesmo dizer paixão transcendental —, não nos motiva a preencher o espaço. Ela apenas nos estimula a criar mais espaço. Não é preciso fazer nada, apenas gozar mais o espaço.

Capítulo 11

KARMA FAMILIAR

cho necessário dizer algo sobre os relacionamentos na família, começando com os relacionamentos entre pais e filhos, tanto no Ocidente quanto em uma sociedade tradicional como a do Tibete. Isso pode, na verdade, ser uma ponte para nossa discussão sobre o dinheiro, pois começamos a examinar o modo como funcionam os relacionamentos dentro da sociedade, o que é um panorama mais amplo.

No Tibete, quando os pais envelheciam, os filhos adultos geralmente ficavam com eles em casa. Os filhos assumiam o negócio da família e os pais passavam a fazer o papel de conselheiros dos filhos. Os pais esperavam que lhes fosse dada uma hospitalidade muito boa, sendo bem cuidados e recebendo reconhecimento por seus conselhos ocasionais. Os filhos eram muito dedicados a seus pais e muito obedientes. Na sociedade tradicional tibetana, os anciãos não eram internados em asilos para a velhice ou qualquer coisa parecida.

Podia haver ressentimento, hostilidade e culpa entre gerações, mas, ainda assim, a situação da família íntegra era mantida sob controle e recomendada pela sociedade. A prática daquela sociedade era dar aos pais a melhor hospitalidade possível e cuidar deles até que morressem. Às vezes, os jovens podiam achar a situação penosa e meio fantasmagórica. Seus pais talvez os vigiassem pelas costas o tempo todo, o que devia ser extremamente constrangedor, mas ainda assim os filhos suportavam tudo. Socialmente, tirar os pais de casa seria considerado um ato vergonhoso. Por isso, os filhos tentavam ser pacientes com eles.

Contudo, isso nem sempre era fácil, como bem o exemplifica uma história. Um homem morava com a mulher e o pai cego. O pai era muito intrometido e escutava tudo. Por ser cego, sua audição era muito sensível e ele podia captar qualquer sutileza do que estava sendo dito. Sempre tentava se meter nos assuntos da nora. Esta finalmente decidiu que a solução para o problema seria matá-lo, mas não queria fazer isso por meios óbvios. Queria liquidar o sogro de uma maneira mais sutil. Então, tendo ouvido falar de uma serpente muito venenosa, pensou: "Bem, eis aí a oportunidade!". Capturou então uma dessas serpentes e cozinhou-a. Fez um caldo com ela e serviu-o a seu sogro. Surpreendentemente, certo composto químico no caldo da serpente curou a cegueira do velho. Tão logo ele tomou o caldo, começou a recuperar a visão. Depois disso, ficou ainda mais intrometido. O tiro da mulher saiu pela culatra.

Nossa situação no Ocidente é muito diferente da abordagem das sociedades tradicionais como a tibetana. Porém, o relacionamento entre pais e filhos ainda é importante. A melhor maneira de nos relacionarmos com nossos pais na situação atual é mediante o reconhecimento e a comunicação. O relacionamento entre pais e filhos vai muito além do dinheiro. É uma relação que não pode ser calculada em termos de dólares. Não sei se alguém já tentou quantificá-la, mas é impossível. É impossível saldar o débito kármico, de parte a parte. Uma enorme soma ou quantidade de energia foi investida na relação. Essa energia valeria uma incalculável quantia de dinheiro. Filhos e pais precisam relacionar-se entre si sob a óptica daquelas energias, o que significa relacionar-se como pessoas.

Em muitos casos, quando a relação com os pais se deteriora, os filhos começam a perder a esperança nessa relação ou se ressentem dela. Podem até mesmo lamentar ter nascido. "Criar-me foi algo terrível que fizeram." Isso é absolutamente trágico. É preciso superar essa atitude e relacionar-se com os pais levando-se em consideração uma situação humana. Muitos jovens não são capazes de fazer isso com sucesso, o que, no entanto, poderia realmente ajudar. Quando os pais se dão conta de que os filhos não são simplesmente frívolos, hostis à sociedade e ao que eles próprios fizeram, então começam a lhes dar valor. Reconhecem que os filhos são gratos pela criação que tiveram. Desse modo os filhos se tornam capazes de compartilhar com os pais o que eles aprenderam ao longo da vida.

Fato interessante, os problemas com os pais estão também ligados aos problemas com o dinheiro ou o karma do dinheiro. Pode-se dizer que 25% ou até mesmo 50% do karma do dinheiro está vinculado ao relacionamento com os pais, à educação que deram aos filhos e ao modo de se relacionar com estes nas situações da vida. Nossa neurose nas situações que envolvem o dinheiro deriva em parte de nossa neurose no relacionamento com nossos pais. Por causa disso, a situação com o dinheiro fica muito mais dura e mais difícil de resolver.

No geral, nossa relação familiar com o dinheiro é uma coisa muito, muito forte. A atitude básica que as pessoas assumem para com o dinheiro parece ser transmitida entre as gerações, século após século. Enquanto outros aspectos da relação dos pais com os filhos podem ser remanejados, de uma maneira ou de outra o dinheiro permanece sendo um ponto inflexível. Outras coisas podem mudar, mas a atitude para com o dinheiro em geral é deixada intacta e assim transmitida de geração a geração; uma abordagem muito antiquada se eterniza. Karmicamente, o dinheiro torna-se um fator de ligação entre as gerações.

Os pais, assim como os filhos, precisam aperfeiçoar sua relação uns com os outros. Se os pais não considerarem os filhos como hóspedes desde o momento do nascimento, começarão a considerá-los como sua propriedade. Adotando essa abordagem, perdem oportunidades valiosas de relacionar-se com os filhos. Quando os filhos crescem, os pais sentem que *sua* propriedade, seu território, está aumentando, está se expandindo, em vez de sentir que seus hóspedes estão se saindo bem.

Considerar os filhos como hóspedes significa considerá-los amigos, hóspedes humanos, não como animais de estimação, não apenas como "meu filho" ou "minha filha", mas amigos que também têm a própria inteligência independente. Na verdade, deveríamos nos sentir honrados por essa pessoa especial, nosso filho ou nossa filha, ter decidido nos aceitar como seus pais. Muitas vezes, os pais criticam ou lançam a culpa sobre o filho, em vez de considerá-lo como um hóspede capaz de tomar decisões por si mesmo. Quando o hóspede decide ir embora no dia seguinte, recebe agradecimentos pela visita: "Esperamos que tenha gostado de sua estadia aqui. O que mais podemos fazer por você? Podemos chamar um táxi, ajudá-lo a reservar sua passagem aérea?". Se conseguirmos fazer isso, será ótimo: o hóspede poderá voltar e aceitar de novo nossa hospitalidade.

Por outro lado, os filhos podem voltar para casa puramente por obrigação, embora não se sintam bem-vindos. Ou algumas vezes, quando os filhos voltam, os pais veem aí uma oportunidade para conversar com eles e remodelá-los: "Mamãe e papai gostariam de ter uma palavrinha com você. Já é hora de pensar sobre seu futuro". Nessa situação, esperamos que os filhos façam o que julgamos melhor para eles, para não se transformarem em pessoas socialmente marginalizadas. Às vezes, ameaçamos privá-los de sua herança. Isso é um problema. Não há nisso nenhum senso de generosidade. Ver um filho como um hóspede é uma marca de generosidade. Nesse caso, a coisa toda é aberta. Deixamos o filho saber que pode alçar voo quando quiser e que estamos dispostos a auxiliar na viagem ou em qualquer coisa ao nosso alcance. Então toda a relação fica mais direta. Fundamentalmente, quando pais e filhos se consideram amigos, o conceito de família — pai, mãe e filhos — se expande tremendamente.

Como pai ou mãe, você não pode ignorar a independência do filho. Se o considerar simplesmente como uma extensão de si próprio, tudo que ele fizer afetará você de alguma forma, pois não o estará valorizando como um indivíduo em processo de amadurecimento. Reconhecer a independência das outras pessoas é ser generoso para com elas.

Além disso, os filhos podem efetivamente ajudar os pais de muitas maneiras. Assim, o nascimento de uma criança deveria ser considerado pelos pais como um processo de ensino e aprendizado. Esse processo funciona nos dois sentidos: os pais aprendem com os filhos e os filhos aprendem com os pais. Relacionar-se com os pais deveria ser normal para as crianças. Isso indica que seu destino ou situação kármica na vida está muito bem. Quando, depois de crescido, o filho não consegue se relacionar bem com os pais, há algo de errado em sua situação kármica. Ele está tentando fugir ou ignorar a realidade de seu karma.

Quando seus filhos são jovens e você procura vê-los como hóspedes, a disciplina então é bem direta e clara. Você pode dizer a eles exatamente o que está errado na situação ou o que é necessário, mas não há nenhuma outra implicação nisso. A disciplina surge nesse momento. Você pode dizer: "Essa é uma coisa perigosa de se fazer" ou "Essa é uma coisa caótica e confusa de se fazer". Só isso. Não há mais nenhum antagonismo adicional por trás disso. Naturalmente, ninguém pode adotar essa abordagem no início, quando a criança tem apenas cerca de 1 ano de idade. Nessa fase, as crianças mal começam a caminhar, pegam sistematicamente qualquer coisa a seu alcance e jogam para todos os lados. Não se pode então esperar que reajam de modo lógico. Porém, com o passar do tempo, essa abordagem à disciplina torna-se bem viável.

Como pais, vocês podem achar irritante e penoso ver que seu filho está sujo ou fez uma bagunça. Com isso em mente, vocês se apressam a intervir, a lavá-lo, a vesti-lo com boas roupas e a pôr tudo em ordem. Então, podem dizer: "Ele não é engraçadinho? Uma pessoa tão limpa!". Só se ajuda alguém dessa maneira para divertimento próprio. É uma forma de orgulho. Esse tipo de relacionamento implica considerar a outra pessoa um simples objeto possuído. Mas é possível nos relacionarmos com as situações diretamente. A criança precisa de banho e de roupas novas; você lhe dá tudo isso, mas sem pensar no resultado. Você simplesmente faz, sem qualquer exigência.

Mais tarde, depois que os filhos cresceram um pouco, se os problemas não se agravaram nem persistiram por tempo demasiado, então pais e filhos podem conectar-se e aprimorar o relacionamento. Se a situação está apenas um pouco confusa, pais ou filhos devem mostrar-se suficientemente inteligentes para abordar o relacionamento de um ângulo diferente. Às vezes, outro elemento pode ser introduzido por alguém estreitamente ligado à família. Essa pessoa pode apresentar outra versão de como os pais e os filhos deveriam se relacionar. Mas se os problemas ficaram sem solução por muito tempo, resolvê-los é como tentar deter uma flecha em pleno voo. Ela já está a caminho. Você não pode mudar seu curso; já está feito. Então é melhor começar a trabalhar o relacionamento mais cedo.

Quando os filhos não lhe dão ouvidos, em geral é porque algo fundamental da visão que eles têm de você já se instalou em sua mente. É difícil mudar uma situação dessas a menos que os pais e os filhos desejem aprimorá-la, queiram abrir mão de seus pontos de vista e estejam dispostos a reconhecer que, até certo ponto, estavam errados no passado. Vocês talvez tenham de chegar a esse extremo para poder se relacionar como pessoas adultas. Não há alternativa.

A única maneira de um pai ou uma mãe trabalhar a relação é abordá-la de *fora* das expectativas já existentes. Em outras palavras, seu filho tem certas ideias fixas a seu respeito e o verá à luz desse ponto de vista; você provavelmente fará a mesma coisa. Porém, você pode se aproximar de seu filho por outro ângulo além do costumeiro, fora do estilo usual, como se tivesse acabado de conhecer o filho. Seria como se você o estivesse encontrando pela primeira vez, como outra pessoa, e ele também. Os dois se encontram e ficam amigos. Podemos abordar desse ângulo nossa relação com um filho adulto. De outra maneira, por mais palavras de sabedoria que você tenha para lhe dizer, acabará por decepcioná-lo e seu conselho não o ajudará de modo algum. Você *poderia* abordá-lo de um ângulo diferente, de uma direção diferente, com um estilo diferente e ver a situação de modo diferente. Isso é possível.

Não podemos negar a continuidade biológica entre as gerações. Você pode lidar com essa continuidade na base do orgulho e da obrigação ou levando-se em consideração o contato direto entre as pessoas. Orgulho é dizer: "Veja que filho bom eu gerei". Obrigação é dizer: "Preciso relacionar-me com meu pai porque ele é meu pai". No entanto, ambos os lados podem abordar a relação mais diretamente.

A continuidade entre as gerações existe e você não precisa ter medo de que ela desapareça. É impossível perdê-la. Ela existirá sempre, em qualquer caso. Isso pode ser a base para vocês se tornarem bons amigos, a base para uma bela amizade.

A situação kármica é a fonte de todo o tema que estamos discutindo. Como filhos, temos uma ligação e uma relação kármica com nossos pais, assim como uma ligação e uma relação neurótica kármica com o dinheiro. A situação kármica é a razão pela qual nos encontramos em situações inevitáveis. Se você for hábil e altruísta, relativamente altruísta — ou ao menos um candidato a altruísta —, deveria pensar um pouco no relacionamento com seus pais, tentar se entender com eles, tentar ver com clareza a situação deles e compreendê-los. Em alguns casos, os pais terão preconceitos contra você como filho e não lhe darão ouvidos. Mas, em outros, se esforçarão por entender e aprender, e tentarão se interessar por seus problemas. Há, pois, inúmeras possibilidades de aproximar-se dos pais e lidar com eles de uma forma tão altruísta quanto possível — relacionar-se com eles em vez de tentar invadir seu território.

Algumas das maiores dificuldades entre as pessoas, especialmente entre gerações diferentes, vêm de um sentimento de culpa. Isso não produz nada de bom, mas mesmo assim parece estar sempre presente. A culpa serve para perpetuar as situações difíceis que geraram a culpa. Os pais se sentem culpados para com sua prole e os filhos se sentem culpados para com seus pais. Alguns indivíduos têm consciência da causa e efeito de suas ações; as pessoas desse tipo parecem ser as que sentem mais culpa. Outros apenas querem agarrar sua oportunidade, fugir e fazer o que mais lhes agrada. Essas sentem pouca ou nenhuma culpa. Simplesmente vão em frente e fazem o que bem entendem sem pensar nos outros. Embora passem por um longo período de luta para obter o que desejam e prejudiquem os semelhantes para vencer, ainda se sentem muito satisfeitas depois de atingir seu objetivo.

Não estou prescrevendo a culpa. A culpa não é, por natureza, saudável: condena tudo o que acontece e não percebe a inspiração ou o aspecto positivo das coisas. Não raro, a consciência de culpa provém do ódio a si mesmo, da condenação de si próprio. A única maneira de superar a culpa é constatar que não há ninguém a quem se possa atribuir o caos e as dificuldades da vida. Situações caóticas não são castigos, mas pontos de partida. Entendido isso, é possível descobrir o positivo dentro do negativo.

Tenho também alguns conselhos para praticantes de meditação ou membros de comunidades espirituais. O Buda exigia que seus discípulos obtivessem permissão dos pais para se tornarem monges. Hoje, não creio que um adulto jovem necessite da permissão de seus pais para meditar ou pertencer a uma comunidade espiritual, mas deve, cedo ou tarde, falar a eles sobre o caminho que escolheu. Temos de reconhecer que o karma dos pais precisa ser levado em conta pelos praticantes. Se você tentar explicar a seus pais por que está envolvido com meditação, talvez descubra que eles não conhecem muita coisa sobre o assunto meditação. (Isso pode se aplicar a qualquer pessoa com quem você tente conversar sobre sua prática.) Muitos mal-entendidos resultam da falta de conhecimento, da falta de informação sobre o que a meditação é na realidade. Nessa área, a comunicação às vezes é difícil. O mal-entendido pode vir de você ou de seus pais. Um mal-entendido é supor que a espiritualidade significa abrir mão automaticamente das coisas do mundo, que devemos fugir do mundo e absorver-nos em um estado de bem-aventurança e felicidade. Se dissermos isso aos nossos pais, não estaremos fornecendo a eles uma informação exata. Esse é um problema educacional de nossa parte.

Outra abordagem errada é, embora sendo suficientemente conhecedor e experiente, você deixar seus pais na ignorância e fornecer-lhes apenas uma lógica básica com que eles possam se relacionar, porque você pensa que eles ficarão mais felizes se tiverem uma lógica simplista para seguir, uma ideia qualquer da meditação. Então, você lhes fornece um ponto de apoio de ignorância. Na verdade, permite que sua própria ignorância se transforme em ponto de apoio para eles. Sempre que alguma coisa é misteriosa ou está além de sua compreensão, você imediatamente volta ao estado mental originalmente confuso e é isso o que compartilha com eles.

Ao iniciar a prática da meditação, talvez não seja oportuno você contar à família o que está fazendo, caso o ambiente não seja totalmente receptivo. Mas essa não deve ser considerada uma situação permanente. Se os filhos não puderem discutir o assunto com os pais, então amigos talvez consigam explicar-lhes tudo, porque os pais costumam ser mais tolerantes para com os amigos dos filhos. De qualquer maneira, você não pode perder a esperança de se comunicar com sua família mais cedo ou mais tarde, relacionar-se com ela em vez de abandoná-la completamente. Você deve insistir em manter o relacionamento. A propósito, isso se aplica não apenas aos filhos que queiram falar a seus pais sobre meditação, mas a qualquer um que decida fazer algo que não é "sancionado" pela família e os amigos.

O próprio Buda achou que não conseguiria explicar a seus pais por que resolvera renunciar à condição de príncipe herdeiro, por isso fugiu do palácio. Escapou no meio da noite. Mais tarde, depois de ter praticado e alcançado o que queria alcançar, voltou para junto dos pais a fim de ensinar-lhes sua doutrina. Como resultado, seu pai se tornou um de seus seguidores e seu filho Rahula também. Portanto, o Buda procurou a família e conversou com ela.

O que estamos discutindo aqui não são prescrições estritas. Você não pode seguir nenhum tipo de roteiro preestabelecido, mas ser flexível em todas as situações.

Gostaria também de dizer algo sobre a situação do casamento. Para começar, examinemos os problemas que muitas vezes ocorrem. Não podemos falar apenas sobre o ideal. Problemas de relacionamento surgem quando as pessoas sentem que estão em uma situação obrigatória em vez de se relacionarem, um com o outro, como amigos. Duas pessoas descobrem que se dão muito bem antes de se casar, mas depois que se casam a relação muitas vezes se deteriora. Começam a perder a amizade. Não são mais amigas; são marido e mulher. A amizade parece estar deslocada, porque o relacionamento se tornou obrigatório. Os parceiros deixam de se chamar de amigos e passam a dizer "meu marido" e "minha mulher". Não são mais companheiros como antes. Talvez, durante a lua de mel, julgassem ser dois jovens brincando juntos. Mas ao chegar em casa, no nível da pia da cozinha, perderam essa sensação. Agora, são cidadãos sérios. Começam a exercer sua força de vontade e convicção para conservar o casamento, trabalhando com dedicação e levando a coisa toda muito a sério. Tendem a perder o senso de humor em tudo. A legalidade transformou seu relacionamento em uma situação solene, em vez de apenas estabelecer a continuidade daquilo que já existia.

Quando a amizade continua se aperfeiçoando em um casamento, o marido e a esposa acabam chegando a um nível de entendimento em que, ao conversar, já não há mais sequer necessidade de concluir as frases. Apenas uma palavra ou duas e a outra pessoa já sabe o que seu parceiro vai dizer. No casamento, o ideal é que a comunicação se dê muito livremente entre marido e mulher. Eles são capazes de se comunicar um com o outro mais fluente e abertamente do que com outros amigos. Conhecem-se muito bem porque passam muito tempo juntos, sendo por isso capazes de se soltar completamente e se abrir sobre qualquer assunto. Talvez consigam fazer a mesma coisa com outras pessoas, mas de um modo mais exigente e cansativo. Os outros amigos tendem a fazer suas próprias interpretações do que está sendo dito, muito mais do que os dois parceiros quando conversam. Sua relação pode às vezes chegar quase ao nível da telepatia porque ultrapassaram todos os tipos de inibição.

Em um relacionamento, a sensação de generosidade é um bom terreno para a comunicação. Poderíamos dizer que a generosidade é o verdadeiro alicerce da monogamia ou do compromisso. O compromisso faz com que você se sinta capaz de acomodar qualquer situação. Você sente que está pisando em terreno firme e pode se expandir sem dificuldade. Não precisa mais se mostrar comedido nos sentimentos. No entanto, caso comece a sentir um empobrecimento no relacionamento, as coisas poderão se tornar muito tensas. Você começará a se perguntar quanta atenção deverá ser dedicada a esta ou àquela situação no relacionamento.

O compromisso pode produzir generosidade e abertura. Você compartilha suas experiências sem achar que está fazendo um grande favor ao outro. Não se sente nem derrotado nem ameaçado pelo cônjuge. Sente-se seguro porque sabe que não tem nada a perder. Em consequência, não tem nada a ganhar, porque as coisas são como são. Esse é o sentido maior da generosidade.

No casamento, dois indivíduos compartilham um terreno comum. Quando um dos parceiros tem problemas, o outro o ajuda. Quando os parceiros se ajudam um ao outro, preservam o terreno comum do relacionamento. Há quase uma sensibilidade computadorizada em um bom casamento. Quando um dos cônjuges está em apuros, o outro corre para ajudá-lo a resolver o problema. O voto em algumas cerimônias de casamento é: "Para o melhor ou para o pior, na saúde e na doença". Você promete que vai cuidar da outra pessoa e aceitá--la como seu marido ou esposa. Você jura que vai cuidar de todo o ser da outra pessoa e responsabilizar-se por seu bem-estar. Se você estiver em posição melhor do que a outra pessoa, se ela se achar em um estado de baixa energia e sua própria energia for normal, você a influenciará ou ajudará a trazê-la para seu nível. A ideia é que se influenciem de maneira sadia.

No entanto, conforme sabemos, o casamento pode se tornar completamente diferente disso e criar um padrão no qual, quando a outra pessoa está deprimida, você se aproveita disso para criticar, culpar ou confundi-la. Para mim, isso não é bem um casamento. Quem sabe quem está se aproveitando de quem? É aí que surge o problema. Um dos cônjuges acha que está em um nível mais elevado que o outro, que é mais equilibrado mentalmente e por isso força seu jogo. Esse jogo pode prosseguir indefinidamente e levar ao rompimento.

Como eu já disse, em um casamento saudável as pessoas não se relacionam particularmente como marido e mulher. Em um casamento verdadeiro, você aceita a outra pessoa como uma amiga, uma amiga bonita e comunicativa, e ela faz a mesma coisa. Então, quando vocês têm um filho, consideram-no como seu primeiro hóspede. Têm de alimentar e vestir esse hóspede, criá-lo e educá-lo. Vocês são o anfitrião e a anfitriã. Eis o ideal.

Capítulo 12

A QUESTÃO DO DINHEIRO

O dinheiro desempenha um papel muito importante em nossa vida. Hoje, ele parece controlar todo o processo de nossa existência. Temos de ganhar o sustento. Ganhar a vida, ganhar dinheiro é o que nos permite fazer escolhas. A questão de saber se vamos estudar ou meditar coincide com a questão do dinheiro. Se tivermos dinheiro, então poderemos estudar mais ou meditar mais. Se ficarmos sem dinheiro, não poderemos meditar tanto porque não poderemos arcar com a despesa de pagar um centro de meditação para nos acolher. Parece ser uma coisa muito simples: se tivermos dinheiro suficiente, viveremos no luxo; se não tivermos dinheiro suficiente, precisaremos trabalhar e, talvez, submeter-nos a duras condições de vida.

Essa é a forma sob a qual o dinheiro nos parece — uma forma muito, muito simples. Temos dinheiro no bolso? Temos? Ótimo. Temos dinheiro suficiente para voltar para casa? Não é bom ter pelo menos plena certeza de que iremos dormir tranquilamente na nossa cama esta noite? Temos dinheiro suficiente para comprar um novo par de meias? Isso não é ótimo?

Na verdade, o dinheiro não é tão simples como imaginamos. Ele é mais uma questão de pensamentos do que de qualquer outra coisa, pensamentos que surgem enquanto passamos pela vida. Temos dinheiro suficiente para ir a um restaurante? Se não temos, não vamos ao restaurante — ficamos em casa. Queremos ver um determinado filme? Sim; mas não, não temos dinheiro suficiente — ficamos em casa. Queremos ir a um centro de meditação. Temos dinheiro suficiente? Não? Então, temos de ficar em casa. A alternativa é começar a trabalhar a fim de ganhar o dinheiro necessário para ir ao centro de meditação porque as pessoas que estão lá também querem dinheiro — estão de bolsos vazios.

É interessante que o dinheiro pareça exercer tamanho poder de controle. Eu mesmo tenho experimentado esse poder do dinheiro. Organizações e instituições inteiras são todas baseadas no dinheiro. Toda a autoridade em certas organizações é baseada no dinheiro. Vejamos um exemplo. Digamos que você viu um anúncio no jornal de um grupo de meditação, informando sobre um lugar ideal para meditar. Muito objetivamente, o anúncio está ali porque o centro de meditação tinha o dinheiro para pagar o jornal. Por isso, aconteceu de você ter visto o anúncio, e isso também ocorreu porque você comprou o jornal. Você gastou dinheiro e por isso conseguiu o jornal. Parece que tudo funciona por meio do dinheiro. Porque eles gastaram dinheiro para colocar o anúncio no jornal e você gastou dinheiro para comprá-lo, tudo se combina até o momento em que você preenche um formulário de inscrição para o tal centro de meditação. Você escreve dizendo a eles: "Posso pagar para alojar-me por um tempo em seu centro meditação". Ou: "Sou um estudante pobre e não conseguiria pagar as suas mensalidades — vocês me aceitariam como estudante em troca de trabalho?". E recebe a resposta: "Você será bem-vindo se pagar uma mensalidade reduzida, mas terá de trabalhar. Precisamos que você trabalhe porque temos de manter nosso centro em atividade e seu trabalho significa muito para nós. Se trabalhar na horta ou na construção de nossas novas instalações, isso nos poupará dinheiro. Nesses termos, você é bem-vindo. Por favor, venha. Você é bem-vindo".

Em seguida, no momento em que coloca os pés nesse centro de meditação ou ashram, ou qualquer que seja o lugar, a primeira coisa de que se dá conta é que caiu sob um controle institucionalizado. Percebe que a organização está no controle do dinheiro; eles controlam as questões financeiras. Fica um pouco contrariado e irritado ao descobrir que na realidade está nas mãos de uma instituição e não de um líder espiritual. Imediatamente, começa a pensar: "Não tenho dinheiro. Por quanto tempo eles vão me deixar ficar aqui?". Em seguida, inicia o programa, o estudo, a prática e o trabalho. Verifica que o processo todo é conduzido de uma maneira precisa pela organização, segundo uma base financeira. Tudo o que você ganha depende de quanto trabalhou ou deixou de trabalhar. Tudo se baseia no lucro que você gera ou não para eles. Todas essas coisas são calculadas de forma muito objetiva, pois o controlador financeiro ou o administrador da instituição tem muita consciência do dinheiro.

Naturalmente, o líder espiritual da instituição também tem muita consciência do dinheiro, mas não esquece as relações humanas, já que precisa recrutar pessoas e manter a instituição. Ele tenta ser gentil, conversar e inspirar as pessoas tanto quanto possível — porque se sente culpado com relação ao dinheiro. Percebendo que você vai em frente, ele procura deixá-lo à vontade, dizendo: "Por favor, fique à vontade. Nosso lugar não se parece com nenhum outro. É diferente — não pensamos de modo algum em dinheiro. Nosso foco são os indivíduos que aqui se encontram. Conheça os outros membros da comunidade. Relaxe e medite. Faça o que você quiser fazer. De fato, você nem mesmo precisa meditar se não quiser. A meditação é voluntária". Ele fala assim porque, no fundo, tem consciência do dinheiro.

Outra abordagem poderia ser: "Gostaria que você entrasse para a minha organização. No entanto, qualquer pessoa que permaneça na minha propriedade deve participar dos exercícios de yoga e da meditação. Se não fizer isso, você não estará qualificado. Não poderemos aceitá-lo aqui. Tenha ou não dinheiro, eu não o considerarei qualificado se você tiver vindo aqui por razões frívolas. Você é demasiadamente frívolo porque, primeiro, não tem dinheiro, e, segundo, porque não quer tomar parte na meditação". Então você se sente obrigado a tomar parte nas sessões de yoga e meditação porque não deseja ser rejeitado. No momento, pensa menos em evoluir espiritualmente do que em ser aceito no centro e se sair bem financeiramente. Você diz a si mesmo: "Gostaria de permanecer neste centro. Gosto dele. É uma bela organização, as pessoas são agradáveis. Portanto, tenho de seguir as regras, caso contrário serei posto para fora". Por isso, você participa do yoga, das meditações e de tudo o mais que se faz lá.

Na Califórnia, em um centro que eu conheço, você não só tem de fazer as práticas como participar de grupos de discussão. Nesses lugares, o líder que conduz as discussões desenvolve uma visão muito aguçada. Examina os recém-chegados para descobrir se têm uma ligação com ele e se estarão dispostos a confiar em sua pessoa. Verifica isso com olhos argutos, como um abutre diante de um cadáver fresco. Em seguida, a sua abordagem nas discussões baseia-se muito no fato de o recém-chegado ter cabelos longos ou curtos, estar bem-vestido ou trajado no estilo multicolorido dos *hippies*. O que ele diz pretende sobretudo impressionar o recém-chegado, pois quer convertê-lo. Se o recém-chegado apareceu com roupas *hippies*, ele se adapta a essa circunstância. Se é um tipo mais empresarial, apresenta a religiosidade da sua comunidade de uma forma direta e procura mostrar, com profissionalismo, que sua filosofia é válida.

Se você acabou de chegar, ao final do debate estará terrivelmente cansado. Conheceu muitas pessoas, conversou com elas. Está completamente exausto e quer relaxar na cama. Mas antes de deitar-se, gostaria de preparar uma xícara de chá de ervas ou tomar um pouco de leite quente. No entanto, ao tentar fazer isso, a luz da cozinha se apaga. "São onze horas. Nossa instituição não permite que as pessoas fiquem acordadas depois dessa hora. Vá para a cama ou não fará mais parte dessa comunidade."

No momento em que as pessoas levam a mão ao interruptor, têm uma enorme sensação de controle ou poder. Podem fazer isso porque controlam o dinheiro. Dispõem da autoridade baseada na dignidade de controlar o dinheiro, símbolo do *status* que acompanha o controle de fatores básicos como a luz. Poderia muito bem acontecer que esse local tivesse lustres elegantes com muitas lâmpadas. De qualquer maneira, as autoridades controlam a organização nessa pequena sociedade particular. Elas estão no controle do recinto onde você deseja preparar seu chá. Elas desligarão a luz e então você terá de voltar a seu quarto de dormir. No dia seguinte, acordará sentindo que o lugar lhe inspira um pouco de receio, como também a autoridade responsável pelo controle do dinheiro. Você se interessa por tudo isso e deseja ficar no lado certo dessa organização autoritária e pomposa.

No entanto, quando sai de seu quarto, alguém lhe diz que você não se levantou suficientemente cedo. Havia uma cerimônia de manhã bem cedo e você foi dormir tarde. Então você se sente culpado por causa disso; sente-se culpado até por tomar o desjejum depois dos outros. No entanto, alguém que trabalha na cantina sente pena de você e lhe oferece ovos com torradas. Talvez faça isso por achar que deve seguir certo padrão de comportamento na organização. E o faz muito gentilmente. Assim, a manhã transcorre suavemente, sem atritos, e o almoço se desenrola de forma semelhante.

Esses são os tipos de instituições e situações, especialmente as religiosas ou "espirituais", que encontramos neste país ou em qualquer outro. Elas expressam o peso do poder do dinheiro.

Se você fundar uma organização, logo verá o poder do dinheiro tentando assumir o comando. É verdade que você tem de levar em conta o dinheiro; tem de ser prático. Em pouco tempo, o aspecto prático começa a assumir ares de autoridade. Essa autoridade não tarda a se identificar com seu papel de dignitário, com seu *status* — a localização, a imponência e as cores de sua casa. A situação toda começa a refletir o poder do dinheiro. Eis aí um perfeito disparate, uma completa maluquice. Você pode se julgar muito especial por ter fundado a organização. Pode pensar que tudo isso se deve ao lugar de onde você veio, ao seu exótico lugar de origem. No entanto, isso nada significa, tenha você vindo do Tibete, do Afeganistão, de Timbuktu, do Ceilão, da Polinésia ou de qualquer outro lugar. A característica misteriosa de um lugar não faz com que ele seja importante de modo algum. Importante é o que somos neste país. Neste lugar específico, estamos interessados no relacionamento humano, no contato humano básico. O lugar de onde veio não faz com que você seja importante, de nenhuma maneira. Que tenha vindo de Moscou, do Polo Norte ou de qualquer outro lugar, é irrelevante. O lugar de onde você veio é apenas mais um na Terra. Todos conhecem esta Terra. Ela está inteiramente desenhada nos mapas geográficos. Todos sabem os nomes dos lugares; não importa se os pronunciam certo ou não.

Aqui, todo o problema surge da tentativa de fazer dinheiro confundindo as pessoas e criando para elas ambientes que inspirem temor e assombro. Refiro-me, em especial, a organizações e instituições religiosas, porque eu próprio venho de uma delas e foi graças a elas que adquiri boa parte de minha experiência. Na verdade, eu também cometi o erro de fundar uma instituição religiosa. Não pretendia fazer isso, mas foi o que aconteceu.

Quando criamos instituições para confundir as pessoas, os resultados são muito tristes, terrivelmente destrutivos e maus — mas divertidos. Criar uma instituição assim é muito semelhante a uma criança que constrói castelos na areia e depois vende ingressos para as pessoas visitá-los. Poder-se-ia dizer que tudo não passa de uma brincadeira infantil, mas há uma distinção quando quem brinca são adultos e não crianças. O fator único que faz a diferença é — o dinheiro! Uma criança não fala sobre dinheiro, mas os adultos acham esse jogo muito sério e solene. Gostaríamos de vender entradas para ele.

É degradante pensar em vender o dharma, vender ensinamentos, vender o Buda. Dharma significa verdade. Quando centros religiosos têm a máscara da verdade e a imagem do Buda, podem exibir a combinação das duas e vendê-la. Podem exibi-la e vendê-la externamente, e ela se torna uma prática comercial barata, exclusivamente baseada no ego. O ego quer a todo custo obter sua recompensa. A ideia é: "Se eu fundar uma organização, será que poderei usá-la para me fortalecer ainda mais?". Essa espécie de atitude competitiva é alicerçada no ego e enredada no dinheiro. Sempre que investimos o nosso ego em uma fórmula determinada, a pergunta a que estamos tentando responder é: "Quanto vamos ganhar com isso?". O empreendimento acaba facilmente assumindo caráter econômico, o que resulta em um processo de total desilusão espiritual e na venda da verdade por dinheiro. Nesse tipo de ambiente, surgem automaticamente complicações nas relações entre as pessoas envolvidas na organização porque, fundamentalmente, ninguém liga para elas. Tudo o que importa é o dinheiro. Todo o foco está concentrado em fazer a comunidade, a instituição, transformar-se em um empreendimento próspero, que tenha uma aparência externa digna, capaz de impressionar as pessoas. O empreendimento se reveste de uma falsa dignidade, enquanto os líderes discorrem sobre os lucros obtidos, a riqueza coletada, e assim por diante.

Em se tratando da atividade corriqueira de ganhar a vida, o dinheiro não é um problema. Podemos nos sentir inspirados a fazer um determinado trabalho. Gostaríamos de conseguir um emprego interessante. Isso é bom. O resultado do emprego interessante é que ganhamos algum dinheiro sem deixar de gostar do trabalho. Depois de acumular certa quantia, nossa concentração pode começar a afastar-se do trabalho e mover-se na direção do que podemos fazer com o dinheiro. Pensamos em destinos de viagem e passamos a calcular se poderemos ir de primeira classe ou se teremos de contentar-nos com a classe executiva ou econômica. São essas as preocupações que surgem.

Enquanto estamos trabalhando, antes de efetivamente acumular uma boa soma de dinheiro, nosso processo de trabalho pode parecer muito criativo. Quando recebemos o dinheiro, ele nos parece pouco importante. Simplesmente ganhar dinheiro em troca de trabalho não tem graça: dinheiro é apenas um pedaço de papel em nossas mãos. Não sabemos o que fazer com ele. Imediatamente queremos trocá-lo por qualquer coisa que seja mais criativa, mas isso é muito difícil pelo simples fato de que temos de considerar nossa situação financeira.

A reação do ego à presença física do dinheiro é curiosa. Suponhamos que eu segure uma cédula de cem dólares. Quer ela seja de cem libras, cem euros ou cem dólares não faz nenhuma diferença. Você tem uma reação quando vê essa cédula, uma reação psicológica imediata. Não importa se você é um milionário ou um pobretão. Você reage de certa maneira ao ver a cédula, ao observar seu desenho; alguma coisa lhe vem imediatamente à cabeça. Isso é o materialismo psicológico. Refiro-me à sua reação psicológica a uma cédula de cem dólares, às implicações psicológicas provocadas por essa visão. Trata-se de uma reação bastante tola, não? Realmente, o ato de exibir o dinheiro e manuseá-lo é totalmente idiota. Tenho certeza de que você pensaria: "O que ele fará com esse dinheiro? Vai voltar a colocá-lo no bolso ou rasgá-lo?". O exibicionismo é desnecessário. Apenas por segurar uma cédula de cem dólares, você percebe as implicações psicológicas desse ato.

Antes, quando você estava trabalhando, o trabalho podia ser muito criativo; mas quando uma cédula como essa lhe é entregue no final do mês, quando você vê tantos dólares em sua mão, a coisa toda murcha como um pneu furado. O resultado parece decepcionante: você trabalhou para ganhar *isso*. A criatividade das pessoas é exuberante, mas quando elas são pagas por ser criativas, muitas vezes não veem sentido algum nisso. O dinheiro é a recompensa do processo criativo, mas uma recompensa muito unidimensional, muito mesquinha. Por isso é triste reduzir forças criativas a termos monetários. É terrivelmente triste, até sacrílego. É muito chocante, mas muito fascinante. As atitudes psicológicas que podem ser aqui observadas são extremamente interessantes.

Para as pessoas que o possuem, o dinheiro representa um potencial para governar o mundo. Isso na cabeça deles, mas não na realidade. Por exemplo, um ricaço pode pensar: "Como eu tenho um monte de dinheiro, posso fazer um donativo para tal ou tal localidade e, assim, manipular as pessoas de lá para que façam o que eu quero". Esse é um jogo que qualquer pessoa rica poderia jogar. No entanto, suponha que o lugar para o qual você pretende contribuir recuse seu dinheiro. Isso vai contra suas expectativas automáticas; você supõe que eles gostariam de receber sua contribuição em vez de recusá-la. Se eles a recusam, então você fica sem saber o que fazer. Atitudes assim são muito interessantes.

O que tenho dito não significa de modo algum que, em minha opinião, o dinheiro deva ser considerado sem importância. Ele é uma força muito importante em nossa vida. O dinheiro não deve ser considerado algo que meramente vem e vai. Essa é uma postura muito ingênua. Nenhuma administração divina imprime e distribui cédulas de dinheiro para você. O dinheiro não vem e vai assim, simplesmente. O dinheiro vem e vai junto com sua ganância e apego. Você às vezes evita gastar dinheiro porque, estranhamente, alimenta um forte sentimento de reverência para com ele.

Você pode sentir a divindade no dinheiro. No entanto, quando vê algo que realmente deseja comprar, esquece a divindade do dinheiro e o gasta. E antes que se dê conta, só lhe restarão uns poucos centavos no bolso.

É interessante que, se você não prestar muita atenção o tempo todo, para o processo de dar e receber dinheiro, sem dúvida não o gastará de forma correta. Se você não der a seu dinheiro atenção plena e não tiver consciência de quanto ganha e gasta, ele simplesmente voará pela janela mesmo que você tenha milhões de dólares no bolso. Se, em vez disso, você se der conta de quantas pessoas trabalharam arduamente para ganhar essa cédula em especial, de quanta energia foi gasta por ela, então começará a pensar com mais cuidado sobre comprar e vender. Começa então a desenvolver um relacionamento com o dinheiro. É outra relação na qual podemos ver quanto da nossa energia nós desperdiçamos. Vemos — não necessariamente só em termos de dinheiro — quanto abusamos de nossa energia nas mais diversas situações. Gostaríamos de obter algum tipo de resposta em uma situação; por isso, gastamos mais energia que o necessário. Muitas vezes, recebemos uma resposta, mas não a resposta completa.

Aqui, o dinheiro representa o princípio da energia, com o qual você pode se conectar quando tem consciência de quanto está gastando. Não é bom pensar: "Se eu gastar mais, ganharei mais" — e coisas assim. Você não ganhará mais. Precisa descobrir a causa dos gastos, bem como a dos ganhos. A causa de suas despesas é muito importante. Você tem uma sensação de equilíbrio e amor ou emprega sua energia com o fim de obter poder sobre outra pessoa e fazer-lhe exigências? Esse tipo de dispêndio de energia é, em um certo sentido, uma moeda espiritual em si própria, a qual se traduz, no mundo, pelo dinheiro.

Desse ponto de vista, cada dólar que você ganha ou gasta representa sua energia do momento. Se você abusa dos dólares, se os joga fora gastando-os distraidamente, então está desrespeitando sua energia. Você perdeu a noção de quanta energia precisa gastar para obter um pacote de um produto qualquer.

Se examinarmos o problema por esse ângulo, descobriremos que nossa maneira de lidar com o dinheiro depende de uma característica básica do nosso estado de espírito. Devemos encarar o problema sob a óptica de dispêndio de energia e de como vamos dar a essa energia um uso adequado. Obviamente, comunicação e intercâmbio ocorrem o tempo todo. Como usar isso?

Parece que o dinheiro faz uma enorme diferença no processo da nossa comunicação e relacionamentos — por causa de nossas atitudes preconcebidas em relação a ele. O dinheiro se torna um ponto-chave. Se um amigo se recusa a pagar sua parte na conta do restaurante, automaticamente você é invadido por uma sensação de ressentimento ou de afastamento. Ocorre uma ruptura imediata na comunicação. Assim, o dinheiro não é apenas uma coisa física, mas tem muito a ver com o princípio da energia — que está relacionado com a nossa atitude para com ele. O fluxo de energia das nossas ideias preconcebidas torna-se a moeda de troca. Nossas ideias preconcebidas tomam efetivamente o lugar do dinheiro. Por isso, a questão do dinheiro se torna a questão da forma como você se relaciona com a energia de suas ideias preconcebidas. Nessa situação, o dinheiro está relacionado com o orgulho do ego, bem como com o gasto de energia do ego. Mas o que acontece quando você transcende essas fixações egoístas por meio da disposição de ajudar outras pessoas?

Nesse caso, quando você assume o ponto de vista da abertura e do espaço, não pensa em termos de dinheiro, de modo algum. Em vez disso, produz riqueza a fim de libertar as outras pessoas que pensam em termos de dinheiro. Você pode fazer isso oferecendo a alguém uma xícara de chá e um pedaço de bolo ou uma caixa de chocolates. Se você pagar por uma xícara de chá, o dinheiro não entrará nisso de modo algum — será apenas uma xícara que contém chá e água quente. Tudo depende das pessoas: algumas pensam em termos de dinheiro, e isso são ideias preconcebidas, ou em termos de coisas reais. Se você pensar nas coisas comuns tais como são, em vez de relacioná-las a um valor monetário, destruirá a ideia conceitualizada de dinheiro. Estabelecerá uma comunicação verdadeira, que acarreta uma redução do ego.

Você pode ver as coisas simples e diretamente, sem pensar no dinheiro que elas custam. Não importa quanto se paga pelas coisas tais quais são. O valor de um objeto não é o que aparece na etiqueta de preço. É o que você lhe atribui quando sente uma ligação essencial com ele. Mas também é importante e significativo simplesmente dar o objeto de presente. Ele pode não valer nada do ponto de vista monetário, mas talvez seja precioso devido ao contexto emocional.

Para desenvolver o desapego do dinheiro, você não precisa propriamente cortar seus gastos. Tudo depende de sua atitude com respeito ao dinheiro, conforme perceberá ao ver as pessoas comprando coisas. Se elas estiverem comprando diamantes em uma joalheria, seus rostos, ao escolher e negociar uma pedra, apresentam uma expressão muito definida, preconcebida, resultado de uma atitude mental absolutamente fixa. Seus movimentos revelam o que querem; a transação toda é cuidadosamente ponderada. No entanto, se você tiver um monte de dinheiro e desejar comprar diamantes, não precisará negociar com tanta meticulosidade. Se vir um diamante que deseja, simplesmente desembolse o dinheiro e compre! Pode custar muito, mas isso não significa que você tenha de transformar a aquisição em um cavalo de batalha, atribuindo-lhe maior importância. Não gaste suas ideias preconcebidas.

Nesse caso, as ideias preconcebidas são expressas em termos do sistema monetário. O peso de seus preconceitos é o valor. O número de camadas de preconceito que você está depositando sobre a situação é o que você está gastando. Quando gasta, você sente a perda de um preconceito, mas adquire outro devido ao preço do que acabou de comprar. Muitas vezes, essa é a atitude que está por trás de uma transação de compra e venda. Ela tende transformar tudo em uma herança de família. Sua origem é a seriedade, a falta de senso de humor. Tal é a base da evolução desse tipo de sistema monetário — nenhum senso de humor. Quando você vê uma cédula de grande valor, não a encara com senso de humor. Encara-a com solenidade, o que, de certa forma, chega a ser muito embaraçoso. Lidar com dinheiro se torna um jogo muito sério, solene e cheio de significado. Mas se você tem senso de humor, nada disso acontece. A cédula pode ser qualquer coisa — até um simples pedaço de papel. É interessante vê-la como apenas um pedaço de papel acrescido de significado. O mero contraste entre o pedaço de papel e seu significado já desperta nosso senso de humor. Percebemos a leveza e o peso ao mesmo tempo. Mas poderíamos assumir uma atitude completamente diferente.

No exemplo das pessoas que compram diamantes, parece que elas estão comprando de uma forma muito sensata. Estão totalmente empenhadas nessa troca de riqueza. Uma pessoa está vendendo o diamante e outra está pagando milhares de dólares por ele. Essa troca aparece em seus rostos. Elas parecem bebês prestes a receber um delicioso sorvete na boca. Há nisso uma enorme concentração de sentimento. A mesma expressão facial intensa pode ser vista nos cassinos.

Não estou aprovando ou desaprovando; estou apenas notando o lado divertido. De modo geral, não recomendo que você faça ou deixe de fazer alguma coisa. Apenas ilustro o contraste entre isto e aquilo. Neste caso, nota-se o aspecto ganancioso e intenso da situação e do rosto, em oposição a uma atitude para com o dinheiro na qual se poderia negociar de maneira natural, realizar a troca com despreocupação. Você poderia facilmente ir até a joalheria e gastar milhares de dólares comprando um diamante. Poderia fazer isso despreocupadamente, sem dar muita importância ao fato. Suponho que eu próprio não tenha uma mentalidade de milionário. Gasto dinheiro muito facilmente, mas obtenho as coisas que quero e usufruo-as com muito gosto e prazer.

No entanto, não falta um certo grau de discernimento no processo como um todo. Escolhem-se determinadas qualidades. Podemos comparar a qualidade de uma coisa com a de outra. Quando quero comprar roupas, por exemplo, vou a uma porção de lojas e comparo um artigo com outro. Eu mesmo passo por esse processo. É assim que deve ser, desde que a pessoa não pense nele com muita avidez e demasiada seriedade. Essa abordagem não é séria. Toda vez que você vir outra roupa, achará graça. Sorrirá. Fará comentários sobre essa roupa.

Para você aprimorar sua atitude com relação ao dinheiro, eu não recomendaria medidas extremas, como, por exemplo, rasgar uma cédula de um dólar como exercício espiritual ou usá-la para acender um charuto. Não importa que você faça isso em particular ou em público, rasgar a cédula não ajuda muito, porque você a rasga com um gesto cheio de significado. Você não rasgaria um simples pedaço de papel de uma maneira significativa, não é verdade? Mas rasgar a cédula de maneira significativa é o mesmo que não rasgá-la. Acho que esse ponto é bem ilustrado pela atitude do Mahatma Gandhi em relação às pessoas de casta inferior na Índia. As castas mais baixas eram chamadas intocáveis. Depois do movimento do Mahatma Gandhi, elas passaram a ser chamadas *harijan*, o que significa "filhos de deuses". No fundo, porém, é tudo a mesma coisa. Mesmo dando a essas pessoas o nome especial de "filhos dos deuses", você ainda manterá a mesma atitude em relação a elas — só o nome mudará. Não estou aqui menosprezando Gandhi; estou simplesmente esclarecendo que você, na superfície, pode mudar o preto para o branco, mas sem alterar nada por baixo. Ocorre o mesmo quando se rasga uma cédula de um dólar e não um simples pedaço de papel. Quando se rasga um dólar, ainda se tem uma atitude especial para com ele. Por isso, não acredito neste pequeno gesto exibicionista.

No caso da cédula de dinheiro rasgada, trata-se de transformar os apegos do ego em algo diferente, em uma abordagem diferente. No entanto, esses apegos nascem no mesmo ponto. Você apenas muda o apego de lugar. Quando abre a mão em um lugar, começa a fechá-la em outra.

Geralmente, quando gastamos dinheiro, pagamos para obter certo resultado psicológico. Se nossa atitude não for a de quem compra determinada energia com dinheiro, está tudo bem. Tentamos comprar ideias preconcebidas com nosso dinheiro. É como trocar um torrão de terra por ar. Porque o dinheiro é muito comum, banal e normal, nós o gastamos a fim de conseguir algum tipo de criatividade. Essa é a atitude errada. Se você pensar em gastar para expandir sua energia, ótimo. No entanto, muito poucas pessoas realmente pensam assim. Gastar dinheiro para obter algo criativo reduz-se rapidamente a números e quantidades. No instante em que começar a medir a quantidade de sua sabedoria, você passa a empregar a abordagem errada. Medir a quantidade de sua sabedoria é a última coisa que você quer fazer.

Poderíamos dizer que dinheiro é apenas dinheiro ou, então, um símbolo — mas as duas afirmações dizem a mesma coisa. Dinheiro é dinheiro, mas justamente por causa disso é um símbolo. Por conseguinte, discutir dinheiro é muito chato. Nada acontece. É muito deprimente. Por outro lado, é bom ter dinheiro, não é? Ter dinheiro não deveria ser um fardo, mas um prazer. É prazeroso ter dinheiro porque podemos gastá-lo em coisas que valem a pena. Você pode canalizar suas energias de uma maneira proveitosa. Não precisa se sentir culpado por lidar com dinheiro. Isso é tudo. Sentir-se culpado por lidar com dinheiro é como sentir-se culpado por respirar o ar. Algumas pessoas podem se julgar extravagantes porque estão respirando o ar de outras. Isso não faz sentido. Lidar com dinheiro não é nada negativo, não tem nada de mau.

Apesar disso, muitos de nós tendemos a pensar que o dinheiro está ligado apenas ao materialismo e, portanto, é mau. Eu estava jantando com um proeminente empresário e alguns dos seus colegas em Nova York. Ao longo de toda a refeição ele se desculpou por ser uma pessoa materialista. Na verdade, ser materialista muitas vezes significa apenas ser prático. Você não deve, de modo algum, se sentir culpado por causa do dinheiro e por lidar com objetos materiais. Não há nada de errado com isso. Você pode fazer seus negócios completa e corretamente. O problema é o que está por trás disso. É pensar em construir um negócio como quem constrói um império. O dinheiro provoca uma tentação muito interessante, a tentação do imperialismo. Você começa a construir todo tipo de coisa com o dinheiro — seu reino pessoal. Em seguida, tende a se descontrair quando já tem dinheiro suficiente para brincar com ele. A certa altura, quando você está saboreando o orgulho de ter dinheiro, a corrupção se instala. É perigoso supor que se pode jogar no campo do ego; só se pode brincar com as coisas.

A ambição não é um problema na relação com o dinheiro, a menos que você esteja tentando construir um império. Se você estiver trabalhando com os fatos e os números de uma situação, acho que não há nada de errado em tentar ser bem-sucedido. O problema surge quando você menospreza outras coisas para celebrar seu próprio sucesso. Quando você começa a pensar que seus feitos são maiores que os de outras pessoas, quando a competição entra em cena, sua ambição torna-se parte do ego, porque o processo do ego vê em tudo uma guerra.

Você pode se emocionar profundamente com o sucesso do que faz. Talvez deseje muito realizar algo em que possa usar bem e plenamente sua inteligência. Associado a isso há certo senso de elevação, a sensação de pôr as coisas em prática. Poder-se-ia dizer que isso é emoção, ou entusiasmo, em certo sentido. Mas, em outras circunstâncias, sua emotividade pode ser egoísta — quando, por exemplo, você quer de todos os modos ganhar o jogo. Se a ambição envolve ou não o ego, isso depende de você estar praticando ou não um jogo competitivo. Se estiver, estará também conectado com o ego. Caso não se entregue ao jogo competitivo, mas queira apenas entrar em ação, o ego estará ausente. Os bodhisattvas anseiam por ajudar os outros a encontrar o seu caminho e isso pode ser chamado de uma expressão de sua emoção. Podemos dizer que compaixão é emoção, um intenso desejo de colocar as coisas em prática. Mas essa não é a emoção comum no sentido do ego.

Se tiver dinheiro, você não precisa usá-lo o tempo todo, a cada passo. Você pode tanto aprender a usar as coisas que já possui quanto a comprar as que não tem. A psicologia deveria ser a de que você pode ter muito dinheiro, mas ainda assim, ocasionalmente, pedir carona. Viajar com alguém. Não pedirá carona por estar desesperadamente pobre. Nesse caso, pedir carona — que aqui não tem necessariamente sentido literal — é desfrutar cada momento de seu relacionamento com as pessoas, apreciar uma caminhada e ser independente. Se você tem dinheiro, pode se sentir totalmente impedido de fazer qualquer coisa natural e simples. Isso é muito triste. Se você é rico, pode comprar flores artificiais caríssimas em vez de ter flores naturais — compradas ou cultivadas por você mesmo em sua casa. Elas não precisam ser muito caras. O importante é trabalhar com as coisas tais quais são, tenha você muito ou pouco dinheiro.

Na Ásia, há a tradição dos monges vaguearem pelo campo pedindo comida, que é um pouco como pegar carona nas estradas, neste país. Eu não penso que se possa adotar essa abordagem na América. Antes de tudo, ela não é socialmente aceitável. Além disso, se você resolvesse adotá-la sem os antecedentes e o contexto adequados, poderia começar a se sentir uma pessoa especial. Talvez se entregasse ao exibicionismo, o que apenas criaria um problema autoconsciente e egoísta. Em geral, nos países budistas na Ásia, monges mendicantes fazem parte da comunidade. São aceitos na sociedade. No Tibete, muitos praticavam a mendicidade sem ter nenhum problema de sobrevivência. Não precisavam bater a mais de dez portas pedindo comida. Ganhavam pedaços de carne, manteiga, sacos de farinha de cevada e todas as outras coisas de que podiam necessitar. Se batessem à porta de mais de dez famílias, receberiam mais do que poderiam carregar. A relação com a doação de alimentos era muito diferente no Tibete. As pessoas não hesitavam em dar. Elas cuidavam das pessoas que precisavam de comida e se importavam com o relacionamento. Davam grandes quantidades automaticamente. Essa era apenas uma maneira habitual de agir. Infelizmente, não creio que essa prática vingaria aqui.*

Para os monges, essa maneira de viver expressava a simplicidade. Não era uma expressão da mentalidade de pobreza. Com essa abordagem monástica, você não se preocupa com sobrevivência. Só vive o dia a dia. Só pensa no dia de hoje; não pensa no amanhã. Se o amanhã vem ou não vem — pouco importa. Você continua a viver de um modo muito simples, um cotidiano de simplicidade.

Quando você tem muito pouco dinheiro, até certo ponto pode simplificar todo o processo de vida. Precisa ser bastante eficiente ao calcular quanto tem e quanto pode gastar em comida ou qualquer outra coisa. No entanto, como sucede com a prática da mendicidade, não é propriamente necessário lutar por nada. Eu mesmo enfrentei essa situação quando morava em Oxford. Dispúnhamos de mais ou menos nove libras por semana para alimentar três pessoas em nossa casa. A vida pode ser bastante simples se você souber exatamente quanto dinheiro tem no banco para comprar as coisas básicas de que precisa. Mas pode ser dura ou cruel se você lutar para ganhar mais e tentar espremer essa pequena quantidade de dinheiro para conseguir outras coisas.

---

* Esta palestra foi dada antes do advento da maior parte dos bancos de alimentos na América. Contribuir para bancos de alimentos, campanhas de alimentos, ceias de igrejas para sem-teto e trabalhadores pobres, e outras práticas como essas, pode ser uma maneira contemporânea de praticar o tipo de generosidade comunitária aqui descrita pelo autor. (N.Orgs.)

O problema nem sempre é sobrar pouco dinheiro, mas não reservar espaço suficiente para si mesmo. A percepção da pobreza muitas vezes parece ligada à falta de espaço. Pode parecer pretensioso ou insensível sugerir a pessoas carentes, já vítimas de condições financeiras perturbadoras, que criem mais espaço mental. No entanto, se você valorizar a simplicidade em sua vida, não precisará se envolver com o dinheiro mais do que o realmente necessário.

Você deve tentar criar, tanto quanto possível, um espaço de isolamento em seu estilo de vida, seja você rico ou pobre. Quando tudo cai sobre você, quando todas as coisas indesejáveis na vida parecem acumular-se dentro de você, você está se submetendo a todo tipo de dores desnecessárias simplesmente porque não é capaz de ver o espaço e as situações abertas existentes.

Capítulo 13

O KARMA DO DINHEIRO

O dinheiro funciona como um lubrificante para todos os tipos de intercâmbio material em nossa vida. É como o karma. Não se pode dizer que o karma seja uma entidade por si mesma, mas ainda assim ela possui suas próprias características energéticas. Outras situações são parte de sua força. Do ponto de vista budista, o karma é apenas mecânico e reage à química natural das situações. O dinheiro também entra nesse jogo.

O karma apresenta muitos aspectos diferentes: um deles é nossa relação kármica com o dinheiro. Quase todas as pessoas têm um problema não resolvido com o dinheiro, do mesmo modo que têm um problema não resolvido com a vida. Esse parece ser o seu karma do dinheiro. Em alguns casos, as pessoas têm muito dinheiro, mas mesmo assim estão sempre precisando de mais; ou então têm pouquíssimo dinheiro, mas ele dura por muito tempo. Existem todas essas relações diferentes e complexas com o dinheiro. Há quem gerencie o dinheiro muito bem e não se sinta neurótico por causa dele. E há quem ache muito difícil lidar com o dinheiro. Essas pessoas precisam lutar por cada centavo.

A situação econômica de cada um é parte de sua relação kármica com a vida, sem dúvida alguma. Por exemplo, você pode querer ficar livre de obrigações, mas uma coisa o atrapalha — o dinheiro. Você acha que tem de resolver seus problemas de dinheiro antes de poder seguir em frente. Em seguida, por ter sido retido para resolver o problema do dinheiro, você se envolve em outra situação e, por causa disso, regride. Ou talvez seja empurrado para a frente. Você pode querer fazer certas coisas ou ir a certos lugares e, de repente, como que caído do céu, alguém lhe envia um cheque. É como se o cheque lhe estivesse dizendo: "Vá e faça-o; eis aqui o que você queria". Esse tipo de acontecimento é sempre muito misterioso.

Para algumas pessoas, parece muito difícil se livrar da ânsia de juntar dinheiro, como querer sempre uma casa maior, carros e coisas materiais desse tipo. Gostaríamos de poder abandonar essa mentalidade. Às vezes, as pessoas são dominadas por um súbito sentimento de renúncia, um súbito impulso de distribuir tudo. Você deseja dar seu carro, seu relógio de pulso, sua câmera fotográfica, sua casa, e tudo mais. Depois de fazer isso, sente-se muito melhor por algum tempo. Considera-se um herói. No entanto, mesmo depois de ter entregado tudo e achar que está livre, de alguma forma o karma de seu dinheiro ainda segue você. Apenas dar coisas, livrar-se delas, não ajuda. O problema persiste.

Normalmente, as pessoas não se dão conta de que o dinheiro está karmicamente relacionado a elas. Algumas podem estar mais conscientes do que outras, mas a tendência costumeira é pensar que desfazer-se dos bens ou da riqueza é como submeter-se a uma cirurgia para remover um tumor maligno, do qual em seguida se estará livre. O dinheiro não funciona dessa maneira. Toda situação kármica sempre volta para você. Por isso, mais uma vez o velho ditado é verdadeiro: "É melhor não começar nada, mas concluir bem o que começou". Temos de ser capazes de ter dinheiro e trabalhar com ele, mas não ser apegados a ele. Todo processo de transmutação é assim. Você precisa estabelecer um relacionamento com o dinheiro e um relacionamento com seus bens, mas não ter acessos de renúncia impulsiva e extremada.

Na tradição monástica budista, monges e freiras renunciam à posse de pertences pessoais além dos estritamente necessários: suas vestes, sua tigela de mendicante e seus materiais de prática. No entanto, os pontos fundamentais são a renúncia e a simplicidade. Certas tradições contemplativas do cristianismo sustentam que a vida monástica deve reproduzir a da pessoa mais pobre do país. No caso do budismo, no entanto, o critério não é a pobreza nem a ideia de viver como este ou aquele tipo de pessoa, mas a simplicidade em tudo. Você faz só as coisas necessárias na vida, sem introduzir complicações adicionais. Comer, dormir, defecar são as coisas necessárias; fora isso, não é necessário fazer mais nada. Fazer somente essas três coisas necessárias é o que se chama tradição *kusulu*, em sânscrito.* Assim, no budismo, o ideal é levar uma vida simplificada, ignorando-se a ideia de riqueza ou pobreza. É contentar-se com a simplicidade, sem quaisquer outras diversões.

No capítulo anterior, falamos sobre a prática da mendicância, na Índia e no Tibete, de monges que pedem comida como uma expressão de simplicidade. Hoje, a pessoa se sentiria autoconsciente caso

---

* O termo *kusulu* é às vezes aplicado pejorativamente a uma pessoa ignorante, mas usa-se também, como o autor faz aqui, para caracterizar o praticante que simplifica ao máximo sua vida. Segundo outro grande mestre budista tibetano, Khenchen Thrangu Rinpoche, e muitos outros, existem duas abordagens ao caminho espiritual: uma é estudar a fundo os textos budistas (esse é chamado o caminho do erudito, *pandita*); o outro é meditar diretamente, sem ênfase no estudo (esse é chamado o caminho do kusulu ou meditador simples). (N.Orgs.)

adotasse esse estilo de vida no Ocidente, dizendo que renunciou às coisas do mundo e pedindo comida. Alguns jovens me têm sugerido que receber a assistência financeira para os necessitados na América é o equivalente a praticar a mendicância monástica na Ásia. No entanto, decidir não trabalhar e receber assistência financeira do Estado é bem diferente. No caso dos monges mendicantes no Tibete, eles tinham que passar grande parte de seu dia caminhando ao ar livre, expostos às inclemências do tempo, e tendo de suportar muito frio e outras dificuldades. Tinham que levar a vida de um mendigo em toda a acepção da palavra. Entregar-se a essa prática a fundo e da maneira correta podia ser uma atividade livre de karma. No entanto, se tomar dinheiro da nação, você acumulará um karma pesado. Há um termo tibetano, *kor* (*dkor*), que significa um donativo em confiança. Um presente assim tem associadas a ele dívidas kármicas de grande peso, pois alguém o deu por confiar em você. Um presente assim deve ser gasto ou usado corretamente.

Existem muitas histórias sobre o karma ligado a esse tipo de doação. Uma delas, muito conhecida, é a de um lama tibetano que tinha um cavalo preto e era muito bem-sucedido em coletar donativos. Seu mosteiro ficou extremamente rico, com telhados de ouro, e ele mesmo possuía uma sela de ouro, e assim por diante. Quando morreu, renasceu no oceano, como um peixe gigantesco com centenas de peixinhos aninhados sobre o corpo, que se alimentavam dele. Aqueles que lhe tinham feito doações se tornaram os peixinhos que o comiam. Eles o devoravam até os ossos, mas nunca conseguiam chegar ao seu cérebro e ao seu coração. Ele continuava se regenerando e sendo devorado repetidamente.

Há uma espécie de ideia de Robin Hood na cultura da juventude hoje em dia, a ideia de que não é errado lesar uma grande empresa, um supermercado ou uma instituição impessoal. As pessoas julgam poder fazer esse tipo de coisa sem grandes repercussões kármicas, apenas por causa da impessoalidade da situação, mas isso também pode envolver uma espécie de vandalismo ou de ódio fundamental para com a sociedade. O que vem à tona é uma sutil agressão psicológica básica. As pessoas acham que esta é uma maneira conveniente e segura de expressar a agressão. Geralmente, destruir o patrimônio público ou do governo — mesmo sob a alegação de que essas grandes instituições são corruptas — é seguir na direção errada, que não beneficia ninguém. Esse tipo de relacionamento com o karma nacional pode ser extremamente pesado. Você compartilha o karma com todos, mas, ao mesmo tempo, está sendo destrutivo e criando mais débito kármico.*

Outro motivo para ressentimento contra o dinheiro, como já foi discutido, é a tendência geral para considerar a espiritualidade como um afastamento do mundo, um distanciamento das preocupações mundanas. As pessoas com essa opinião acham irritante a intromissão do dinheiro na espiritualidade, pois para elas isso significa que a espiritualidade também é uma preocupação mundana. No entanto, a espiritualidade é uma preocupação mundana e até muito mais sutil. Sem o samsara, não poderia existir o nirvana. Entrar na espiritualidade não significa sair, escapar de outro lugar. O onipresente Mara ou Yama ainda nos segue para todos os lugares.**

---

* A palestra na qual este capítulo se baseia foi dada no início dos anos de 1970. Hoje, a cultura de ganância corporativa pode ser identificada como a fonte predominante de repercussões kármicas igualmente pesadas na cultura norte-americana. Pode-se dizer também que se inspira na agressão e na falta de respeito pelos outros. Em qualquer caso, há o sentimento de que a pessoa pode tirar vantagem dos outros ou aproveitar-se dos recursos alheios sem consequências kármicas. (N.Orgs.)

** Mara, na tradição budista, é a personificação das seduções e burlas da visão dualista da realidade. Yama é o mítico Senhor da Morte, mas também o governante dos seis reinos da existência, sob cujo domínio as destruições do tempo — incluindo o nascimento, a velhice, a doença e a morte — se difundem. O que o Rinpoche parece aqui dizer é que não importa quanto a pessoa tente distorcer e trapacear, não importa quão espiritual seja o contexto

Muitas vezes a atitude das pessoas para com a espiritualidade se baseia na tentativa de fuga ou, pelo menos, na busca de alívio — a espiritualidade é vista como o prazer supremo, conforme já dissemos. E quando o dinheiro se intromete na busca de um prazer maior, o resultado é um tremendo choque. Até mesmo no contexto espiritual o dinheiro se agarra a você — o que é uma coisa terrível. Fazemos também uma distinção excessiva entre espiritualidade e vivência no mundo, a ponto de tornar a espiritualidade uma meta em si mesma, em vez de considerá-la uma maneira de viver.

Na tradição monástica tibetana, entrar no mosteiro não era uma maneira de fugir do dinheiro. No mosteiro, os monges muitas vezes não viviam todos em um só prédio. Alguns tinham casa nas imediações ou nos terrenos do mosteiro. Ele tinha de encontrar três patrocinadores: um para sua educação, outro para seu desenvolvimento espiritual e outro para seu bem-estar financeiro, depois de ingressar na instituição. Um deles poderia alojá-lo em sua casa. Ele passava então a viver com a família, a participar de sua vida. Às vezes, seis ou sete pessoas moravam juntas. No início, podiam pedir-lhe que cozinhasse para a família, que buscasse água ou recolhesse lenha. Os pais do monge também podiam colaborar com parte da alimentação e outros suprimentos para a casa ou para o mosteiro.

Havia também certos períodos do ano em que ele saía para recolher alimentos. Geralmente, fazia isso duas vezes por ano. No início do inverno, ia para as planícies, onde pedia cereais. Visitava várias famílias, dando-lhes instrução espiritual e, dessa forma, ajudando-as. No verão, subia as montanhas, onde arrecadava manteiga, queijo e produtos semelhantes. Ou então se tornava professor de uma deter-

---

que ela procure criar, os fatores que assombram o samsara continuam sendo um desafio. (N.Orgs.)

minada família, com a finalidade de pagar por sua formação monástica. Permanecia três ou quatro meses na casa, ensinando meditação. Cada membro da família vinha, por turnos, receber instrução. Em contrapartida, o monge ganhava alimentos a granel, que levava para o mosteiro. Em geral, as pessoas davam alimentos ou dinheiro em troca dos ensinamentos. O resto do ano, o monge vivia com o que recebera e que compartilhava com outros monges, os quais tinham feito também a mesma coisa. Se o monge fosse um noviço, podia voltar à casa de sua família por certo período a cada ano, especialmente no outono, a fim de ajudar os parentes na colheita e em outros trabalhos. Podia manter contato com a família.

Os mosteiros também realizavam festivais de inverno e festas de Ano-Novo, além de outras cerimônias e celebrações, o que exigia uma base monetária. Quando um mosteiro decidia fazer um festival, as pessoas encarregadas se reuniam para decidir se comprariam bens ou solicitariam algumas terras de um proprietário. A propriedade para o festival consistia muitas vezes em três ou quatro campos de cevada. Também eram dadas ao mosteiro vinte ou trinta cabeças de gado, bem como certo montante de dinheiro para ajudar a financiar o festival. Em seguida, a propriedade era transformada em um empório, e muitas vezes as pessoas mais pobres das proximidades ficavam encarregadas de administrá-lo como um negócio, vendendo os cereais, a manteiga e o que quer que fosse produzido na terra. Em contrapartida, recebiam parte do lucro. O restante — uma quantidade fixa de cereais, manteiga e chá — era então dado ao mosteiro para ser utilizado durante o período do festival. Durante as cerimônias, oferecia-se chá a toda a congregação, constituída às vezes de uma centena a três mil monges. Ofereciam-se também refeições à comunidade monástica, bem como diversos materiais necessários para o festival, incluindo objetos para o santuário. Os convidados vindos

dos mosteiros vizinhos eram também alimentados e acolhidos com recursos provenientes dos lucros da festa. Portanto, cada festival dependia de sua própria propriedade e essa era uma das maneiras pelas quais o grosso das finanças do mosteiro eram administradas.

Trabalhar com dinheiro é sempre parte da psicologia ou filosofia de uma situação. Por isso, nesse trabalho, é necessário dispor de critérios básicos. Trabalhar com dinheiro exige disciplina para determinar a quantia necessária para um dia, uma semana ou um mês. Viver em qualquer sociedade requer esse processo de disciplina. Temos de trabalhar segundo o padrão da sociedade. Nesse contexto, uma relação com o dinheiro parece inevitável. Precisamos enfrentar efetivamente o problema do dinheiro tal como ele é.

Neste país, conheço muitos jovens que relutam em trabalhar. Quando se está com pouco dinheiro, é preciso se esforçar e passar por todo o sofrimento que é conseguir um emprego e vivenciar situações pouco atraentes, que muitas vezes são uma fonte de mais sofrimento. Esse sofrimento é visto como mundano, sem nenhum aspecto compensador. Ele é visto meramente como sofrimento. Quem não se dispõe a enfrentar o sofrimento nessas circunstâncias, também não quererá enfrentá-lo quando ficar interessado em espiritualidade. Estará em busca de prazer transcendental, e trabalho e dinheiro não parecem nada românticos. São coisas mesquinhas. Contradizem toda a nossa ideia de espiritualidade, que é obter o prazer máximo, a felicidade suprema.

No entanto, você descobre que tem de voltar ao sofrimento original do qual queria fugir. Começa a perceber que espiritualidade não é busca de prazer e que sua situação de trabalho é também espiritualidade, mas não espiritualidade com prazer ou recompensa. Você não está tentando ganhar nada e sim ir mais fundo e desaprender, para se desconstruir a si próprio. Isso não tem nada a ver com prazer, de modo algum. O importante na espiritualidade é enfrentar os fatos da vida e você pode aprendê-los por meio do trabalho. Então, talvez sua relação com o dinheiro possa mudar. Como sua atitude fundamental para com o trabalho é diferente, o dinheiro torna-se naturalmente um assunto mais fácil. Não há nada de mal nisso.

O trabalho é também algo *real*, tanto quanto as práticas espirituais. Por isso, não precisa encerrar nenhum significado extra: ele já é, em si mesmo, espiritualidade. O trabalho não necessita de reforço filosófico. Talvez você queira trabalhar por uma boa razão, para provar que sua atividade é válida. Talvez pense que não conseguirá se relacionar com o trabalho a não ser que tenha uma boa razão filosófica, pois do contrário seu trabalho seria puramente mecânico. É possível então que não esteja captando integralmente a essência da espiritualidade. Espiritualidade não é senão trabalho, deixemos isso bem claro. Trabalho é espiritualidade, trabalho é realidade — tanto quanto qualquer outra coisa.

Sofrimento e prazer no trabalho são sensações relativas. Se você pensar em alguém em férias em um iate na Europa, ficará ressentido por estar preso a seu pequeno emprego, fazendo tarefas repetitivas. Nossa visão de mundo está definitivamente ligada a critérios profundamente enraizados. De fato, é exatamente sobre isso que estamos trabalhando: para ver como você fundamentalmente se relaciona com o sofrimento e o prazer, com o bom e o mau, como essas coisas surgem. Esqueça o que lhe foi ensinado e pergunte-se como realmente se relaciona com o sofrimento e o prazer.

Fundamentalmente, precisamos nos relacionar com a terra, com a nossa real situação de trabalho. Em seguida, as situações vão nos dizer sem rodeios: "Eu rejeito você" ou Eu aceito você". Ambos os casos são muito dolorosos.

O sofrimento vem da obrigação de tratar de muitas coisas diferentes com as quais, na verdade, não desejamos nos relacionar. No fundo, preferiríamos que *elas* se relacionassem *conosco* e não o contrário. Isso acontece porque achamos melhor permanecer abrigados, mantendo intacta a concha do nosso ego fundamental. Quando precisamos sair da concha e nos comunicar, a situação se torna muito complicada para nós.

A dor maior é perder a segurança e a sensação de invulnerabilidade do ego. Você só sente dor quando tem ligações com as coisas da vida. A própria ligação, a dualidade mesma, é a dor. É a ideia básica de que ninguém pode se manter sozinho e precisa de algo mais. No caso de um bebê com fome, estar com fome faz com que ele fique inseguro e não estar com fome faz com que ele fique seguro. Na criança pequena o ego não é lá uma grande coisa. É uma experiência de simples dualidade.

Quando o bebê está com fome, chora. Não há nada de errado com isso. Não estamos, necessariamente, tentando nos livrar *desse* nível de dualidade fundamental. No entanto, essa simples situação também encerra outras possibilidades, deixando assim de ser tão simples. Em outras palavras, não estamos tentando nos livrar do ego, mas da reação em cadeia do ego.

Por um lado, um ego simples pode se transformar em sabedoria. Ele *é* sabedoria. O ego tem uma consciência básica instintiva disso e daquilo. No entanto, o ego simples também tende a se envolver mais com o "eu" e isso gera agressão. Parece que um bebê não sabe de muita coisa. Ele nem mesmo sabe que está com fome. No entanto, sente-se inseguro instintivamente. A fome está associada com a perda e a morte; o alimento, com o ganho e a sobrevivência. Isso é bastante simples, mas temos a tendência de complicá-lo em demasia. Cultivamos a noção fixa de sofrimento como sofrimento e de prazer como prazer. Adquirimos ideias limitadas, munidas do conceito especial de sofrimento e prazer. Não somos capazes de preservar aquela qualidade infantil.

Por isso, precisamos examinar as complicações kármicas que se desenvolvem em nossa relação com o dinheiro. Às vezes, quando as pessoas têm a sensação de que algo está errado na sua relação com o dinheiro, ficam a tal ponto envergonhadas com essa situação que se referem ao dinheiro como "pão".* Dizem, portanto: "Quantos pães lhe devo?". Evitam usar a palavra *dólar*.

Chamar o dinheiro de pão é pura astúcia. Acontece que as pessoas insistem em arranjar sinônimos para dinheiro. Há algo cômico nisso. Trabalhar com o dinheiro é, em última análise, um caminho que desperta orgulho. Referir-se ao dinheiro como pão sugere indiretamente que ele é sujo, obsceno. Falar diretamente em dinheiro é muito embaraçoso. Em francês, a palavra para pão é *pain*.** Assim, você poderia dizer a alguém "quanto sofrimento lhe devo?".

Até mesmo nossas moedas físicas refletem nossa relação maior com o dinheiro. No dinheiro americano, está escrito "Em Deus confiamos". Isso diz muito sobre a sociedade norte-americana. No dinheiro tibetano, costumávamos ter os oito símbolos auspiciosos e os seis símbolos da longevidade. O texto impresso sobre as cédulas dizia mais ou menos isto: "Dinheiro do governo nomeado pelo céu, governante do reino temporal e espiritual". Isso comunica uma visão de mundo bem diferente. As últimas moedas tibetanas que circula-

---

* Em inglês, *bread*, palavra que traduzimos por "pão" para nos mantermos fiéis ao discurso do autor. No entanto, lembramos que no Brasil, dependendo da região, é frequente se falar em "paus", "pilas" e "mangos" como referência à unidade monetária. Notamos ainda que no uso informal ou de tabuísmo, os termos "pau", "pila" e "mango" às vezes também são sinônimos de "pênis". (N.T.)
** A palavra inglesa *pain* traduz-se para o português como "dor", "mágoa" ou "sofrimento". (N.T.)

ram antes de os chineses assumirem o controle do país exibiam três símbolos de amizade. Esse dinheiro teve vida muito curta! Durou apenas dois ou três anos.

O dinheiro na sociedade tibetana era pensado em termos do que é chamado yün em tibetano. Yün significa prosperidade ou riqueza fundamental. Ele é efetivamente a *força* da riqueza, não a riqueza concreta. A crença na energia abstrata pode passar de uma pessoa para a outra. É uma qualidade magnetizante abstrata que recolhe e irradia riqueza. Essa qualidade pode passar de você para outras pessoas. Segundo um antigo costume do Tibete, as pessoas, antes de dar dinheiro a alguém, retiram as cédulas ou moedas do bolso e as esfregam na gola. Com isso, você transfere o yün para sua gola a fim de não entregar sua riqueza fundamental para a outra pessoa — você dá apenas o dinheiro.

Até certo ponto, mesmo os grandes detentores de linhagens tibetanas tinham de lidar com o karma do dinheiro. Se você leu a história de Marpa, um dos grandes ancestrais da linhagem Kagyü, deve se lembrar de que, quando ele encontrou seu mestre, Naropa, este lhe perguntou: "Antes que eu lhe transmita ensinamentos, diga-me quanto ouro você tem". Marpa deu-lhe oito sólidas peças de ouro, cada uma no formato do nó da eternidade. Naropa disse: "Eu sei que você tem mais do que isso. Dê-me mais algumas!". Por fim, Marpa teve de esvaziar completamente sua sacola de moedas de ouro e dar todas elas ao mestre. Então Naropa jogou-as para o ar e bateu fortemente com o pé no chão. Todo o chão, todos os seixos se transformaram em ouro. Então Naropa disse: "Na verdade, tenho muito mais ouro do que você, mas vou lhe dar ensinamentos de qualquer maneira".* Há

---

* Os quatro primeiros mestres da linhagem Kagyü (uma das escolas principais do budismo tibetano) foram Tilopa (988-1069), Naropa (1016-1100), Marpa (1012-1097) e Milarepa (1040-1123). As histórias da vida de cada um deles, bem conhecidas pelos praticantes do

muitas dessas histórias sobre compra de ensinamentos. Quando os tibetanos iam para a Índia, sempre tinham de pechinchar pelos ensinamentos. (Na verdade, a Índia não mudou tanto assim.) É claro que os estudantes sempre tinham de ceder; caso contrário, não obtinham os ensinamentos completos.

Os ensinamentos vão ficando mais caros (ou talvez devêssemos dizer mais valiosos?) à medida que a linhagem prossegue ao longo dos tempos. E quanto mais tempo ela tenha continuado, mais pessoas precisaram trabalhar duro por ela, sacrificando sua vida. Por isso os ensinamentos ficam mais valiosos.

Já se disse que o melhor presente que um discípulo podia dar a seu mestre era a prática, a dedicação total. Em segundo lugar vinha a prestação física de serviços. O terceiro melhor presente era dar dinheiro ou ouro pelos ensinamentos recebidos. Mesmo quando o discípulo doava a prática ou prestava serviço, ainda tinha de se sustentar — o mestre não o sustentaria. É o que vemos na história do discípulo de Marpa, Milarepa: ele prestava serviços a Marpa e também tinha de sustentar-se.

Qualquer presente é um símbolo de comprometimento. Antigamente, no Tibete, se uma pessoa fosse dar ouro para um mestre, ela tinha de trabalhar para ganhá-lo; tinha de acumulá-lo. Seu valor correspondia ao esforço e energia que haviam sido despendidos para adquiri-lo. Dar um presente era um sinal de comprometimento de energia na direção correta, na direção dos ensinamentos. Isso era verdadeiro tanto nos velhos tempos em que os tibetanos iam para a Índia a fim de receber ensinamentos quanto o é hoje.

---

budismo tibetano, são consideradas exemplares. Elas ilustram como o estado desperto da mente é transmitido do guru para o discípulo. (N.Orgs.)

Capítulo 14

A ÉTICA
NOS NEGÓCIOS

omo uma extensão do modo como em geral encaramos o dinheiro, ser um empresário ou um assalariado pode ser uma atividade que desenvolve nossa sanidade e dessa forma ajuda a propagar o dharma. Além disso, o mundo dos negócios expressa riqueza, no sentido de expandir a visão do buddhadharma para nosso estilo de vida e atividades. Tenho apresentado uma série de ensinamentos que chamo de Aprendizado Shambhala, os quais versam precisamente sobre como estender a visão do budismo para a compreensão e a prática da vida cotidiana.* A visão do budismo se baseia na superação do ego e na nossa dedicação ao próximo. A visão de Shambhala consiste em estender esse entendimento e esses valo-

---

* Para uma visão geral desses ensinamentos, o leitor talvez queira consultar *Shambhala: A Trilha Sagrada do Guerreiro*, por Chögyam Trungpa, publicado pela Editora Cultrix, São Paulo, 1992. A série de fins de semana de treinamento do Aprendizado Shambhala é oferecida no Brasil pelo Centro Shambhala de Meditação de São Paulo, www.shambhala-brasil. org. (N.T.)

res a um modo de vida completo e à criação de um mundo íntegro, a começar por uma sociedade fundamentada na dignidade e no estar atento, que eu chamo de Grande Sol do Leste. Segundo esse ponto de vista, desenvolver um negócio pode proporcionar às pessoas não apenas um trabalho, mas uma estrutura social e um meio de vida, de modo a que todos os envolvidos possam se beneficiar.

Temos de verificar, em nossa abordagem aos negócios, que tipo de poder humano ou econômico produzirá uma verdadeira realização. Em primeiro lugar, é preciso considerar a questão do valor, em termos de riqueza, pobreza e política. Em sua mente, o valor do seu negócio pode estar relacionado com a finalidade de realizar o sonho de acumular riqueza. Você quer fazer algo que o torne milionário. Ou talvez queira fundar um império econômico próprio, com pessoas em volta trabalhando para você. Uma terceira noção de valor é montar uma empresa que seja uma expressão de realização pessoal e de liberdade individual. Você não pensa em se dedicar a ideias superiores da verdade, como o dharma. Sua empresa falará por si mesma e, se tudo der certo, o resgatará da pobreza. A quarta abordagem de valor é entusiasmar-se com sua empresa porque esse projeto o faz sentir-se bem e criativo. Você sempre quis se expressar e agora tem a oportunidade de pôr para fora seu talento, seu gênio.

Pode haver problemas com todas essas abordagens. Há, no entanto, um sistema de valor que é viável e útil, sem dúvida. A base da abordagem aos negócios, no presente caso, é a de se relacionar com a sua vida diária e com a economia, mas isso sem que seja um fardo nem uma promessa. Ao contrário, o que se cultiva é o sentimento do dever, a partir do ponto de vista do ideal do bodhisattva de colocar os outros antes de nós. Você pensa levando em consideração obter recursos para si e para os outros. Você acolhe todo tipo de pessoas e emprega-as em sua companhia. A base dessa abordagem é a coragem, que também está ligada à visão budista básica de ajudar o próximo. Juntamente com essa coragem vêm os meios hábeis: ser inventivo ao trabalhar com a situação à sua volta em termos econômicos, da força de trabalho e de quaisquer outros problemas que você possa ter em sua empresa.

Em uma coisa você pode confiar: se a sua abordagem for verdadeira para você mesmo, ela será verdadeira para outros. Depois dessa introdução sumária ao valor da economia ou da riqueza em geral, podemos examinar a questão da ética nos negócios.

OBSTÁCULOS À DISCIPLINA

1. Padrões habituais. Vamos começar com os obstáculos à disciplina ou ao que, em sânscrito, é chamado *shila*. O primeiro obstáculo em sua empresa são seus padrões habituais. Não podemos separar nosso negócio de nossa prática geral de sanidade ou de nossa relação com os princípios da verdade, ou dharma. Você pode ser extremamente cortês e civilizado, de fala mansa e gentil. No entanto, quando entra no escritório, torna-se uma pessoa problemática que manifesta suas neuroses a todo instante. Ali, sua personalidade é completamente diferente. Nessa situação você tenta imitar ou expressar a ideia de "trabalho" e de "dever" de maneira errada. A esquizofrenia se torna evidente na relação com a sanidade e a loucura. Isso se deve a seus padrões habituais anteriores. Você exibe um nervosismo desnecessário quando trata com seus empregados, sócios ou clientes.

Quando percebe esse padrão de comportamento, você sente que não quer continuar agindo dessa maneira. Para superar o problema, terá de adotar um padrão de comportamento totalmente unificado ou um estado psicológico de ser que inclua todas as atividades. Terá de se relacionar com sua prática de meditação sentada e os seus negócios exatamente do mesmo modo. Isso é absolutamente necessário.

Se você é o chefe e não utiliza essa abordagem unificada da disciplina, os funcionários percebem o que está acontecendo e ficam sujeitos às transformações pelas quais você está passando. Você tem um problema psicológico e sua insanidade transparece. Recair em padrões habituais dessa espécie cria um problema para todos no escritório. Mesmo que haja muita prosperidade e capital de giro, se os membros da equipe não sentirem suficiente confiança, eles também expressarão a loucura do chefe. Você começa a achar que todo o local de trabalho fica frenético durante o horário do expediente.

Ao anoitecer, quando for para casa, você poderá tomar um banho, trocar de roupa e sair para comer em algum lugar civilizado. Poderá ir a uma reunião social, dar uma palestra para algum grupo ou encontrar-se com um de seus clientes — ou mesmo um estudante de meditação. De qualquer forma, você tenta trocar sua máscara.

Toda essa encenação se torna risível. Se alguém pudesse assistir ao seu desempenho diário, de manhã à noite, isso seria muito embaraçoso para você. Mas, na verdade, as pessoas assistem. Muitas vezes você pensa que pode se esconder e levar uma vida dupla, quando, na realidade, todo mundo sabe o que você está fazendo. As pessoas não são tão estúpidas assim. Elas captam seus padrões de comportamento. Levar vida dupla e ceder a padrões habituais é um dos maiores obstáculos à disciplina.

2. *Maledicência*. Quando há falta de disciplina no local de trabalho e você se entrega a seus padrões habituais, os funcionários passam a falar mal uns dos outros no estabelecimento. Novamente, se você é o chefe e cede aos seus padrões habituais no trabalho, então influencia os outros funcionários. Por fim, eles sentem que não conseguem mais se conter. Não podem mais ficar só observando o que está acontecendo. Começam a falar abertamente; depois, os encarregados passam a difamar seus subalternos. Isso pode desandar em uma situação

complicada. Logo os empregados começam a perder o sentimento de lealdade fundamental à empresa, o que é perfeitamente natural diante dessa situação. Se não for expressa e preservada uma verdadeira sanidade na situação de trabalho, a ideia de uma hierarquia genuína ou de respeito para com a autoridade cai inteiramente por terra.

Se você trabalha com alguém que está se entregando dessa forma a seus padrões habituais e neuroses, deveria encontrar uma maneira construtiva de conversar com ele. Um empreendimento só funciona quando todos têm boas intenções, o que significa assumirem o compromisso de manifestar sanidade para além de seu padrão habitual. Se a situação não estiver alicerçada nesse tipo de boas intenções, a difamação e o mexerico surgem naturalmente, porque as pessoas precisam pôr para fora sua energia negativa.

3. *Mentir*. Nesse tipo de ambiente esquizofrênico de trabalho, muitas vezes não dizemos a verdade. Podemos acabar adicionando mais zeros ao nosso lucro e inflando o valor da empresa para poder obter outro empréstimo bancário ou conseguir mais financiamento. Só existe uma possibilidade de redenção, que é voltar à nossa própria sanidade. A prática da meditação é muito importante nesse tipo de situação. A prática da meditação sentada poderá aumentar nossa sanidade em 50%. Ela pode nos impedir de fazer algo totalmente maluco.

4. *Preguiça*. Quando você acorda de manhã e tem de voltar ao estabelecimento que criou ou onde trabalha, sente uma hesitação tremenda. Tenta atrasar sua chegada ao escritório tanto quanto pode. Tenta divertir-se tanto quanto possível fora do seu trabalho. Essa atitude cria uma situação pouco saudável, porque você não tem entusiasmo real pelo trabalho.

Se os proprietários e os funcionários não comparecem pontualmente e não trabalham em conjunto, cria-se muita depressão não manifesta. Ninguém se entende. Você acaba não trabalhando o suficiente para ver os projetos concluídos. A única ocasião em que realmente trabalha duro é quando tem que fazer algo a qualquer custo para que sua empresa não fracasse. Então, você faz. Mas, fora isso, não tem nenhum incentivo para trabalhar nem razão alguma para se sentir contente nos negócios.

O oposto desses obstáculos é estar livre dos padrões habituais, livre da maledicência, livre da mentira e livre da preguiça. Essas são as disciplinas básicas que precisamos aplicar nos negócios. Talvez você ache que os exemplos que dei não se aplicam a você, mas, se analisar bem sua situação nos negócios desse ponto de vista, verá como esses princípios são absolutamente pertinentes. Se você verificar o que se passa em seu modo de ser, em relação a seu ambiente de trabalho, então poderá superar o que tem de ser superado.

MEDITAÇÃO

Agora eu gostaria de discutir a aplicação da disciplina meditativa no local de trabalho. Não estamos falando aqui de meditar no trabalho em sentido literal, mas sim de como introduzir esse estado de espírito em seus negócios. Disciplina meditativa é o ato de trabalhar com todo o nosso modo de ser. Nesse caso, podemos falar de atributos positivos.

1. *Benevolência.** Devemos compreender a necessidade de benevolência. Benevolência significa estar livre de agressão, mas também

---

* Em inglês, *gentleness*, palavra que poderia ser traduzida neste livro também como "moderação", "sensibilidade" e "amabilidade"; a raiz *gentle* pode significar "sensível", "amável", "benevolente", "delicado", "polido", "elevado", "nobre", "cavalheiresco", "terno", "bondoso", "compassivo", "manso", "carinhoso", "acariciador", "tolerante", "moderado", "leve" e "suave", dependendo do contexto. (N.T.)

estender-nos mais, completamente, em nossos negócios e em nossa vida. De novo, referimo-nos à não separação entre os negócios e a vida doméstica: tudo está relacionado. Quando a disciplina básica houver se desenvolvido em você, liberando-o dos padrões habituais, da maledicência, da falsidade e da preguiça, então você poderá ser gentil ou benevolente. Ficará curado da depressão. Poderá, então, se dar ao luxo de sorrir. Poderá se permitir ser bondoso e curioso.

2. *Livre da hipocrisia.* Nesse ponto, nós também podemos ficar livres da hipocrisia. Não consideramos nossos negócios como uma forma de fugir da verdade ou da sanidade do buddhadharma. Também não os consideramos como uma diversão, uma forma de criar um império econômico ou de promover nossa influência como pessoa.

3. *Livre da competição.* Por ter desenvolvido as qualidades das categorias anteriores, podemos livrar-nos, naturalmente, da competição no trato com os colegas ou com outras empresas. Não precisamos nos atirar precipitadamente nas situações e distorcer a lógica. Não precisamos pensar que somos o empresário mais sagaz porque podemos inventar algum truque antes que qualquer pessoa pense nele. Essa competitividade é problemática e nos leva a conflitos. O problema surge quando não há estabilidade suficiente no sentido de *samadhi*, o estado de consciência meditativa básica. As coisas se tornam muito arredias, saltando para trás e para a frente. Sua motivação é baseada só na paixão, na agressão e na ignorância. É necessário superar esse estado de espírito.

CONSCIÊNCIA DISCRIMINADORA

O tema final é como aplicar no seu negócio a consciência discriminadora ou a apreciação. A consciência discriminadora é chamada *prajna* em sânscrito. Consiste em ver as situações claramente e distinguir ou discriminar todos os detalhes daquilo que está ocorrendo.

1. *Lealdade*. A primeira categoria de consciência discriminadora é a lealdade. Neste caso, lealdade é o apreço pelos colegas, o que provém de sua consciência discriminadora. Você não considera as outras pessoas no local de trabalho como objetos e não as vê simplesmente sob o ponto de vista de estarem juntas no negócio — no sentido negativo. Em vez disso, você aprecia suas qualidades únicas. O desenvolvimento dessa sensação de confiança e de lealdade está associado à benevolência, que nós já discutimos.

A benevolência induz um sentimento básico de lealdade porque você está livre de agressão contra os outros. A lealdade se manifesta como harmonia entre os membros da equipe dentro da situação de trabalho. Quando isso está presente, você pode expandir a sua visão. Você pode desenvolver mais consciência discriminadora em termos de aquisição do conhecimento técnico necessário para tocar seu negócio. Se lhe falta informação adequada ou visão para conduzir seu negócio, isso se manifesta em falta de profissionalismo. No entanto, você pode obter o conhecimento de que precisa. Em parte, pode aprender com outras pessoas que já desenvolveram o conhecimento no seu campo.

No entanto, às vezes é problemático basear sua visão puramente no conhecimento ou no sucesso de outras pessoas. Você deseja imitá-las, fazer o mesmo que elas nos negócios, nas artes ou seja lá no que for. Se tivermos consciência básica discriminadora, ela nos proporcionará escolhas potenciais e maneiras de improvisar que não se baseiam puramente na adoção do conceito de admiração extremada pelo sucesso de outra pessoa. Isso também nos permitirá entrar em contato com todo tipo de pessoa além do nosso círculo de atuação, empregá-las ou trabalhar com elas muito livremente.

Pelo fato de termos desenvolvido nossa disciplina básica, ou shila, o que inclui não mentir ou falar mal dos outros, nós somos capazes de dizer a verdade na situação de trabalho. No nosso negócio, podemos usar como apoio a atmosfera ou o ambiente familiar que nos rodeia; ao mesmo tempo, temos de nos expandir constantemente para além dele. Nos negócios é sempre necessário trazer sangue novo para o sistema, bem como novos capitais, de modo que não fiquemos o tempo todo apenas reciclando as mesmas coisas, pois com isso nossa empresa poderia secar completamente.

Nosso planeta é pequeno. Há um limite para a quantidade de urina que podemos despejar sobre ele e ainda ter água fresca para beber. Caso urinemos demais, talvez terminemos tendo uma água muito salgada. Do mesmo modo, precisamos trazer para nosso sistema sangue novo, novos recursos, tanto quanto possível, mas sem perder nossa integridade.

Tenho notado que, quando se deparam com problemas econômicos em seu negócio, as pessoas muitas vezes ficam paralisadas, agindo como se estivessem completamente encurraladas. Muitas vezes você sente que não tem outra escolha a não ser gritar. Em tais situações, precisa ampliar sua visão com base na consciência discriminadora e, em seguida, improvisar com quaisquer recursos que estiverem à sua disposição.

Mas às vezes, quando alcançam um pequeno sucesso em um empreendimento, as pessoas acham que podem sair por aí fazendo loucuras. Gente bem-sucedida nos negócios costuma achar que não precisa da proteção e da amizade de seus colegas antigos. Julgam que as novas amizades a valoriza mais que os velhos amigos.

Essas duas posições extremas exigem a aplicação de consciência discriminadora. São os problemas do eternalismo e do niilismo, que surgem nos nossos empreendimentos de negócios. Eternalismo é pensar que você dominou completamente a situação e já não necessita de nenhum apoio. Nem imagina que algo possa dar errado. O niilismo é o sentimento fatalista que surge quando há um problema em seu negócio e você pensa que será (pessoalmente) destruído por esse obstáculo imediato.*

2. *Dizer a verdade*. No relacionamento com os funcionários de seu negócio, é muito importante dizer a verdade. Se você tentar agir como um guru com eles, recorrendo a várias formas tortuosas de lidar com a situação, isso não funcionará. Você tem que ser muito simples e direto, sobretudo no mundo dos negócios. Essa atitude se baseia na aplicação de mais consciência discriminativa. Aqui, trata--se de compartilhar o que você sabe de maneira bem direta e sem subterfúgios.

Em qualquer situação de negócios existem fatos e números, a mecânica de como as coisas são combinadas. Além de compartilhar isso, você pode se relacionar com as pessoas muito diretamente. Os números e os fatos são evidentes e comuns. Você deve fazer uma comunicação muito clara e muito direta, para começar.

Se você estiver tendo problemas com um funcionário que não contribui muito para o seu negócio, às vezes pode ser que não ajude nada compartilhar com ele a perspectiva detalhada em dólares e centavos. Nesse caso, em algum momento, você talvez tenha de lhe dizer que ele não possui capacidade para lidar com os fatos e números, e, em seguida, que ele deve procurar outro emprego. No entanto, você não precisa repreendê-lo mais que isso. É melhor fazer menos insinuações e dar menos indiretas. Uma mensagem direta é melhor porque os negócios são muito diretos. Eles são cheios de fatos e números, e a lógica disso fornece a prova imediata da habilidade de

---

* No estudo da filosofia budista, o niilismo e o eternalismo são frequentemente discutidos como obstáculos fundamentais ao caminho budista. Eles se referem a problemas em geral existentes na visão que a pessoa tem da realidade. É interessante ver aqui o autor aplicar esse conceito a problemas do mundo relativo do dia a dia. (N.Orgs.)

alguém para o trabalho diante de uma situação difícil. Se você não se relaciona com fatos e números, não pode ser um bom empresário. Se começar a filosofar sobre toda a situação, só criará dificuldades.

INTEGRIDADE BÁSICA

Quando você dirige um negócio, sua tarefa pode parecer gigantesca, monolítica. Quando começa a avaliar tudo o que precisa ser feito, pode acabar elaborando uma lista de quinhentos problemas a superar. Mas conseguirá fazer tudo isso se tiver integridade básica. Terá de conseguir. Não há escolha.

Ter integridade básica é a única solução. Sem isso, você encontrará muitos problemas. Integridade básica é o resultado da aplicação de todas as categorias discutidas anteriormente. Por meio dos aspectos que discutimos de disciplina, meditação e consciência discriminadora, você chega a uma situação de integridade básica em seu negócio.

Há muitas situações diferentes em que necessitamos empregar a integridade básica. Por exemplo, um empresário pode sentir que no local de trabalho há muitíssimas situações que ele tem de corrigir. Você não sabe por onde começar, então escolhe uma coisa ao acaso, algo que parece fácil de fazer. Tenta essa abordagem por algumas semanas. Mas a iniciativa fracassa e, finalmente, todo o negócio ou toda a sua vida acaba por fazer-se em pedaços. Nesse ponto, para compensar, você pode comprar um chapéu novo ou um carro novo ou um traje novo, para tentar se sentir melhor. No conjunto, entretanto, se cada item for cobrado em seu cartão de crédito, então alguém é seu dono, em vez de você ser dono de si próprio. Portanto, você precisa de integridade básica e não de gastar dinheiro aleatoriamente para se sentir melhor.

Por meio de seu negócio, você pode ajudar outras pessoas a se relacionarem com o dinheiro e a propriedade com um senso de integridade. Por exemplo, se alguém precisa de auxílio para obter um empréstimo, você pode ajudá-lo ou apoiá-lo avalizando um empréstimo, que é muito melhor do que incentivá-lo a mentir sobre o seu crédito. Na tradição budista, em certo momento, as pessoas podem fazer o voto de dedicar sua vida a ajudar os outros. Quando um mestre permite que o discípulo faça um voto desse tipo, está lhe dando seu aval. O discípulo ainda não é um bodhisattva. O mestre diz: "Você agora está se tornando um bodhisattva. Pode desenvolver todas as qualidades transcendentes de que precisa para ajudar os outros. Eu sou seu amigo espiritual e vou ajudá-lo a fazer isso". Assim, o mestre é o avalista. Passo a passo, a pessoa aprende a ser independente. Ela não fica retornando em busca de conselhos o tempo todo, porque, como um amigo espiritual, você é duro e amistoso ao mesmo tempo. Podemos adotar uma abordagem semelhante em nossas relações comerciais.

Existe um perigo nos negócios que encontrei também em negócios budistas de nossa comunidade — o perigo de recair nos velhos padrões habituais e tentar descobrir até que ponto você conseguirá tapear organizações monolíticas como seu banco. Você espera que eles cometam enganos em seu favor. Isso é distorcer a lógica; os negócios sofrem muito quando adotam esse tipo de visão limitada. É muito importante nunca distorcer a lógica da ética dos negócios. Você se sentirá melhor depois disso.

A questão de como abordar o controle de dívidas em sua empresa é muito interessante a partir desse ponto de vista. Se for dono de 100% de sua gravata e possuir 100% de seu próprio traje, você se sentirá bem por possuí-los. Eles são seus, o tempo todo. Quando obtive pela primeira vez cartões de crédito, hesitei em usá-los. Preferia utilizar dinheiro. Assumir uma dívida deve ser visto como uma escolha sua, não como uma necessidade de se endividar mais. Também é bom sentir que uma coisa é sua, que você pagou por ela. Isso lhe dá bom crédito.

Um dos problemas que temos de enfrentar no mundo dos negócios é o conceito de giro rápido e giro constante. Você faz malabarismos com as coisas ao seu redor o tempo todo até acumular uma dívida de um milhão de dólares. Mesmo assim, acha que está rico e continua a se endividar. Temos visto essa lógica aplicada em muitas situações desastrosas de negócios, neste país. A empresa parece rica, mas é um gigantesco tigre de papel. Nessa situação, você fica apavorado com o que deve e, de fato, não é verdadeiramente dono de nada.

As pessoas deveriam trabalhar por aquilo que têm e serem donas do que possuem. Dessa maneira, adquirem-se valor ou crédito genuínos. Você pode colecionar algumas coisas valiosas, como antiguidades compradas para sua casa. O valor econômico de um vaso Ming comprado e posto na sala chega mesmo a aumentar. O que você tem fornece uma base econômica. Assim, por exemplo, eu recomendaria que você tivesse sua casa própria e não a passasse adiante nem a vendesse imediatamente. Caso você se mude para outro lugar, alugue-a para alguém.

Quando tem um giro rápido, você desliza em uma montanha-russa. Não tem nenhum ponto de apoio. Os princípios do céu, terra e humanidade não estão funcionando adequadamente para você. Você só tem céu, mas é um céu estranho, que nem sequer chega a ser bom. Você não tem terra, de modo algum. A humanidade está flutuando lá em cima no céu, sem terra, sem base de trabalho. Portanto, introduza algo de real valor em seu negócio e em sua casa, tanto quanto possível. Caso alguém lhe ofereça um bom negócio, um milhão de dólares por algo que você possui, não aceite.

Seja uma casa, uma joia ou apenas seus sapatos, você deve ter algo de substancial em seu negócio. Deve ter algo próprio que possa levar para casa, algo que realmente lhe pertença, não algo que pertença a outras pessoas e que você venderá para elas. A expressão "Você ficou até sem camisa" é perfeitamente adequada desse ponto de vista.

Caso se mantenha ocupado realizando transações financeiras de giro rápido o tempo todo, você pode se sentir rico. Mas os dólares, libras e euros apenas passam por suas mãos. É como se você tivesse o que poderíamos chamar de diarreia financeira. É como se atirasse alimentos no vaso sanitário, sem comê-los, e desse a descarga, o que é uma coisa terrível de se fazer. Não há pobreza maior que isso. Transações de giro rápido causam inúmeros problemas, como vimos em muitas empresas no passado.

Sem dúvida, tomar dinheiro emprestado é correto em muitas situações. Tudo depende de sua visão e de seu empreendedorismo. O importante é não enganar as pessoas, não contar grandes histórias, mas fazer apenas o que é necessário, na hora e no lugar certos. Você reage à situação toda, mas tudo tem de ser baseado na verdade. Você tem de aprender a dizer a verdade. Isso é muito importante.

O que eu gostaria de evitar é incentivar qualquer conceito mafioso de baixo nível para fazer negócios. Isso seria transformar seu negócio em um trabalho muito ruim, indesejável, sem nenhuma ligação com a visão do bodhisattva. Se você não exagerar nos números e não acrescentar mais zeros ao seu lucro, tudo bem. Mas as transações empresariais têm de se pagar. É assim que você deveria avaliar uma proposta de negócio.

Para começar, você deve perguntar a si mesmo: "Este trabalho é limpo? Ele funciona?". Se não funcionar, é melhor desistir dele. Isso é ética budista. Naturalmente, no início, a fim de assegurar que uma transação comercial seja concluída, você talvez tenha de influenciar outra pessoa. Talvez tenha de garantir a seu cliente ou a seu sócio que o negócio funcionará, antes de oferecer provas de que funcionará mesmo. Enquanto você estiver confiante nisso, ótimo. De fato, você pode estar abrindo um novo mundo para outra pessoa. No entanto, para fazer um trabalho honesto ao trabalhar com ela, essa pessoa deve ficar totalmente satisfeita. Você não deve sentir que talvez tenha de improvisar outra explicação seis meses depois.

Idealmente, todas as empresas não deveriam se sentir culpadas. Caso esteja 100% isento de culpa, você ficará extremamente próspero. Talvez a ideia de fazer malabarismos para corrigir as coisas a seu redor, em vez de ser direto, seja uma reminiscência, algo emprestado da contracultura. É como ter orgulho de entrar em um teatro sem pagar, evitando o porteiro e usando a porta dos fundos. Coisas assim podem ser compensadoras por algumas semanas, mas à medida que o tempo passa você descobre que arranjou problemas. A honestidade é a melhor riqueza.

Deveríamos tentar crescer sendo amistosos com os outros. Deveríamos tentar empregar tantas pessoas quanto possível, porque isso é benéfico. Há certas pessoas que entram nos negócios porque querem ser admiradas. Querem se tornar importantes quanto antes. Querem adquirir um pouco de poder e dar ordens. Quando as pessoas usam seus negócios para criar um império econômico pessoal, geralmente estão ávidas por ser alguém diante de seus amigos. Gostariam de se fazer mais admiradas, tornando-se o centro da organização. Pensam ser uma força econômica, pois empregam pessoas, e por isso podem dominá-las e demiti-las à vontade. Quando querem fundar seus próprios impérios econômicos, recorrem em geral à pior noção de hierarquia. Insistem em aferrar-se ao centro nervoso de uma forma grosseira. A base do trabalho com as pessoas deveria ser o coleguismo, não o falso carisma. Coleguismo e sabedoria deveriam formar a base, junto com a ideia fundamental de que todos merecem respeito. Seria bom compreender esses princípios e como eles se aplicam aos negócios. Por favor, não brinque em serviço.

Capítulo 15

CONSIDERAR O DINHEIRO COMO O LEITE MATERNO

Com base no que aprendemos até agora, pretendo transformar essa conversa sobre dinheiro e riqueza em uma boa celebração. É como a primavera: as árvores começam a brotar, a grama verde cresce a olhos vistos e as flores estão a ponto de desabrochar. É como o auge do verão, o solstício de verão, que assinala o meio do ano, o tempo em que as coisas podem crescer e desenvolver-se ainda mais. Logo, este é o momento apropriado para esta conversa.

Pela aplicação dos ensinamentos budistas, aprendemos a praticar, a sermos disciplinados, a ser bem-arrumados, a nos embelezar. Como resultado da prática, as pessoas reconhecem a própria dignidade; todos brilham, todos se mostram animados.

Contudo, afora ajudar-nos a descobrir nossa dignidade e melhorar a aparência física, a prática funciona com outros fatores relacionados à nossa sobrevivência individual. Com relação à nossa entrada no caminho budista, temos de aprender a sustentar nossa comunidade como um todo. Temos de cuidar de nosso marido ou mulher e dos filhos, de nossa casa, do nosso automóvel e até mesmo de nossa bicicleta. Temos de mandar nossas roupas para a lavanderia. Temos de manter nossa prática de meditação. Tudo isso requer muito dinheiro.

Ocasionalmente, gostaríamos de ir a um restaurante e tomar uma bebida no bar. Ou então de comprar um vestido bonito, uma gravata bonita ou uma camisa bonita que está exposta na vitrine da loja. Também temos de ir ao cabeleireiro. Subir de carro para as montanhas, ir ao cinema — pequenas coisas como essas parece que nos são necessárias. Fazemos essas coisas, de qualquer maneira. Especialmente quando nos sentimos cheios de entusiasmo, quando nos sentimos basicamente bem, tendemos a nos tratar melhor, o que nos custa automaticamente algum dinheiro.

O dinheiro é um peso, em certo sentido, e ao mesmo tempo um prazer. É por isso que estamos tendo essa conversa. *Ratna* é uma palavra em sânscrito que significa "riqueza", especialmente de uma perspectiva vajrayana. Esse tipo de riqueza nada tem a ver com a mentalidade de pobreza. No entanto, isso não significa necessariamente que temos de ser frívolos. A questão do dinheiro ou ratna em nossa vida individual é complexa, confusa e muitas vezes cansativa. Mas ao mesmo tempo, além das nossas brigas individuais e dificuldades financeiras, tentamos expandir-nos e à nossa vida, ainda mais.

Sua subsistência poderá depender da criação de uma empresa ou você poderá trabalhar para outra pessoa. Cedo em sua vida ou carreira, você poderá começar trabalhando como empregado. Poderá se empregar em um restaurante ou em um posto de gasolina. À medida que sua visão se amplia, você passa a desejar adquirir meios para auxiliar a si mesmo e a outras pessoas no futuro. Aprende a sobreviver e, mais adiante, a fazer mais do que apenas sobreviver.

O aprendizado básico no budismo e a visão de Shambhala de enriquecer nossa própria vida e a sociedade como um todo podem ajudar-nos a acumular riqueza fundamental em nós mesmos. Além de receber os ensinamentos do Buda, o dharma, e aprender como sentar-se na postura correta em nossa prática de meditação, também aprendemos como projetar a integridade, brilho e riqueza, que é o que chamamos visão de Shambhala. Esse aprendizado poderá fazer com que outras pessoas pensem que você tem muito dinheiro. Alguém poderá olhar para você e pensar: "Esse sujeito deve ter ficado rico porque está muito feliz, bem-arrumado e não anda esfarrapado como antes". Talvez você de fato não tenha tanto dinheiro assim. Mas, por outro lado, é verdadeiramente rico. Por meio de nossa prática, nós realmente ficamos ratna, ricos.

Depois de alcançar a iluminação, o Buda andou de uma cidade a outra recolhendo pequenos retalhos de tecido que tinham sido jogados fora por outras pessoas. Aparentemente ele era um bom alfaiate, pois conseguiu costurar juntos todos aqueles pequenos quadrados de pano e com eles fazer uma bonita indumentária monástica. Quando as pessoas o viam envolto em seu manto, observavam: "Olhem! Quem é aquele homem bem-vestido, bem-apessoado?". Desse exemplo do Buda originou-se uma tradição de os trajes monásticos serem feitos com pequenos retalhos de tecido. Ele projetava uma espécie de riqueza, poder e força, mas não por se vestir com roupas caras: a impressão de riqueza vinha da maneira com que vestia o manto, do modo como este lhe caía bem.

A riqueza não é puramente a resultante de dólares e centavos. Quando uma pessoa é merecedora de riqueza, ela a tem. A lógica é simples assim. Meu auxiliar muitas vezes me diz: "Você não pode vestir essa camisa pela quarta vez". Eu lhe digo: "É claro que posso". Já usei muitas vezes uma única camisa sem a lavar e ela me parecia muito bem. É a isso que chamamos mérito. Mérito quer dizer que alguém é merecedor e capaz de refletir isso na sua situação. A pessoa não precisa ser extravagante para ficar ratna, rica; precisa apenas ter o sentimento de sanidade básica, de mérito básico. É por esse princípio geral que alguém tem mérito, realmente adquire e reflete riqueza.

Quando tratamos de empresas, há um pequeno problema, mesmo para alguém que tenha obtido individualmente essa espécie de riqueza básica. Podemos ter adquirido a compreensão Shambhala de economia e de nosso papel na economia. No entanto, quando entramos nos negócios, costumamos tomar emprestados conceitos sobre o modo como outras pessoas ganharam dinheiro no passado. Entendemos a riqueza natural, mas, ao entrar nos negócios, esquecemos o mérito envolvido. Esquecemos que continuamos brilhando, tais como somos, mesmo vestindo nossa camisa pela enésima vez.

Na América, a terra foi invadida, o que, de um modo especial, é de cortar o coração. Definitivamente, é muito triste estudar a história do México e de como os espanhóis conquistaram sua riqueza mediante a devastação da riqueza, cultura e beleza do reino de Montezuma. Mudei um pouco minha opinião sobre isso depois de ficar sabendo que os astecas sacrificavam todos os dias pessoas a seus deuses e jogavam os corpos do alto dos templos. O que aconteceu a sua cultura poderia em parte ser um resultado daquele karma ruim. Ao mesmo tempo, a maneira como os espanhóis se relacionaram com os nativos foi horrível. Eles simplesmente cobiçavam o ouro e estavam dispostos a matar por ele. Temos um problema semelhante nos Estados Unidos. Apesar da bonita celebração de Ação de Graças, durante a qual relembramos como trocamos alimentos e agradecimentos com os nativos americanos, não se pode esquecer que a maior parte deste lugar foi tomada à força. Isso trouxe para nós, como americanos, todo tipo de consequências kármicas.

Em resumo, na América, quando administramos um negócio, seguimos tendências habituais baseadas no modo como outros ganharam dinheiro simplesmente trapaceando. Não necessariamente trapaceando de maneira direta, mas no sentido de descobrir uma forma de evitar determinadas situações.

No entanto, como budistas, somos imigrantes que chegaram aqui vindos de parte alguma. (Talvez alguns de nós tenhamos estado juntos no Tibete em vidas passadas. Quem sabe?) Então podemos transformar as possibilidades e as maneiras de fazer negócio aqui em algo diferente do legado americano. A situação já não é a mesma. O vajrayana foi instalado neste país. A situação kármica nos Estados Unidos mudou completamente. Talvez alguns débitos kármicos ligados aos nativos americanos tenham sido saldados. De qualquer modo, essa é uma hora muito boa para fundar uma empresa.

Quando entramos em um negócio, devemos ter em mente que a razão para criar um empreendimento é prover-nos e a outros com os recursos financeiros para praticar. Devemos pensar em um modo de ajudar nossos colegas, irmãos e irmãs, e nossos amigos. Enfim, podemos exercer uma influência positiva neste continente. Reduzir a agressão e a ganância é por si só uma tremenda contribuição. Talvez pensemos que nossa contribuição é insignificante, mas somos extremamente poderosos e podemos de fato fazer isso.

Em nossa ética de negócios, devemos agir com amizade. Quando negociarmos com alguém, não pensemos em cortar-lhe a garganta, mas confiemos nela. Mostremos boa vontade para com a pessoa quando lhe comprarmos um terreno ou apenas uma camiseta. Isso pode ajudar muito.

Em geral, podemos comparar o dinheiro com o leite materno. Ele nos alimenta e alimenta outras pessoas. Essa deveria ser nossa atitude com respeito ao dinheiro. Não é apenas um cheque ou uma cédula de um dólar que temos na carteira. Cada dólar contém muito do passado. Várias pessoas trabalharam para ganhar justamente aquele dólar. Trabalharam duro, vertendo seu suor e lágrimas, como disse Churchill. Então esse dinheiro é como o leite materno, muito precioso. Ao mesmo tempo, o leite materno pode ser distribuído e produzido em maior quantidade. Por isso não deveríamos nos agarrar a ele com tanta força. Mais gentileza, mais bondade e mais disposição para ajudar os outros geram gratidão profunda, não agressão, e abundância de leite materno.

O ponto principal é não tomar emprestadas as tendências habituais de paixão, agressão e ignorância, e não enganar ninguém. Estamos tentando estabelecer em conjunto um mandala financeiro, um mundo financeiro. Esse mundo não é somente um mundo local, mas um mundo vasto que podemos compartilhar com outros.

Quando tratamos de negócios a partir dessa perspectiva, as pessoas se surpreendem com nossa não agressão e com o fato de não estarmos nos apoiando em nossas tendências habituais. Quando falamos em desenvolver um mandala financeiro, não nos referimos apenas à criação de um mundo estanque para nós mesmos. Ao contrário, aludimos a um modo geral de trabalhar com o mundo em sua plenitude, com a agressão, com nossos padrões de comportamento. Devemos aprender com nossos erros e usar esse aprendizado para desenvolver maneiras de fazer negócios que sejam puras, abertas e saudáveis.

Essa visão não precisa se limitar à maneira com que se encara a situação financeira nos Estados Unidos. Ela pode se estender à Europa, ao Japão, à China e a outras partes do mundo. O dinheiro aproxima as pessoas. Por outro lado, engloba também a paixão, a agressão e a ignorância. Ao trabalhar com dinheiro, temos maravilhosas oportunidades de explorar em profundidade o mundo confuso, o samsara.

O dinheiro é o equivalente, ou melhor, o produto do funcionamento dos doze nidanas, os doze degraus na cadeia da existência condicionada de que falei no Capítulo 1. É assim que as coisas funcionam, desenvolvem, são usufruídas no samsara.

Ao trabalhar com o dinheiro, deveríamos romper essa corrente e forjar uma corrente nova. Isso é possível. As paramitas, ações transcendentes de um bodhisattva, constituem uma corrente diferente. Quando você rompe a corrente dos doze nidanas — que provêm da ambição, da ignorância e de todas as outras expressões de nossa confusão —, vê-se diante de uma situação nova, baseada na generosidade, na disciplina, na paciência e nas outras atividades do bodhisattva.

Antes de tudo, temos de utilizar o conhecimento, a sabedoria e os costumes que existem neste país. A partir daí, podemos trabalhar, passo a passo, com as pessoas. Fiquemos amigos delas que as coisas melhorarão.

Quando comparamos o dinheiro com o leite materno, referimo-nos, em definitivo, ao empenho em manter nossa integridade e nossa moralidade, não à aventura de fazer dinheiro rapidamente. Contudo, podemos alcançar algum sucesso nos negócios com essa abordagem. Em geral, é muito útil comunicar-se e compartilhar com outras pessoas que também a estão adotando.

Por favor, junte-se a nós. Nós quer dizer você. Nós mesmos é que temos de girar a roda da vida, a roda do sofrimento condicionado. Esse é o nosso trabalho. É também nosso trabalho nos enriquecermos enormemente para o bem daqueles que praticam a meditação e a consciência meditativa. Graças ao nosso apoio, essa tradição de prática sobreviverá por pelo menos outros quinhentos anos. Somos os primeiros imigrantes, os pioneiros. Recém-desembarcados, por assim dizer. É maravilhoso estar nessa condição.

Capítulo 16

KARMA

Agora que já analisamos os detalhes do trabalho, do sexo e do dinheiro, podemos tratar das questões fundamentais do karma. Para tanto, convém fazer uma pequena revisão. Como já dissemos, alguns meditadores perguntam a si mesmos: "Se somos meditadores, por que deveríamos trabalhar? Por que deveríamos incluir o sexo no caminho espiritual? Por que o dinheiro deveria entrar nisso?". Quando as pessoas consideram a espiritualidade de uma perspectiva idealista, podem pensar que o trabalho não necessita ser incluído na discussão do caminho, exceto talvez o trabalho suficiente para a sobrevivência. O sexo não deveria ser incluído porque é uma fonte de sofrimento devido a todas as relações complicadas que envolve. Certamente o dinheiro não deveria ser incluído porque ele agarra as pessoas e as puxa para baixo, em vez de deixar que se elevem na espiritualidade. O dinheiro envolve relações nas quais uma pessoa é devedora de outra; isso representa a própria mundanidade.

Quando as pessoas falam desse jeito, penso que aludem a um caminho espiritual diferente daquele de que estamos tratando aqui. No caminho ideal, esforçamo-nos para criar um karma bom a fim de tentar escapar de tudo o que seja feio, mau ou penoso. Mas aquela espécie de espiritualidade está orientada para o prazer. Você entra em um estado meditativo; alcança um estado de absorção e obtém todos os tipos de êxtases. Fica embriagado, alto, em absorção meditativa, o que, conforme já discutimos antes, chamamos um estado de dhyana. Então, embriagado e mergulhado na bem-aventurança absoluta de dhyana, é claro que você não precisa trabalhar, não necessita de dinheiro e não pensa em sexo. Quando sua bem-aventurança se descarrega, você simplesmente a recarrega.

Certamente, nesse caminho você não é um incômodo para as outras pessoas. Não precisa falar sobre nada, a não ser seu estado de bem-aventurança, o que pode fazer com um sorriso tolerante enquanto se mostra amável e bondoso. Não receia pisar nos pés de ninguém, pois não está envolvido com sexo, não está envolvido com dinheiro e não está envolvido com trabalho. Não precisa se proteger de nada. Você é um homem ou uma mulher livre. O mundo é lindo. Essa é a visão clássica das pessoas engajadas na espiritualidade orientada para o prazer.

Afora isso, na sociedade em geral, parece que todos querem trabalhar por um bom karma. Claro! Todos procuram por algo na vida. Tentamos ganhar algo. Tentamos alcançar algo. O que tentamos alcançar é a felicidade.

Quando aplicamos essa busca por karma bom à prática espiritual, tentamos alcançar a felicidade pela porta dos fundos, por um atalho, e isso envolve a mente. Pensamos que, se pudermos entrar em um estado meditativo, alcançaremos a felicidade, realizando todos os desejos que existem no mundo — de uma maneira transcendental, é claro.

Muitas abordagens religiosas prescrevem a busca da felicidade — budismo, hinduísmo, islamismo, cristianismo. Por exemplo, as pessoas às vezes entendem mal os escritos do grande místico cristão, Mestre Eckhart, nos quais ele fala sobre a beleza da presença do ser, que tudo permeia. No misticismo cristão — na verdade, em qualquer tipo de misticismo — há o perigo de que isso simplesmente se torne uma busca por eterno prazer, êxtase ou bondade. Você começa a pensar que está ao lado de Deus, derrotando Satanás.

O budismo começa de uma maneira bem diferente das outras religiões, pois parte de um ponto de vista ateu. Para o caminho budista, toda revelação e inspiração derivam da dor, do sofrimento. Você tenta descobrir a origem do sofrimento, descobre a possibilidade da cessação do sofrimento e depois acha o caminho.* Todo o caminho budista poderia ser orientado para o antissofrimento, que é exatamente o mesmo ensinamento de outras tradições religiosas: que o prazer é o alvo e o objeto definitivos. A ideia é encontrar um meio de fazer com que o prazer perdure por mais tempo. Para isso, evitamos semear karma mau. Nosso bom karma perpétuo nos proporcionará bons resultados e então poderemos viver eternamente no território do karma bom. Mas, é claro, o truque consiste em *manter* isso.

Para gozar desse prazer, precisamos de um critério baseado em algum contraste. O prazer da absorção meditativa sempre contém um leve traço de paranoia. Sem isso, não desfrutaríamos o prazer. Sentimos que algo não prazeroso está se aproximando; portanto, ficamos felizes porque ainda não chegou. É algo assim como bater com a cabeça na parede, de modo que nos sintamos melhor quando pararmos,

---

* Aqui Chögyam Trungpa resume sucintamente as Quatro Nobres Verdades, a primeira lição e um dos mais fundamentais ensinamentos do Buda Shakyamuni. Para uma discussão mais aprofundada desse assunto por Trungpa Rinpoche, veja *The Truth of Suffering and the Path of Liberation* (Shambhala Publications, 2009). [*As 4 Nobres Verdades do Budismo e o Caminho da Libertação*, publicado pela Editora Cultrix, São Paulo, 2013.]

embora esse exemplo seja um tanto tosco. Todavia, há sempre uma leve percepção de que é necessário preservar a situação.

É como gostar de ter uma casa muito grande — com aquecimento central, lindamente decorada, com tudo em ordem. Você desfruta de sua casa, de seu domínio. Só uma pessoa eficiente e paranoica pode criar um lugar tão admiravelmente organizado. Você não consegue instaurar uma ordem perfeita a menos que inspecione cada canto para assegurar-se de que está tudo no seu devido lugar. Você tem de se certificar de que o seguro está em dia para o caso de um incêndio e de que todas as pessoas envolvidas na manutenção da casa foram pagas. A casa tem de ser conservada limpa e é preciso dar atenção ao aquecimento central e ao ar-condicionado. Tudo tem de ser cuidado, constantemente. Não se pode ter prazer a menos que haja a possibilidade de dor, pelo menos alguma dor sutil. Sem isso, a pessoa não daria valor ao prazer, de modo algum. Para que haja um prazer perfeito, deve haver também uma paranoia absoluta e perfeita que o acompanhe.

Manter um prazer espiritual depende da mesma lógica, incluindo a apólice de seguro. O desejo de segurança ou confiança está sempre presente, porque você quer ter certeza de poder permanecer em seu estado de felicidade em face de quaisquer alternativas desagradáveis. Você tenta se fechar completamente de forma a continuar nesse estado de equilíbrio absoluto.

A questão resume-se nisto: queremos adotar a abordagem de criar perpetuamente karma bom só para não nos envolvermos com trabalho, sexo e dinheiro? Se for assim, então, muito provavelmente, teremos de manter algum porto seguro de modo a poder permanecer o tempo todo nesse estado meditativo, que é muito agradável.

Por outro lado, haverá alguma possibilidade de pôr fim à corrida de ratos que é manter esse estado continuamente? Podemos adotar uma abordagem mais realista, que não seja dirigida para um prazer maior ou uma dor maior? Existe, de fato, a possibilidade de transcender os dois karmas, o bom e o mau. Ambos, como já explicamos, originam-se de um padrão repetitivo. Nenhum dos poderes psíquicos que possamos ser capazes de desenvolver, nem os poderes espirituais mais elevados, podem transcender a ambos, ao karma bom e ao mau. Isso tem de ser feito no nível terreno, no âmbito básico da terra.

Você possui inteligência suficiente para tratar disso. Essa inteligência percebe que é uma tolice procurar karma bom ou karma mau. De alguma forma, o karma existente tem de ser trabalhado em seus pequenos detalhes básicos — é aí que entra o relacionamento com o trabalho, o sexo e o dinheiro. Contudo, não nos envolvemos com o trabalho, o sexo e o dinheiro só para aliviar nosso karma; pelo contrário, queremos que eles nos propiciem um contato verdadeiro com a realidade. Trata-se de uma questão científica. Essa realidade depende de nosso corpo, fala, mente, comportamento, emoções e tudo o que faz parte de nós.

Você poderia se perguntar: enquanto existirem emoções, enquanto existir corpo, enquanto existir mente, não existirá também um karma que teremos de superar com esforço? Não necessariamente. O corpo é apenas o corpo, livre de karma. É um mecanismo — apenas uma química existente neste planeta. A mente continua perpetuamente a se desenvolver — ela não precisa estar ligada ao karma. Ela emite o tempo todo, instantaneamente, lampejos de todos os tipos de ideias. A fala é a interação entre a mente e o corpo. Enquanto o corpo e a mente estiverem ativos, ocorrerá a fala.

O corpo e a mente não estão necessariamente ligados ao karma porque a ação volitiva que cria o karma começa com a atitude, com o conceito. Quando assumimos uma atitude, corpo e mente se tornam conceitos, como também a fala. A condição necessária para o karma são os conceitos. Quando estes — incluindo o "elevado" e "prazeroso" ou "inferior" e "doloroso" — começam a operar, lançam o tempo todo uma semente na mente básica, uma semente para o crescimento ou o funcionamento da energia. Com os conceitos operando, o karma então funciona e assume seu lugar. Ele produz resultados físicos e mentais. Fisicamente, você pode estar ferido ou em um estado prazeroso, obtendo, mentalmente resultados kármicos dolorosos ou agradáveis.

O ponto-chave aqui são os conceitos. Os conceitos originam-se da desorientação. Aparecem porque não sabemos onde estamos, quem somos e o que estamos fazendo — porque não sabemos absolutamente nada. Essa desorientação completa é chamada de ignorância. Não saber o que somos ou quem somos nos faz buscar a situação mais próxima para nela conseguir um ponto de apoio. Descrevemos esse ponto de apoio como: "Isto sou eu e esta é a situação. Estes são meus projetos, minha casa, minha família, meus inimigos, meus amigos". Nós criamos imediatamente esses padrões. Quando existem intercâmbios em curso, é muito conveniente ter esses padrões estabelecidos para trabalhar a situação graças a eles. No entanto, sua adoção não resolve de modo algum a desorientação básica. Toda inspiração para o karma continua a brotar dessa desorientação não resolvida. É por isso que é tão agradável encontrar prazer espiritual e tão penoso encontrar a dor samsárica. Evidentemente, as ideias de espiritualidade e samsara são também conceitos que, casual e muito convenientemente, nós encontramos.

Cá estamos. Esta é a situação sobre a qual temos falado ao longo deste livro. O que podemos fazer a respeito? Em certo sentido, nada. Poderíamos tentar encontrar algum feliz meio-termo, mas isso não parece funcionar aqui. Um feliz meio-termo é um acordo com concessões mútuas para se chegar a um denominador comum, para atenuar o prazer e a dor. Então se obtém uma mistura dos dois de uma maneira muito atenuada. Mas isso não resolve realmente coisa alguma.

Talvez necessitemos perguntar *quem* está desorientado. Essa pode ser a chave: quem está desorientado? Você poderia dizer: "Eu estou desorientado". Mas então poderíamos perguntar: "O que você quer dizer com 'eu'?". Não parece que podemos apreender o "eu". Você não pode pegá-lo! Esse é um fato. Por isso ninguém está desorientado. Será que é verdade? Não podemos pegar ninguém desorientado e, quando o fazemos, voltamos ao jogo da paranoia e do prazer.

Curiosamente, a desorientação é uma expressão de sabedoria, tanto quanto de ignorância. Essa condição implica que você não pode rotular coisa alguma. É por isso que está desorientado. No entanto, se você não puder colocar um rótulo em coisa alguma, há também possibilidades de espaço. Há possibilidades de uma brecha, de espaço aberto. Por outro lado, há possibilidades de não se encontrar espaço, o que também cria sua própria desorientação e paranoia. Isso continua indefinidamente e é a fonte da desorientação: não ter nenhum terreno firme, nenhum chão para se apoiar.

A pessoa desorientada é aquela que não sabe se existe ou não existe. Você pode saber que não sabe, mas isso apenas faz com que a situação gere mais desorientação. Basicamente, a desorientação é a incerteza sobre quem é quem — fundamentalmente, realmente. Você existe? De verdade, ninguém sabe. Você pode ler livros, mas eles não lhe darão respostas. Você pode perguntar às pessoas, mas elas não lhe dirão nada que seja esclarecedor. Você está sempre de volta ao início, ao ponto de partida.

Há uma diferença entre desorientação e confusão. Desorientação é a primeira etapa. É não saber o que está acontecendo. Há muitos elementos que se originam de você, que passam por você, e a tendência, por parte da desorientação, para transformar-se em confusão. A confusão é a segunda etapa. Ela surge quando você tenta se relacionar com suas projeções ou em consequência do modo como a desorientação se expressa em suas projeções. Há um conflito entre a simples expressão da desorientação e a identificação com a desorientação. A diferença entre ambas é muito sutil. A confusão só surge quando você percebe que está em um estado de desorientação e cria uma identidade a partir dela.

A primeira etapa é a desorientação, em que a pessoa não sabe se existe ou não. Na segunda, ela fica confusa quanto a relacionar-se com isto ou aquilo. A desorientação não implica absolutamente autoconsciência. É um estado de completo não eu. Em seguida, você começa a criar alguma identidade. Quando a desorientação se torna confusão, você apela para um truque muito astuto graças ao qual desiste de procurar por qualquer coisa: "Eu não ligo se existo ou não, mas há algo aqui, então vamos chamar isto de 'eu'. Minha relação com isto será a confusão". Você ainda não sabe exatamente o que está ocorrendo, mas segue em frente aos tropeços.

Você aceita que, em certo sentido, há um eu ambivalente subentendido. Você sabe que é realmente uma pessoa sem eu, mas ao mesmo tempo, de maneira indireta, quer estabelecer que possui um eu, para ter alguma identidade. A fim de desfazer essa confusão, a pessoa precisa voltar à desorientação inicial.

Existe uma alternativa à confusão. Embora na desorientação não haja terreno firme, ainda há lampejos; ainda há brechas. A desorientação básica não é tão eficiente quanto pensamos. Há nela uma experiência de pico e depois uma brecha — um espaço absoluto para além dela. A desorientação também tem seus altos e baixos.

Quando vivenciamos a desorientação básica sem confusão, apenas a tocamos quase imperceptivelmente antes de começar o processo volitivo que cria o karma. É aí que a meditação pode desempenhar seu papel. A meditação reconhece a desorientação básica e o espaço no qual ela se esquece de criar seus disparates. Portanto, há uma fenda, um espaço em algum lugar. No entanto, parece que há um caminho muito longo daí até a simplicidade diária no trato com o trabalho, o sexo e o dinheiro. Quando descobrimos esse espaço na meditação, é como se tivéssemos subido até o pico, ao monte Everest. Então, o que fazer em seguida? O caminho até o chão parece ser muito longo.

Na verdade, existem inúmeras oportunidades de relacionamento com a desorientação. Podemos, por exemplo, interromper tudo. Decidimos não nos apressar, não correr mais. E paramos por um momento, apenas para fruir tranquilamente a técnica da meditação, qualquer que esta possa ser. Então, o que existe são apenas estrelas muito pequenas que luzem através da escuridão — um vislumbre ocasional.

Em geral, quando ocorre a desorientação, inventamos uma porção de outras coisas. Construímos todo um mundo ou uma identidade a seu redor. Entretanto, há outra possibilidade. Algo está faltando em nossa discussão. Há algo mais que ainda não apareceu claramente no quadro, que parece ser a raiz do trabalho, do sexo e do dinheiro, algo de muito vital.

Deixem-me explicar de novo. A desorientação básica é, em certo sentido, inteligente, mas passiva. De certa maneira, é despreocupada porque não precisa envolver-se com cadeias kármicas. É aberta. Mas precisamos de algo mais. Uma vez no estado aberto, como vamos saltar? Tente descobrir. É a força que rege o trabalho, o sexo e o dinheiro.

Energia. É isso aí. Algumas escolas do budismo referem-se a essa energia como chandali ou tummo, um termo que já mencionamos em nossa discussão sobre o sexo. Contudo, o que eu quero enfatizar aqui não é a conexão com aspectos esotéricos do yoga budista, mas a possibilidade de haver uma energia que seja livre de karma.* É para isso que estou tentando chamar a atenção. Há a desorientação original. Dessa desorientação original, em que se experimenta alguma espécie de espaço, surge energia. Por meio dessa energia, podemos enfrentar todos os problemas ligados ao trabalho, sexo e dinheiro. É uma energia nova, isenta de dívidas.

Talvez se pense que essa energia nova colidirá com a semente kármica e criará karma, bom ou mau. Isso pode acontecer, mas não necessariamente, porque você obtém essa energia diretamente da desorientação básica, sem recorrer ao conceito de ação volitiva. É a energia correndo solta graças à própria sanidade. Já discutimos os problemas relativos ao trabalho, ao sexo e ao dinheiro. Agora sabemos que há uma ferramenta básica dentro dessas situações — a energia fundamental do estado desperto ou da desorientação, o que é dizer a mesma coisa. Essa energia é uma força que opera constantemente nas situações da vida cotidiana.

É claro, há inteligência na desorientação. Essa inteligência procura felicidade ou expressa sofrimento. Mas isso é apenas mecânico, parte do sistema mecânico-reativo da desorientação. É uma espécie de míssil teleguiado, um míssil guiado pela desorientação. Mas o domínio (*handle*) da desorientação básica só se consegue com a energia.** É por meio da energia que a desorientação se relaciona com as coisas.

Essa energia é autodirigida, fenômeno a que poderíamos chamar ausência de pânico. Funciona por conta própria. Surge onde é necessária. Portanto, a energia não precisa ser conduzida conscientemente.

---

* Para mais informações sobre tummo, ver a discussão na página 140 e a nota de rodapé que a acompanha, bem como o verbete no Glossário.

** O autor usou *handle*, neste contexto, no sentido específico de compreender a desorientação, mas também de encontrar um ponto de partida para a ação eficaz. (N.T.)

Caso ela passe a ser guiada de maneira consciente, toda a situação se transforma em força kármica. Contudo, se permanecermos em contato com a desorientação básica na sua qualidade positiva, e também com a energia, o pânico não surge mais, pois já não é relevante. O pânico provém do ego, do apego a alguma coisa: esse é o jogo do ego. A razão toda pela qual a pessoa pode transcender ambos os karmas, o bom e o mau, é que o pânico não é relevante na situação de energia fundamental. Se o pânico surge, sente-se que é preciso suprimi-lo e então já se está operando sob os conceitos dualísticos de isto e aquilo. Desse ponto de vista, o karma é consciente. O karma vem do conceito. O conceito é algo muito consciente. Portanto, na ausência de conceitos, a pessoa estará livre do karma.

A energia básica não conceitual da desorientação pode ser a inspiração para gastar ou ganhar dinheiro, envolver-se em sexo e trabalhar. Isso pode ser difícil de compreender plenamente, por isso vou repetir: desorientação é energia ou tem energia; e seu aspecto mais fundamental é que não depende de ninguém. Logo, a ação volitiva do karma não se aplica a ela.

De modo imprevisto, as pessoas têm ocasionalmente vislumbres da desorientação básica. Podemos sentir, por momentos, que não somos ninguém — e essa deveria ser a chave para lidar com o trabalho, o sexo e o dinheiro. Assim, abordamos a vida de um modo muito sadio, sem ninguém para salvar nada nem pessoa alguma ou rotular qualquer coisa como boa ou má. O trabalho, o sexo e o dinheiro não são vistos como bons ou maus, são vistos de uma forma muito lúcida, porque fundamentalmente não há ninguém ali.

Para falar de maneira muito simples e direta, a ausência de ego é uma espécie de lampejo momentâneo. Há pausas ocasionais em nossa experiência do ego. É a partir dessas pausas no jogo do ego que podemos tratar do trabalho, do sexo e do dinheiro. Nesse caso, trabalho, sexo e dinheiro tornam-se parte de um processo muito natural.

Capítulo 17

CONSCIÊNCIA PANORÂMICA

Há dois tipos de pensamento positivo. Um deles é pensar que no futuro tudo estará bem, o que se baseia no pânico e na preocupação com a segurança. O outro é não viver no futuro, mas no presente. A situação presente é aberta — poderíamos quase dizer que é concreta —, real, definida e sadia. No presente, a riqueza é valorizada.

Acreditar no presente é o oposto do sentimento de pobreza porque não envolve, em absoluto, nenhum tipo de desejo fantasioso. O presente já está aqui e não precisamos desejar coisa alguma. É concreto e real, em certo sentido muito mais real do que o "eu" e o "eu mesmo". Na tradição budista, acreditamos na natureza búdica, *tathagatagarbha*, que foi descrita como o pensamento mais positivo de todos. Algumas escolas do pensamento budista afirmam que tathagatagarbha, ou natureza búdica, não é uma "natureza" abstrata, mas antes um buda vivo dentro da pessoa. Às vezes, visualizamos o buda interior com um corpo completo. Outras escolas budistas têm dito que é demasiadamente perigoso acreditar que algo tão verdadeiro esteja lá dentro, pois poderíamos também considerar o ego como algo concreto e verdadeiro em nosso interior. Essas escolas criticavam essa abordagem como sendo eternalismo, que é um dos dois extremos, sendo o outro o niilismo. Contudo, em certo sentido, o eternalismo é mais positivo do que o niilismo. No entanto, a natureza búdica não tem nada a ver com a sensação solidificada, egoísta do eu. Basicamente, ela é a essência do estar desperto, que já existe. Não precisamos inventar algo positivo para tirar proveito dele.

Esse tipo de positivo não tenta repelir os negativos. Mesmo a percepção dos negativos é uma visão do positivo. É por isso que falamos de consciência panorâmica, que é o pensar positivo básico. Poderíamos dizer que o contato com a consciência panorâmica é um meio de nos libertarmos da reação em cadeia do karma, que está baseada na esperança e no medo. Como já discutimos, o karma é uma reação em cadeia originada do pânico ou incerteza, por um lado; e, por outro, uma reação em cadeia de bondade no sentido menor, unilateral, do bem contra o mal. Contudo, a positividade da consciência panorâmica é repousante. Abre a situação, gerando amplitude e o estado meditativo de ser. No momento em que isso acontece, não há geração de causa e efeito kármico; nenhuma semente kármica é plantada ou cultivada. Havendo essa qualidade positiva no trato das situações, podemos falar de meditação em ação. Portanto, a meditação em ação é tão importante quanto a meditação sentada.

A consciência panorâmica é a confiança básica de que o espaço já existe. Toda a questão se resume em que não precisamos conseguir o espaço; nós já o temos. Quando dizemos "Como podemos consegui-lo?", essa é a voz da pobreza. A consciência panorâmica *é* a natureza búdica. Ela pode depender da intensidade da consciência, da plenitude de seu desenvolvimento, mas em qualquer caso é um estado "desperto".

Dizer que a consciência panorâmica está livre de negatividade soa como se nela ainda houvesse alguma pobreza. Contudo, não estamos aprisionados de nenhuma maneira. Esse estado positivo de ser é tão fundamental que não necessita de apoio relativo de nenhuma parte. É o positivo que transcende o positivo e o negativo. É transcendental.

Não é uma possibilidade ingênua, como dizer na defensiva "Está tudo bem". Você diz a si mesmo, na defensiva, "Continue sorrindo" e "Eu sou feliz" — e tenta acreditar nisso. Mas, ao contrário, a consciência panorâmica é constatar que tudo é sadio, tudo está bem, embora você não precise dar grande importância a isso. Sua consciência lhe proporciona o entendimento básico que não exige provar defensivamente nada a si mesmo. Trata-se antes de acreditar, ter confiança na situação, vê-la como ela é.

Estar no estado de não eu aguça sua inteligência porque não há nada no caminho. Você já não precisa mais cuidar de duas coisas ao mesmo tempo. Há sempre uma coisa a ser tratada de cada vez — é por isso que se chama não dualidade. Assim, sua capacidade para enfrentar as situações torna-se mais aguçada e mais precisa. Sua sensibilidade para tratar com outras pessoas também é aumentada.

Ouvimos muito a respeito do estado de não eu, mas quando o experimentamos, podemos sentir dúvida: "Deve haver algo mais do que isto!". Diz-se que o segredo da mente parece fácil demais para ser verdadeiro. O não eu não quer dizer ausência de pensamentos, um estado de não pensar. De qualquer maneira, existirão padrões de pensamento. Por exemplo, quando lemos sutras, há neles uma prosa que podemos acompanhar; eles possuem padrões de pensamento do Buda — como ele vê as coisas, como ele pensa, como ele apresenta uma situação. Também, em muitos casos, quando lhe faziam perguntas, o Buda aparentemente apenas sorria e não respondia; deixava aos que perguntavam o trabalho de descobrir as respostas. Mesmo assim, ainda há aí um padrão sutil de pensamento. Portanto, é claro que podem existir padrões de pensamento sem o ego. Quando lemos descrições da iluminação, esta soa muito dramática e gloriosa, mas na realidade, quando vivenciamos um vislumbre da iluminação, ela não nos parece tão gloriosa quanto nas descrições. As descrições fazem com que tenhamos muita expectativa.

A consciência panorâmica, uma vez presente, começa a crescer. Ou antes, vai sendo aos poucos desvelada; a sujeira é removida gradualmente e a consciência revela seu brilho. A consciência brilha. Não se pode verdadeiramente alimentá-la. A consciência panorâmica tem de crescer por si mesma. É como a descrição da eclosão do *garuda* de dentro do ovo. O filhote de garuda cresce dentro do ovo e, quando a casca se quebra, sai voando sem precisar de nenhum cuidado adicional. Havendo espaço, não é preciso que se faça nada com ele. Simplesmente acompanha-se a ação. Ela é autorrealização. É por isso que a ideia de espontaneidade aparece aqui.

Caso solidifiquemos o espaço, este se torna o observador, a qualidade abstrata de nossa inteligência. Então, já não há espaço. O observador é como um produto químico que solidifica as coisas. Existem vários graus de inteligência e, a certa altura, ela pode se tornar o observador. Essa é uma limitação que temos de enfrentar. Primeiro há a dualidade, isto e aquilo, da qual em seguida nos damos conta — e esse é, podemos dizer, um passo muito saudável rumo ao despertar. Mas sucede que passamos a nos identificar tanto com essa dualidade que surge o perigo de transformarmos o espaço em personagens dotadas de identidade. Assim, o melhor é desfazer tudo. Antes de mais nada, devemos despersonalizar a percepção da dualidade e, em segundo lugar, dissolver a dualidade natural. É um processo de trás para a frente, um processo de desconstrução.

Quando começamos a nos relacionar diretamente com a inteligência básica, depois de tê-la reconhecido, então, à medida que a situação se desenrola, essa inteligência básica torna-se cada vez mais forte, mais real. Ela cresce por si mesma. É como o início do despertar. Abrimos os olhos e logo começamos a ouvir sons. Esse processo de acordar continua até que finalmente nos levantamos da cama e saímos do quarto.

Dar um salto, conforme já discutimos anteriormente, é o começo do reconhecimento da inteligência básica. Nós lutamos contra isso. Não queremos acreditar na existência de algo fundamentalmente seguro que não necessite obter sua segurança de qualquer outra coisa. Quando começamos a ter consciência de que existe algo assim, isso pode ser tanto aterrorizante quanto prazeroso. Muitas vezes, achamos que, se reconhecermos esse fato, perderemos nossa ocupação, a ocupação básica que mantém o ego atarefado. Por isso temos de nos forçar a isso.

Há uma jornada sutil do nível do *shunyata*, onde se reconhece a vacuidade dos nossos padrões habituais, ao nível do *mahamudra*, onde se alcança a visão vajrayana na qual a pessoa trabalha diretamente com a energia da situação. Em primeiro lugar, você percebe o espaço e está no espaço, mas ainda consciente dele. Depois, perde até mesmo a noção de espaço. Algumas vezes, fica fortemente envolvido com "aquilo" e perde completamente a noção do "isto". Temos aí apenas o fascínio assumindo o comando, não a realização do não eu. A diferença é que, no caso de você ser um com a situação, não tem a sensação de estar desequilibrado, nenhuma percepção de estar em qualquer um dos membros da equação do isso-aquilo. Nesse caso, não há necessidade de uma balança. No caso do fascínio, há uma balança e o peso na direção do objeto é maior, mas ainda há dois pratos nessa balança. Se for apenas um, não existe balança. Não existe a sensação de força de um lado ou do outro.

Há também uma diferença entre estar desperto e ser subjugado por sua experiência. A sensação de ser subjugado significa que ainda existe uma balança com dois pratos. Quando a pessoa é subjugada pela situação, torna-se cativa e paira no ar uma sensação de estupidez. Ela pode sentir muita calma, mas sem o senso de dignidade e de clareza.

Com o ego em cena, o que se tem é mais um terreno superlotado do que terreno nenhum. Há tantas coisas entre nós e o terreno que não podemos percebê-lo de modo algum. A experiência egocêntrica tem algo de agressivo. Primeiro há a irritação, depois mais irritação ainda, em seguida a perda do senso de direção e, finalmente, o descontrole total.

Sempre que uma coisa nos irrita, ela está tentando se comunicar conosco. Geralmente procuramos uma resposta em vez de tentar nos comunicar com a irritação. A sanidade está funcionando, mas em geral não nos esforçamos para aprender com ela. Tentamos fazer algo com essa irritação em vez de simplesmente nos relacionar com ela. Não faz sentido tentar ignorar a irritação completamente. É preciso examinar os fundamentos da irritação. O importante é reconhecer sua presença em vez de tentar suprimi-la. A abordagem não é especialmente analítica; é mais instintiva.

Quando falamos aqui sobre relacionar-nos com a irritação, estamos falando sobre como lidar com ela em seu começo. Quando surgir o primeiro lampejo de irritação, tente sentir simplesmente sua qualidade abstrata, sua presença, pois dessa maneira você estabelecerá um equilíbrio adequado. Então a irritação não o domina, nem você a ela. O próximo passo é tratar com a natureza específica da irritação. Nesse ponto, você já estabeleceu a relação certa com a irritação, o que lhe permite dar conta dela de uma maneira muito mais fácil, sem nenhuma confusão.

Quando ocorre a primeira centelha de irritação, ela lança uma nuvem de confusão, de desorientação.* Você fica tão abalado por isso que age movido pela pressa ou pelo pânico, deixando de lado a habilidade e a dignidade. Nesse momento tudo se torna muito patético. Depois, quando tenta enfrentar de novo a irritação, toda a situação adquirirá o caráter de emergência porque você lidou mal com ela desde o começo. Você então tenta enfrentar essa emergência e outra emergência surge subitamente em seu lugar. Então, a situação toda se torna difícil ou estranha, ou como você a queira chamar. Se você for capaz de se relacionar adequadamente com a irritação no começo, ela não provocará desorientação ou confusão, mas se apresentará tal como é. Portanto, não haverá emergência e você terá tempo para lidar com a situação. Haverá lugar e espaço para circular sem pressa.

Em geral, quando a irritação irrompe, pensamos automaticamente que somos obrigados a fazer algo com ela, sem saber o quê. No entanto, poderíamos trabalhá-la da mesma maneira que trabalhamos tudo o mais na meditação. Essa é a essência da meditação: você pode não estar fazendo nada, mas ainda assim continuar a ser brilhante. Isso elimina a velocidade fundamental ligada à irritação, que não é, de qualquer maneira, velocidade em nenhum sentido real. É como a hora do *rush*.** Nós a chamamos de hora do *rush*, mas na verdade não estamos verdadeiramente nos apressando ou correndo — é exatamente o contrário.

---

* No capítulo anterior o autor falou da desorientação como um estado sem ponto de apoio antes da solidificação do ego ou do karma. Aqui, ele a menciona em um sentido mais convencional, o de equacionar desorientação e confusão. (N.Orgs.)

** Em inglês, *rush* significa "pressa", "rapidez", "afluxo", "correria", mas refere-se também às horas do dia em que há um engarrafamento do trânsito devido à grande afluência de veículos. (N.T.)

A coragem para nos aperfeiçoarmos dessa maneira vem sob a forma de uma confiança básica em nós mesmos, como uma espécie de otimismo fundamental. No início você age como um guerreiro e depois se torna verdadeiramente corajoso. É o que ocorre nas visualizações das práticas tântricas. Quando você se visualiza como uma divindade, por exemplo, parte daquilo em que acredita, de sua versão de si mesmo, que se chama *sama yasattva*. Você se visualiza como a divindade; é sua versão de si próprio. Depois, vem o que se chama o *jnanasattva* — o corpo de sabedoria, a qualidade da natureza búdica —, que surge como outra visualização à sua frente. Essa visualização vem até você e une-se com sua noção básica de si mesmo. E finalmente você se torna completamente o Buda; você se torna completamente a divindade e começa a agir como tal. A isso se chama orgulho vajra. Essa é uma parte importante da visualização. A essência desse orgulho é acreditar que você *é* aquilo — que tem três olhos, três línguas e chamas a seu redor, ou o que quer que esteja visualizando. Você *é* aquilo, você realmente é! As visualizações não são simplesmente fantasias. Elas são parte de você e o orgulho consiste em acreditar nelas. Se você deixar crescer a barba e não se barbear, a barba crescerá. Ela é parte de você.

No processo da visualização, finalmente você começa a contemplar o mundo todo como um mandala, um espaço sagrado onde cada som é um mantra ou expressão sagrada. Nele estão incluídos o mundo todo e todas as pessoas. Esse orgulho vajra, ou orgulho indestrutível, não necessita de nenhum ponto de referência relativo. Ele é uma crença inata que não precisa de apoio relativo. De fato, se você começar a examinar seu mundo de referência relativo, se começar a duvidar, perderá seu orgulho vajra. Você pode ter medo de não poder sobreviver sem um apoio relativo, mas sobreviverá melhor se não tiver de questionar seu talento, se não tiver de comparar e procurar apoio relativo. Simplesmente trabalhe como puder. Isso é algo bastante positivo. O apoio relativo na verdade diminui seu talento porque você começa a se questionar, começa a se comparar, começa a ter dúvidas. Comparar-se não ajuda, só diminui sua autoconfiança.

O orgulho vajra talvez pareça um caminho perigoso que pode facilmente desviar a pessoa para uma espécie de falsa iluminação. O perigo de o orgulho vajra transformar-se em orgulho do ego surge quando você começa a usá-lo para suprimir as coisas negativas que sente a respeito de si próprio, sua irritação contra si mesmo. Você tenta usar a lógica do orgulho vajra para isso. Então ele deixa de ser orgulho vajra. É impossível transformar o orgulho vajra 100% em orgulho comum. Mas uma vez que você tente usá-lo para fins mundanos, ele não será mais orgulho vajra.

No início do caminho, o ego pode parecer que está no controle da situação. De fato, toda a jornada espiritual pode começar como uma gigantesca viagem do ego. O ego nos arrasta para o dharma ao dizer: "Ah, eu gostaria de alcançar a iluminação e fazer todas essas coisas sobre as quais tenho lido". Temos de usar isso. Você simplesmente parte de onde está. É um processo bastante simples. Parte da versão do ego para a iluminação e, a certa altura, o ego acha que está sendo ameaçado por seu compromisso com o caminho, e começa a desgastar-se, esquivar-se. Nesse ponto, estamos perto do penhasco do qual necessitamos saltar, o que é um suicídio para o ego.

Na realidade, haverá uma sucessão de choques súbitos até que você caia do último despenhadeiro. Sempre que houver um despenhadeiro, o ego tentará evitá-lo, tentará regressar para um lugar mais seguro usando constantemente a mesma lógica e não se dispondo a correr nenhum risco. Em certo momento, o ego começa a pensar que sua versão da iluminação não combina com os ensinamentos, com o dharma genuíno. Mas não dá ouvidos a essa constatação e cria seus próprios ensinamentos. Sempre que se aproxima de um despenhadeiro, ele diz: "Não, eu não vou me jogar desse despenhadeiro. Eu sobreviverei; por isso, farei meus próprios ensinamentos". Quando uma situação nos parece muito desconfortável, eu diria que então há *mais* uma razão para nos aproximarmos do despenhadeiro, pois surgiu uma brecha, uma fenda. Quando a neurose se manifesta com mais força, há muitas vezes uma brecha. Eis aí uma grande oportunidade.

Quando você verdadeiramente dá o salto, é porque não vê balizas nem limites. É tudo ou nada. Você pode se permitir saltar; portanto, não precisa se agarrar a nada.

Ao mesmo tempo, quando falamos sobre o *todo*, ou unidade, não queremos dizer que a situação fica completamente despersonalizada. Ainda há o *todo* do ponto de vista da pessoa, mesmo quando nos referimos aos budas, aqueles que estão despertos. É por isso que podem existir diferentes reinos iluminados, aos quais aludimos frequentemente como os três *kayas: nirmanakaya, sambhogakaya* e *dharmakaya*. Mesmo dentro do reino mais elevado do dharmakaya, existem Samantabhadra, Vajradhara e muitos tipos diferentes de budas do dharmakaya.* Eles são o *todo*, portanto eles são *um*. Eles são *todos*, portanto eles são individuais, pessoais.

Espero que vocês sejam capazes de pôr em prática o que temos discutido. Não há dúvida de que o assunto sobre o qual temos falado

---

* Os três kayas, ou o *trikaya*, referem-se aos três aspectos ou corpos fundamentais da iluminação. *Kaya* literalmente significa "corpo". Dharmakaya é o reino supremo da sabedoria, além de quaisquer pontos de referência. Sambhogakaya é o reino da compaixão e da comunicação. Ele literalmente representa o reino do gozo. Nirmanakaya é o buda que toma a forma humana, que se refere ao Buda histórico, mas também aos mestres iluminados que podemos encontrar agora. No budismo vajrayana tibetano, o dharmakaya é personificado em visualizações. Dois dos mais importantes budas do dharmakaya são Samantabhadra e Vajradhara. O ponto de vista que o autor parece estar querendo demonstrar aqui é que, mesmo no reino da verdade suprema, ainda existe uma qualidade imediata, pessoal, de natureza desperta ou sanidade, conforme são personificadas por esses budas. De fato, a qualidade universal faz surgir a qualidade pessoal da iluminação. (N.Orgs.)

poderá esclarecer seus problemas, mas, ao mesmo tempo, a discussão poderá confundir-nos ainda mais. Essa confusão é o ponto de partida e com ela temos de trabalhar na vida diária.

Já enfatizamos a importância de valorizar e encarar nossa vida mundana como uma fonte de sanidade e consciência. Muitas vezes, percebemos um conflito entre nossa vida cotidiana e a meditação sentada. Mas julgar que esse conflito exista mesmo é fruto da incapacidade de detectar o ambiente de consciência panorâmica que está presente em nossas situações diárias. Existe sempre uma consciência panorâmica subjacente que funciona como uma diretiva. Essa é a fonte, a inspiração para sermos hábeis na vida diária. Para nos relacionarmos com ela não precisamos ser rígidos e cuidadosos ou exageradamente vigilantes. Apesar disso, convém reconhecer que o espaço de consciência está presente. Devemos reconhecer isso ainda que apenas por uma fração de segundo. Por meio desse reconhecimento, surge espontaneamente uma sensação de amplitude que dá a perspectiva correta, ou distância, entre a ação e a reação.

Para o iniciante, relacionar-se com essa consciência pode exigir certo grau de auto-observação ou de determinação. Porém, no longo prazo, o observar não entra em cena. Por exemplo, quando acontece uma situação caótica, não sabemos como lidar com ela e essa incerteza volta-se contra nós. A própria incerteza converte-se em espaço. Em outras palavras, sempre que há dúvida, essa dúvida traz consigo um espécie de desorientação que logo se transforma em espaço, em amplitude. Dessa maneira, sobrevém uma espécie de compreensão natural da situação. Nesse sentido, um amortecedor está sempre presente.

Essa espécie de consciência se baseia em certa quantidade de confiança ou otimismo. Basicamente, nada pode ser considerado um fracasso ou um perigo. Ao contrário, o que quer que ocorra é visto como parte de uma relação amorosa e criativa com a própria pessoa. Essa confiança e esse otimismo sutis geram automaticamente os meios adequados, porque nos damos conta de que não há necessidade de entrar em pânico. Assumimos uma atitude de guerreiro diante da vida, o que também se poderia descrever como confiança ou fé em nossa vida, ou possivelmente como devoção para com nossa experiência e nosso mundo. Aconteça o que acontecer, teremos sempre uma visão positiva fundamental de nossa experiência de vida. Poder-se-ia dizer que tal confiança é a fonte de um desempenho quase mágico. Se uma pessoa se apoia nessa confiança, é quase como se ela estivesse para realizar um milagre e assumisse o grande risco de que o milagre pudesse não ocorrer. Porém, como tem confiança, e sabe que ele ocorrerá, faz o que tem de fazer e o milagre acontece efetivamente. Esse tipo de abordagem positiva fundamental repete-se muito em todas as situações referentes à vida. Isso também se torna uma experiência meditativa porque é uma atitude puramente otimista sem observador, sem ego, sem ênfase no eu e sem cautela. Todo esse fluxo positivo só pode acontecer se não houver ênfase na segurança, mas confiança e crença fundamentais na própria sanidade, na situação basicamente saudável da pessoa.

POSFÁCIO DA EDIÇÃO EM LÍNGUA INGLESA

Este livro se baseia principalmente em três seminários, todos intitulados "Trabalho, sexo e dinheiro". O primeiro foi ministrado no East-West Center em Boston, em setembro de 1970, menos de seis meses depois que Chögyam Trungpa chegou aos Estados Unidos. O Rinpoche deu uma palestra sobre o trabalho, outra sobre o sexo e a terceira sobre o dinheiro.* O segundo seminário ocorreu no verão de 1971 no Tail of the Tiger** um centro de meditação residencial rural em Barnet, Vermont, que hoje é chamado Karmê-Chöling. O seminário compreendeu uma série de nove "eventos," que consistiram em discussões animadas entre o palestrante e os participantes, pontuadas por observações do Rinpoche e palestras curtas, algumas das quais depois de várias horas de perguntas e respostas. As primeiras e poucas palestras desse seminário foram uma introdução à visão da importância da meditação dinâmica em geral, como funciona o karma, como pode ser finalmente transcendido, os problemas do materialismo — físico, psicológico e espiritual — e como eles afetam nossas experiências da vida diária. Depois o Rinpoche conduziu várias discussões sobre cada um dos três temas, trabalho, sexo e dinheiro. O seminário inteiro durou dez dias.

---

* Talvez tenha havido uma palestra de apresentação que não foi gravada.

** A expressão em inglês *Tail of the Tiger* se traduz por "Cauda do Tigre". (N.T.)

O terceiro seminário de três palestras, dado em abril de 1972 em Burlington, Vermont, apresentou uma abordagem levemente diferente do material. A primeira palestra descreve os mecanismos do materialismo físico, psicológico e espiritual, e como eles afetam a progressão normal do trabalho, do sexo e do dinheiro. A segunda palestra trata de como a prática da meditação sentada e sua junção com a meditação dinâmica podem ajudar-nos a começar a desmontar os jogos do ego. Finalmente, na última palestra, o Rinpoche concentra-se em como o trabalho, o sexo e o dinheiro são frequentemente uma expressão das atividades dos kleshas, ou emoções confusas, e como essa abordagem pode ser superada

A editoração deste material foi um grande desafio, especialmente no que diz respeito ao segundo seminário longo, quase todo dominado por discussões livres e em formato de perguntas e respostas. Sherab Chödzin Kohn completou a primeira etapa do trabalho, a tarefa monumental de editar as transcrições originais. Quem nunca enfrentou esse tipo de trabalho poderá subestimar a capacidade de editoração necessária para concatenar transcrições de forma legível e coerente, sem perda da voz e da linguagem originais do palestrante. Sherab é um mestre nesse ofício e produziu transcrições revisadas que capturaram o caráter "selvagem e vago" desse período dos ensinamentos de Trungpa Rinpoche.

Depois disso, coube-me organizar e, em certa medida, refinar o material, moldando-o na estrutura que ele tem agora. Nessa forma final, não aparecem perguntas e respostas, mas boa parte do material das discussões foi incorporada à estrutura narrativa do livro. Na parte que trata do dinheiro, também acrescentei material de duas palestras posteriores que Chögyam Trungpa deu para homens e mulheres de negócios budistas em Boulder, Colorado, em 1979 e 1981.

A perspectiva editorial por mim adotada foi a de considerar o que o Rinpoche disse do ponto de vista da sabedoria universal, independentemente de seu meio cultural original. Para falar francamente, havia muitos *hippies* e representantes da contracultura na plateia no início dos anos 1970. O Rinpoche lhes falava de uma maneira absolutamente direta. Não se percebia nenhum distanciamento entre eles, embora o Rinpoche sempre abordasse a visão mais ampla, falando do ponto de vista do dharma universal e sua aplicabilidade a qualquer situação.

Por vezes, tive de separar as perguntas feitas de minha leitura das respostas de Trungpa Rinpoche a fim de ver como editar o material. Suas respostas sempre levavam em conta a visão maior, embora ele também falasse diretamente, respondendo com intimidade às perguntas mais pessoais. Ele tinha o dom de falar sobre minúcias e sobre o cosmos ao mesmo tempo. Não sei como o fazia, mas você pode ver os resultados aqui, que, em minha opinião, estão atualizados e são muito úteis para lidar com as realidades de hoje em dia.

No início dos anos 1970, na América, o Rinpoche ministrou muitos seminários nos quais expôs princípios fundamentais sobre como a mente, a energia e a realidade funcionam todas juntas, e como isso conduz simultaneamente ao padrão quase sempre confuso de nossa vida e à possibilidade de desvelar uma sanidade brilhante no meio dessa confusão. Dessa perspectiva, o livro nos oferece uma abordagem abrangente e profunda da visão, prática e ação da meditação dinâmica. Acredito que a visão de Trungpa Rinpoche, expressa com clareza em *Trabalho, Sexo e Dinheiro*, serve também de base, sob vários aspectos, para os ensinamentos de Shambhala que ele enfatizou desde 1976 até sua morte em 1987. A abordagem apresentada neste livro para o sexo, o trabalho e o dinheiro pode ser considerada um alicerce necessário, na disciplina pessoal de cada um, para criar uma sociedade iluminada, um tema ao qual ele voltou, reiteradamente, nos anos 1980.

Sherab Chödzin Kohn e eu fomos organizadores sequenciais neste projeto, ou seja, não trabalhamos intensivamente em colaboração, embora nos consultássemos com frequência. Sherab completou a parte inicial admirável e elegantemente, e depois eu assumi o resto até o final. Foi mais ou menos como participar de uma corrida de revezamento. Para nós dois, quanto mais trabalhávamos com o material, mais nos apaixonávamos por ele. Esperamos que ele também fale a você, leitor. Que você tenha sucesso no caminho e se encontre com o próprio Buda, na forma de oportunidades maravilhosas para o estado desperto proporcionadas pelas experiências de trabalho, sexo e dinheiro nesta vida.

AGRADECIMENTOS

Para organizar este livro, tivemos de fazer longas transcrições das palestras originais e corrigir essas mesmas transcrições não revistas. Além do considerável trabalho que o próprio Sherab Chödzin Kohn teve de executar, muitos outros transcritores estiveram envolvidos.

Um agradecimento especial a Barbara Blouin, que tem uma longa ligação com a transcrição e editoração da obra de Chögyam Trungpa.

Os Shambhala Archives recentemente completaram a remasterização e a digitalização de mais de três mil aulas e outras gravações dos ensinamentos de Chögyam Trungpa no Ocidente. Seu contínuo trabalho para preservar e tornar disponível essa grande quantidade de material é muitíssimo apreciado. Um agradecimento especial à equipe dos Archives, Gordon Kidd, Chris Levy e Sandra Kipis, por seu trabalho conjunto e por nos proporcionarem excelentes gravações em MP3 que consultamos ao longo do processo de editoração.

Sara Bercholz foi a editora para este projeto na Shambhala Publications. Tenho em alta consideração seu entusiasmo e sua produção editorial, que iam direto ao assunto e me forçaram a enfrentar mais de uma vez as complexidades do material de uma maneira que, espero, será benéfica aos leitores. Peter Turner tinha, do projeto, uma visão que nos inspirou a todos. Ele acompanhou as várias mudanças de curso e reviravoltas do processo editorial com sensibilidade e autoconfiança. Foi um prazer trabalhar com ambos. Agradeço também a Jonathan Green pelo auxílio com contratos e cartas de anuência. Agradeço também à revisora editorial, DeAnna Satre; à projetista gráfica, Lora Zorian; e ao editor assistente, Ben Gleason.

Sem os estudantes que se reuniam ao redor de Chögyam Trungpa nos anos 1970 e o inspiraram a ensinar de maneiras estranhas e maravilhosas, não teríamos hoje esta coleção preciosa de ensinamentos dhármicos. Portanto, agradeço àqueles praticantes pioneiros, muitos dos quais agora são professores seniores e praticantes da Shambhala International, a associação dos centros criados por Trungpa Rinpoche e agora dirigidos pelo Sakyong Mipham Rinpoche, e de outras comunidades budistas ao redor do mundo.

Agradecimentos a Diana J. Mukpo, ao Sakyong Mipham Rinpoche e a todos os membros da família Mukpo por seu constante apoio à publicação da obra de Chögyam Trungpa.

E finalmente, um agradecimento eloquente ao próprio autor por compartilhar conosco este dharma profundo, brilhante e prático, chamando a atenção para o fato de cada momento na vida estar impregnado de sabedoria e consciência panorâmica.

Carolyn Gimian
Maio de 2010

GLOSSÁRIO

As definições dadas aqui se baseiam no modo como os termos são usados no texto e não pretendem ser exaustivas. Os termos já esclarecidos em notas de rodapé não foram, em geral, incluídos no glossário, a menos que informações adicionais sejam de especial ajuda ao leitor.

AMITABHA (SÂNSCR.). Uma importante divindade mahayana e tântrica ligada às escolas de budismo da Terra Pura. Amitabha é o buda da compaixão e o governante do paraíso do Oriente, Sukhavati. Muitos ritos fúnebres budistas, especialmente os das escolas do budismo tântrico, incluem um cântico no qual se pede ao Buda Amitabha que guie a consciência do falecido à terra pura de Sukhavati, libertando-o assim da roda do sofrimento.

AVALOKITESHVARA (SÂNSCR.). O grande bodhisattva da compaixão, emanação do Buda Amitabha. Diz-se que sua compaixão ilimitada auxilia a todos os seres que a ele recorrem em tempos difíceis. Sua Santidade o Dalai Lama e Sua Santidade o Karmapa são, cada um deles, considerados uma emanação de Avalokiteshvara. O mantra de Avalokiteshvara, Om Mani Padme Hum, está entre os mais conhecidos mantras budistas.

BHUMI (SÂNSCR., literalmente "país", "terra"). Cada uma das dez etapas, ou níveis espirituais, pelos quais um bodhisattva deve passar para atingir a budeidade. Os dez bhumis são fases progressivas no desenvolvimento da sabedoria e da compaixão do bodhisattva. Eles são chamados: (1) alegria suprema, (2) imaculado, (3) luminoso, (4) radiante, (5) difícil de ser superado, (6) manifesto, (7) de longo alcance, (8) inabalável, (9) excelente inteligência, e (10) nuvem de dharma.

BINDU (SÂNSCR., literalmente "gota", "pinta" ou "ponto"). Na prática do yoga, que focaliza um caminho interior ou esotérico de unificar a mente e o corpo, o bindu pode muitas vezes referir-se ao sêmen do homem e à essência sexual ou vital nos seres humanos em geral. Na prática do yoga sexual, a ideia de não desperdiçar o bindu se refere à abstenção da ejaculação durante o ato sexual. O bindu é mais largamente associado à mente ou consciência. Em *Journey without Goal* (Shambhala Publications, 2000), Chögyam Trungpa diz: "Então a consciência ou bindu é uma viagem através das energias do mundo. A consciência é a qualidade desperta que não depende de pontos de referência imediatos, mas tem um escopo maior, como um sistema de radar. [...] O sistema de radar é chamado bindu" (*Journey without Goal*, p. 128).

BODHISATTVA (SÂNSCR., literalmente um "ser desperto"). Um bodhisattva é um indivíduo que, ao fazer o voto de bodhisattva, se compromete a ajudar os outros e abre mão de sua satisfação pessoal pela meta de aliviar o sofrimento alheio. Nos ensinamentos budistas, um bodhisattva é mais especificamente alguém que se comprometeu a práticar as seis paramitas ou virtudes transcendentes da generosidade, disciplina, paciência, esforço, meditação e sabedoria. O desenvolvimento da sabedoria e da compaixão do bodhisattva é uma jornada contínua, um exemplo de como viver o cotidiano com consciência e compaixão, isto é, interesse pelo bem-estar dos outros.

BUDDHADHARMA (SÂNSCR.). Os ensinamentos do Buda ou a verdade ensinada por ele. Ver também *dharma*.

BÚDICA, NATUREZA. Ver natureza búdica ou tathagatagarbha.

CHANDALI (SÂNSCR.). Ver *tummo*.

DAKINI (SÂNSCR.; tib., khandroma). Uma divindade feminina irada ou semi-irada que significa compaixão, vacuidade e sabedoria transcendental. A dakini é a corporificação do princípio feminino. As dakinis são astutas e brincalhonas. Representam o espaço básico da fertilidade do qual surge a interação do samsara e do nirvana. De uma maneira mais geral, uma dakini pode ser um tipo de mensageira ou protetora. Nas práticas vajrayana, às vezes uma dakini pode ser visualizada só, como a figura central da visualização. Outras aparecem em união com uma divindade masculina ou heruka. Ver também *heruka*.

DHARMA (SÂNSCR., literalmente "verdade", "norma", "fenômeno" ou "lei"). Frequentemente usado para referir-se aos ensinamentos do Buda, que também são chamados buddhadharma. Pode também referir-se à manifestação básica da realidade ou aos elementos da existência fenomenal.

DHYANA (SÂNSCR., literalmente "meditação"). Ver *dhyana, quatro estados do*.

DHYANA, QUATRO ESTADOS DO. Dhyana é um termo em sânscrito que significa meditação. Em páli o termo é jhana; em chinês é ch'an; e em japonês é zen. Budismo dhyana é um termo que pode ser aplicado a qualquer escola budista que destaque a importância da prática da meditação. Os quatro estados de dhyana referem-se a quatro etapas de absorção dentro do domínio da forma ou rupakaya. A realização desses estados de dhyana está ligada à obtenção de poderes especiais, bem como à diminuição ou eliminação da confusão e dos obstáculos. Contudo, os estados de dhyana ainda são experiências relativas que ocorrem no samsara ou reino confuso da existência, embora em um nível refinado.

FEMININO E MASCULINO, PRINCÍPIOS. No budismo, os princípios feminino e masculino não têm nada a ver com as diferenças de gênero. Eles são uma maneira de observar como a realidade é vivenciada em termos de espaço e o que está contido no espaço. O princípio feminino é o continente, a atmosfera ou o ambiente; o masculino é o que surge ou se manifesta naquele espaço vasto. O feminino é descrito como não nascido, incessante, dotado de uma natureza como a do céu, e é equivalente à sabedoria; o masculino está ligado à ação hábil, inclusive à atividade de compaixão do bodhisattva. Nos tantras mais elevados, ele pode também ser associado ao mahasukha ou grande gozo. Chögyam Trungpa deu muitos ensinamentos sobre os princípios feminino e masculino. Ver a nota de rodapé na p. 126, no Capítulo 8, para mais informações. Ver também *dakini* e *heruka*.

GARUDA. Um pássaro mítico meio-homem e meio-animal, associado com tremenda velocidade e poder. Como a fênix, ele ressurge das cinzas da destruição; por isso se diz que é indestrutível.

Guru Rinpoche. "Mestre Precioso", o nome pelo qual Padmasambhava, um grande mestre que ajudou a introduzir o budismo no Tibete, é muitas vezes chamado pelo povo tibetano. Ver também *Padmasambhava*.

Heruka (tib.; sânscr., daka). Uma divindade masculina no budismo vajrayana. O heruka é considerado a corporificação do princípio masculino e nas práticas de visualização vajrayana pode ser visualizado só ou em união com uma dakini, ou divindade feminina, que representa o princípio feminino. Ver também *dakini*.

Hinayana (sânscr., literalmente "pequeno caminho"). O caminho ou trilha estreita. Primeiro dos três yanas do budismo tibetano, o hinayana concentra-se na prática e disciplina da meditação, na libertação individual e em não causar dano aos outros. O hinayana é constituído pelo shravakayana (o caminho daqueles que ouvem o dharma) e pelo pratyekabuddhayana (o caminho daqueles que são indivíduos ou sábios solitários).

Jnanasattva. Ver *samayasattva* e *jnanasattva*.

Kagyü. Termo tibetano para "ouvir" (sussurrar ao ouvido) ou "comando", "linhagem". *Ka* refere-se às instruções verbais do mestre. A Kagyü é uma das quatro linhagens principais do budismo tibetano. Os ensinamentos Kagyü foram levados da Índia para o Tibete por Marpa, o Tradutor, no século XI. Ele foi um dos principais alunos de Naropa, o grande erudito indiano e detentor realizado dos ensinamentos Kagyü. Os seis yogas de Naropa são práticas meditativas de fruição do yoga prescritas pela escola Kagyü. Chögyam Trungpa foi um importante mestre da escola Kagyü do budismo tibetano.

KLESHA (SÂNSCR., literalmente "tribulação", "corrupção", "paixão"). Klesha é a expressão confusa de emoções. Há três kleshas principais, aos quais muitas vezes nos referimos como os três venenos. São eles: a paixão, a agressão e a ilusão ou ignorância. Há muitos outros kleshas, tais como a arrogância e a inveja. As emoções podem ser experimentadas e expressas de uma maneira direta e clara, o que é uma expressão de sabedoria e não de confusão. Contudo, essa é considerada uma abordagem bastante avançada, baseada na prática de renúncia ao apego ao ego.

KUSULU. Ver *pandita contra kusulu*.

LIVRO TIBETANO DOS MORTOS, O (TIB., *Bardo Thödol*, "Livro da Libertação no Bardo por Meio da Audição"). Famoso texto tântrico sobre como encarar a morte e o morrer e o estado depois da morte. Chögyam Trungpa trabalhou em uma tradução de *O Livro Tibetano dos Mortos* que tornou esses ensinamentos muito mais acessíveis aos leitores ocidentais, por meio da explicação de seu significado psicológico. A origem desses ensinamentos pode ser traçada a Padmasambhava e sua consorte, Yeshe Tsogyal. Eles foram descobertos mais tarde como um terma ou texto de tesouro por Karma Lingpa, no século XIV. Estudado intensamente no Tibete, tanto academicamente como durante práticas de retiro, o texto é frequentemente lido em voz alta para uma pessoa moribunda a fim de auxiliá-la durante o bardo, o estado depois da morte. A linhagem a que pertencia Chögyam Trungpa, a linhagem dos Trungpa, assim como a linhagem dos Kagyü de Surmang, ligada ao seu mosteiro no Tibete, tinha uma forte conexão com esses ensinamentos.

MAHAMUDRA (SÂNSCR., literalmente "grande símbolo" ou "selo"). A transmissão meditativa central da linhagem Kagyü. A claridade e o estado desperto inerentes à mente, que é ao mesmo tempo vívida e vazia.

MAHASIDDHA (SÂNSCR.). Praticante altamente realizado e sábio mestre da tradição vajrayana que alcançou a siddhi ou grande poder. Frequentemente utilizado para se referir a mestres não convencionais, não monásticos de realização meditativa.

MAHASUKHA (SÂNSCR., literalmente "grande gozo" ou "alegria"). Uma experiência de fruição na prática das disciplinas do yoga vajrayana. Chögyam Trungpa explica-a assim: "não é que alguém lhe faça cócegas ou que você esteja em um estado de êxtase devido ao efeito de algum produto químico. [...] Aqui, a alegria, a boa convivência e a sanidade são algo que está natural e completamente presente, um senso de arrogância e orgulho sem neurose, um estado natural que é o que é" (*Glimpses of Space* [Halifax: Vajradhatu Publications, 1999], p. 83).

MAHAYANA (SÂNSCR., literalmente "grande veículo"). Segundo dos três yanas do budismo, o mahayana é também chamado "caminho aberto" ou "caminho do bodhisattva". O mahayana apresenta uma visão baseada no shunyata (vacuidade), na compaixão e no reconhecimento da natureza búdica universal. O caminho mahayana começa quando a pessoa descobre essa natureza búdica em si mesma e jura desenvolvê-la ou descobri-la a fim de beneficiar os outros. A figura ideal do mahayana é o caminho do bodhisattva que está completamente desperto e que trabalha para o benefício de todos os seres.

Marpa (1012-1097 d.C.). Principal discípulo do mestre indiano Naropa, Marpa de Lhotrak levou os ensinamentos Kagyü da Índia para o Tibete no século XI. É muitas vezes chamado "Marpa, o Tradutor". Fazendeiro com uma família grande, era conhecido não apenas por sua realização meditativa de mahamudra, mas também por ter alcançado a realização espiritual em um estilo de vida secular.

Milarepa (1040-1123 d.C.). Grande praticante do budismo tibetano do século XI, discípulo principal de Marpa. Quando Milarepa foi estudar com Marpa, teve de submeter-se a muitas provas. Marpa solicitou-lhe que construísse inúmeras casas e depois fez com que as demolisse — exceto a última. Milarepa precisou sustentar-se enquanto estudou com Marpa, o que era difícil porque vinha de uma família muito pobre. Depois de ser finalmente aceito por Marpa e dele receber os mais elevados ensinamentos, permaneceu em retiro em várias cavernas por todo o Tibete, durante muitos anos. Atraiu inúmeros discípulos e conquistou grande fama. Ele pertence à linhagem Kagyü, mas é altamente reverenciado por todas as escolas do budismo tibetano. Suas canções de realização meditativa continuam a ser estudadas, fornecendo inspiração e instrução prática até os dias de hoje.

Naropa (1016-1100 d.C.). Grande siddha indiano, ou mestre tântrico, o segundo mestre iluminado da linhagem Kagyü do budismo tibetano. Naropa foi um grande erudito na Universidade de Nalanda, mas deixou-a para procurar seu mestre quando percebeu que entendia o significado literal dos ensinamentos, mas não seu sentido verdadeiro. Passou por inúmeras provas antes de atingir a iluminação. Mais tarde, foi o mestre de Marpa, que viajou três vezes para a Índia a fim de aprender com ele. Chögyam Trungpa ministrou numerosos seminários sobre a vida e os ensinamentos de Naropa, muitos dos quais foram publicados em *Illusion's Game* (Shambhala Publications, 1994).

NATUREZA BÚDICA. A natureza fundamental iluminada de todos os seres. Buda significa literalmente "desperto" ou "aquele que despertou"; assim, a natureza búdica está relacionada ao estado desperto perfeito. A bondade fundamental, que Chögyam Trungpa discute amplamente nos ensinamentos de Shambhala, é similar ao conceito de natureza búdica. Ver também *tathagatagarbha*.

NIDANA (SÂNSCR.; causa ou fonte). Um dos doze "elos" que formam a corrente da origem condicionada ou os elos que formam o samsara, o confuso mundo diário do sofrimento. Os doze nidanas são representados na roda da vida, que mostra o funcionamento do samsara. Os nidanas formam o anel mais externo da roda. O anel mais interior é composto dos três kleshas principais: a paixão, a agressão e a ignorância. Ao redor deles, giram os seis reinos da existência condicionada: os reinos dos deuses, dos deuses invejosos, dos humanos, dos animais, dos fantasmas famintos e dos seres do inferno. Para além, estão os doze nidanas que são: (1) a ignorância, (2) as formações ou impulsos, (3) a consciência, (4) o nome e a forma, (5) os seis reinos dos sentidos, (6) o contato, (7) a sensação, (8) o desejo, (9) o apego, (10) o vir a ser, (11) o nascimento e (12) a velhice e a morte.

NIRVANA (SÂNSCR.). Ver *samsara e nirvana*.

PADMASAMBHAVA. Um dos oito aspectos do Guru Rinpoche, o grande mestre que ajudou a levar o budismo da Índia para o Tibete no século VIII. Ele é considerado o pai do budismo no Tibete e reverenciado por todos os budistas tibetanos. Escondeu, em vários lugares do Tibete, muitos ensinamentos chamados terma, a serem descobertos para uso de futuros praticantes. Ver também *Guru Rinpoche*.

PANDITA *VERSUS* KUSULU. Pandita é uma palavra sânscrita que significa simplesmente "erudito". Deu origem à palavra inglesa *pundit*. A tradição pandita nos budismos indiano e tibetano ressalta a importância do trabalho acadêmico, da leitura e do estudo dos textos como base para sua compreensão. A tradição kusulu dá especial destaque à prática da meditação sem envolver muita análise acadêmica. Contudo, essa dicotomia é um tanto enganosa, pois a união da prática e do estudo é necessária para a realização. Alguns textos na tradição da meditação mahamudra insistem em que a prática da cognição direta válida, ou percepção direta e compreensão sem confusão, é dividida em dois estilos de prática. Um é chamado meditação analítica de um pandita e o outro, meditação de um kusulu ou yogue. Aqui, o estilo do pandita significa o emprego do exame ou análise. Essa é a observação direta analítica de um pandita na qual se observam características específicas ou coisas. O outro aspecto, a meditação de um kusulu ou yogue, é muito simples e direto, sem a utilização de observação direcionada ou analiticamente orientada.

PARAMITA (SÂNSCR., literalmente "ir para a outra margem"). As paramitas são as ações transcendentes ou virtudes praticadas por um bodhisattva. As seis paramitas são a generosidade, a disciplina, a paciência, o esforço, a meditação e a sabedoria (prajna). As paramitas diferem das atividades comuns ou virtudes pelo fato de serem todas baseadas na libertação do apego ao ego. Neste livro, o autor as contrapõe à atividade confusa dos nidanas, que nos emaranha ainda mais no samsara ou a confusão penosa da existência diária.

PRAJNA (SÂNSCR.). "Sabedoria transcendente" ou "sabedoria perfeita," é a sexta paramita. É chamada "transcendente" porque vê através dos véus da confusão dualística. A prajna é como os olhos e as outras cinco paramitas são como os membros da atividade do bodhisattva. Prajna também significa sabedoria, compreensão ou discernimento. No seu nível mais desenvolvido, significa ver as coisas tais como são, de um ponto de vista não dualístico.

SAMAYASATTVA. Ver *samayasattva e jnanasattva.*

SAMAYASATTVA E JNANASATTVA. O samayasattva e o jnanasattva são dois princípios ou aspectos básicos da prática da visualização no vajrayana. Samaya significa literalmente "voto" ou "obrigação". Sattva significa "ser" ou "corpo". O samayasattva é a visualização de uma divindade por parte do praticante e expressa sua conexão com o mestre ou os ensinamentos. Jnanasattva quer dizer "ser de sabedoria" ou "corpo de sabedoria", e representa a sabedoria e a sanidade da linhagem, bem como os ensinamentos que penetram em sua visualização e a abençoam ou conferem a ela um sentido de poder e de sabedoria. Tudo isso em um contexto não teísta. Isto é, embora o praticante visualize o jnanasattva à sua frente e depois sua descida e junção com o samayasattva, mesmo assim entende que não há uma verdadeira entidade independente. De fato, a união do samayasattva e do jnanasattva representa a unidade fundamental da experiência, para além do isto e do aquilo.

SAMSARA (SÂNSCR.). Ver *samsara e nirvana.*

SAMSARA E NIRVANA. Samsara é o círculo vicioso da existência confusa; o mundo de luta e sofrimento que se baseia no apego ao ego, nas emoções conflitantes e nos padrões habituais. Sua raiz é a ignorância da nossa verdadeira natureza, que é abertura além da dualidade do eu e do outro. O samsara se contrapõe ao nirvana, o estado de iluminação caracterizado pela cessação da ignorância e do sofrimento da existência condicionada. Os ensinamentos tântricos mais elevados falam da união do samsara e do nirvana ou de sua indivisibilidade.

SANGHA (SÂNSCR.). A comunidade dos praticantes budistas. O sangha inclui tanto o sangha monástico, a comunidade dos monges e monjas, quanto o sangha laico. O sangha é uma das Três Joias ou aspectos da prática budista que devem ser respeitados e reverenciados. Os outros dois são o Buda ou mestre e o dharma ou ensinamentos budistas.

SHIKANTAZA. Termo japonês usado principalmente na escola Soto Zen que pode referir-se a um estado de realização meditativa ou à prática da meditação que conduz a essa experiência. Chögyam Trungpa descreveu shikantaza como a união da calma com a percepção, dois aspectos fundamentais da prática da meditação sentada. Ele tinha grande respeito pela tradição Zen e também pela meditação shikantaza.

SHILA (SÂNSCR.; disciplina). Shila é uma das seis paramitas ou ações transcendentes de um bodhisattva. A expressão também é utilizada para referir-se de uma maneira mais geral à disciplina e à conduta dos praticantes. Chögyam Trungpa frequentemente fala sobre shila em termos de aspectos particulares de conduta, tais como dizer a verdade e ser generoso para com os outros. Ver também *paramita*.

SHUNYATA (SÂNSCR., literalmente "vacuidade"). Clareza da mente, completamente aberta e irrestrita, caracterizada por não ter fundamento e estar livre de todos os enquadramentos conceituais. Poderia ser chamado de "abertura" já que "vacuidade" pode transmitir a ideia equivocada de estado de ausência ou nulidade absoluta. De fato, o shunyata é inseparável da compaixão e de todas as outras qualidades despertas. Alcançar alguma compreensão e experiência do shunyata no caminho mahayana envolve a realização da verdade final. O vajrayana é, pois, um desenvolvimento natural, o regresso à verdade relativa na sua forma brilhante e poderosa, que conduz à realização do maha-mudra.

SEIS YOGAS DE NAROPA. Ver a nota de rodapé na p. 140 do Capítulo 9. Ver também *tummo*.

TANTRA. Sinônimo de vajrayana, um dos três grandes veículos ou etapas no caminho do budismo tibetano. Tantra significa literalmente continuidade. Pode referir-se também a textos vajrayana, assim como aos sistemas de meditação que eles descrevem.

TATHAGATAGARBHA (SÂNSCR.). Tathagata é um epíteto do Buda que significa "aquele que foi além ou para o outro lado". Garbha significa "útero" ou "essência". Tathagatagarbha é a expressão sânscrita para natureza búdica, a natureza básica iluminada de todos os seres, que é o tema central de muitas escolas mahayana do budismo. Ver também Natureza búdica.

TRÊS VENENOS. Ver *klesha*.

TILOPA (988-1069 D.C.). Renomado mestre do budismo vajrayana na Índia no século XI. Seu discípulo mais famoso foi Naropa, que por meio de seu aluno Marpa introduziu os ensinamentos de Tilopa no Tibete.

TRIKAYA (SÂNSCR.). Os três kayas ou corpos de iluminação. Ver a nota de rodapé na p. 249 do Capítulo 17.

TUMMO (TIB.; sânscr., chandali; feroz, irado). Termo do budismo vajrayana para o calor psíquico gerado e experimentado por meio de disciplinas internas de meditação que se concentram na sincronização do corpo e da mente. O calor interno consome os obstáculos e a confusão. Ver também a nota de rodapé na p. 140 do Capítulo 9.

VAJRA (SÂNSCR.; tib., dorje, literalmente "adamantino" ou com as qualidades de um diamante). No vajrayana, vajra refere-se à indestrutível natureza básica da sabedoria e da iluminação. Um vajra é também o cetro ritual que representa o relâmpago, atributo do rei dos deuses, Indra.

VAJRAYANA (SÂNSCR., literalmente "o caminho do diamante" ou o "veículo indestrutível"). Vajrayana é o terceiro dos três grandes yanas ou etapas no caminho do budismo tibetano. Vajrayana e tantra são sinônimos.

FONTES

A lista a seguir fornece a fonte primária (ou fontes) para cada capítulo do livro. Em muitos casos, o material das perguntas e respostas de uma palestra foi usado em vários capítulos. Essas fontes secundárias não são especificadas para cada capítulo. Os três seminários principais foram abreviados como TSD (Trabalho, Sexo e Dinheiro) 1970, TSD 1971 e TSD 1972. Os materiais do TSD 1971, 6ª palestra, e TSD 1972, 3ª palestra, foram incorporados em outros capítulos, mas nenhum dos dois foi a fonte principal de um capítulo.

Capítulo 1, "A Sociedade Sagrada": TSD 1971, 1ª palestra

Capítulo 2, "A meditação e a vida diária": TSD 1972, 2ª palestra

Capítulo 3, "O mito da felicidade": TSD 1972, 1ª palestra

Capítulo 4, "Simplicidade e consciência": TSD 1970, 2ª palestra

Capítulo 5, "Superando os obstáculos ao trabalho": TSD 1971, 5ª palestra

Capítulo 6, "O instante presente do trabalho": TSD 1971, 3ª palestra

Capítulo 7, "Criatividade e caos": TSD 1971, 4ª palestra

Capítulo 8, "Comunicação": TSD 1971, 8ª palestra

Capítulo 9, "A chama do amor": TSD 1970, 1ª palestra

Capítulo 10, "Paixão pura": TSD 1970, 1ª palestra

Capítulo 11, "Karma familiar": TSD 1971, 7ª e 2ª palestras

Capítulo 12, "A questão do dinheiro": TSD 1970, 3ª palestra

Capítulo 13, "O karma do dinheiro": TSD 1971, 7ª palestra

Capítulo 14, "A ética nos negócios": palestra à Ratna Society, um grupo de empresários budistas, em 22 de julho de 1979

Capítulo 15, "Considerar o dinheiro como o leite materno": palestra à Ratna Society, em 19 de junho de 1981

Capítulo 16, "Karma": TSD 1971, 2ª palestra

Capítulo 17, "Consciência panorâmica": TSD 1971, 9ª palestra

LEITURAS E FONTES ADICIONAIS

Leituras adicionais

O primeiro livro de Chögyam Trungpa publicado na América do Norte foi *Meditation in Action* (Shambhala Publications, 1969).* Ele permanece um clássico sobre a meditação e a conduta na vida cotidiana baseada no ideal do bodhisattva de ajudar os outros e colocar as necessidades deles acima das suas próprias.

Os ensinamentos de Chögyam Trungpa sobre o caminho do guerreiro de Shambhala examinam o modo de trazer sanidade, celebração e bondade para a própria vida e como ajudar na construção de uma sociedade iluminada baseada nos princípios de gentileza e destemor. Esses ensinamentos, tais como se aplicam à superação do medo e da hesitação em nossa vida, estão disponíveis no livro *Smile at Fear: Awakening the True Heart of Bravery* (Shambhala Publications, 2009). Outros volumes incluem *Shambhala: The Sacred Path of the Warrior* (Shambhala Publications, 1984)** e *Great Eastern Sun: The Wisdom of Shambhala* (Shambhala Publications, 1999). Além disso, *Shambhala: The Sacred Path of the Warrior Book and Card Set* (Shambhala Publications, 2004) fornece um pequeno manual e um conjunto de cartões

---

* *Meditação na Ação*, publicado pela Editora Cultrix, São Paulo, 1988 (fora de catálogo).
** *Shambhala: A Trilha Sagrada do Guerreiro*, publicado pela Editora Cultrix, São Paulo, 1992.

com máximas que podem ser usados para aplicar esses ensinamentos à própria pessoa e aos outros.

Ocean of Dharma: The Everyday Wisdom of Chögyam Trungpa (Shambhala Publications, 2008) apresenta 365 citações curtas e inspiradoras extraídas das obra de Chögyam Trungpa. Uma discussão suplementar da prática da meditação e um tratamento profundo da meditação da atenção plena e da consciência panorâmica (shamatha e vipashyana) são fornecidos pelo livro de Chögyam Trungpa *The Path Is the Goal: A Basic Handbook of Buddhist Meditation* (Shambhala Publications, 1995). O cultivo da bondade amorosa e da compaixão para com todos os seres é a raiz da abordagem de Chögyam Trungpa para trabalhar com os outros. *Training the Mind and Cultivating Loving-Kindness* (Shambhala Publications, 1993) apresenta 59 máximas ou aforismos relacionados à prática da meditação, que mostram um caminho prático para fazer amizade consigo mesmo e desenvolver a compaixão para com os outros.

The Sanity We Are Born With: A Buddhist Approach to Psychology (Shambhala Publications, 2005)* é um excelente resumo dos escritos de Chögyam Trungpa sobre a visão budista da mente, a prática da meditação e a aplicação dos ensinamentos budistas à psicologia e à solução dos problemas psicológicos e humanos da autodúvida, da depressão e da neurose. Para os leitores interessados em uma visão geral do caminho budista, recomendam-se os seguintes volumes: *Cutting Through Spiritual Materialism* (Shambhala Publications, 1973),** *The Myth of Freedom and the Way of Meditation* (Shambhala Publications,

---

* *Muito Além do Divã Ocidental*, publicado pela Editora Cultrix, São Paulo, 2008.
** *Além do Materialismo Espiritual*, publicado pela Editora Cultrix, São Paulo, 1987 (fora de catálogo).

1976),* e *The Essential Chögyam Trungpa* (Shambhala Publications, 2000).

Os ensinamentos de Chögyam Trungpa sobre a aplicação de uma abordagem meditativa à arte e ao emprego da habilidade na vida do dia a dia são apresentados em *True Perception: The Path of Dharma Art* (Shambhala Publications, 2008).

---

* *O Mito da Liberdade e o Caminho da Meditação*, publicado pela Editora Cultrix, São Paulo, 1988. (fora de catálogo)

RECURSOS

As citações semanais de Ocean of Dharma trazem-nos os ensinamentos de Chögyam Trungpa Rinpoche. Um e-mail é enviado várias vezes por semana contendo uma citação escolhida por Carolyn Rose Gimian dentre os vastos ensinamentos de Chögyam Trungpa. As citações podem ser provenientes de material inédito ou a publicar e de fontes publicadas anteriormente. Para inscrever-se, acesse www.oceanofdharma.com.

Para instruções em português, por favor, visite o *site* de Shambhala Brasil em www.shambhala-brasil.org. Esse *site* e o da Shambhala International, www.shambhala.org, contêm, ambos, informações sobre mais de cem centros filiados à Shambhala.

O Chögyam Trungpa Legacy Project foi criado para ajudar a preservar, disseminar e expandir o legado de Chögyam Trungpa. O Legacy Project apoia a preservação, a propagação e a publicação dos ensinamentos dármicos de Trungpa Rinpoche. Isso inclui planos para a criação de um amplo arquivo virtual e uma comunidade de aprendizado. Para informações, consulte chogyamtrungpa.com.

Para as publicações da Vajradhatu Publications e da Kalapa Recordings, inclusive livros e material audiovisual, consulte www.shambhalamedia.org.

Para informações sobre o arquivo da obra do autor, consulte os Shambhala Archives: archives@shambhala.org.

UMA BIOGRAFIA
DE CHÖGYAM TRUNGPA

O venerável Chögyam Trungpa Rinpoche nasceu na província de Kham, no leste do Tibete, em 1940. Quando tinha apenas treze meses de idade, Chögyam Trungpa foi reconhecido como um tulku, ou mestre encarnado, da maior importância. De acordo com a tradição tibetana, um mestre iluminado, graças a seu voto de compaixão, é capaz de reencarnar na forma humana em uma sucessão de gerações. Antes de morrer, poderá deixar uma carta ou outras pistas do local em que ocorrerá sua próxima encarnação. Mais tarde, estudantes e outros mestres realizados examinam essas pistas e, com base nelas e em um exame cuidadoso de sonhos e visões, conduzem buscas para descobrir e reconhecer seu sucessor. Assim são formadas linhas especiais de ensinamentos, estendendo-se, em alguns casos, por muitos séculos. Chögyam Trungpa foi o décimo primeiro em uma linhagem de ensinamentos conhecida como dos Tulkus Trungpa.

Uma vez reconhecidos, os jovens tulkus passam por um período de treinamento intensivo, na teoria e na prática, dos ensinamentos budistas. Trungpa Rinpoche, após ser entronizado como abade supremo do mosteiro Surmang Dütsi Tel e governador do Distrito de Surmang, iniciou um período de treinamento que duraria dezoito anos, até sua partida do Tibete, em 1959. Como um tulku Kagyü, seu treinamento foi baseado na prática sistemática da meditação e na compreensão teórica refinada da filosofia budista. Uma das quatro grandes linhagens do Tibete, a Kagyü, é conhecida como a linhagem praticante (ou da prática).

Com 8 anos, Trungpa Rinpoche foi ordenado monge noviço. A seguir, empenhou-se em estudos e prática intensivos das disciplinas monásticas, inclusive da poesia e dança monástica. Seus professores principais foram Jamgön Kongtrül de Sechen e Khenpo Gangshar — mestres da maior importância nas linhagens Nyingma e Kagyü. Em 1958, aos 18 anos de idade, Trungpa Rinpoche completou seus estudos, recebendo os graus de kyorpön (equivalente a doutor em teologia, no Ocidente) e khenpo (mestre de estudos). Também recebeu a ordenação monástica plena.

O final dos anos 1950 foi um período de grandes tribulações no Tibete. Como era claro que os comunistas chineses pretendiam apoderar-se do país pela força, muitas pessoas, monges e leigos, fugiram do Tibete. Trungpa Rinpoche passou meses angustiantes em uma longa e difícil viagem pelo Himalaia (descrita mais tarde em seu livro *Born in Tibet*). Depois de escapar por pouco à captura pelos chineses, ele finalmente alcançou a Índia em 1959. Lá, Trungpa Rinpoche foi designado conselheiro espiritual do Lar Escola dos Jovens Lamas, em Délhi. Serviu nessa função de 1959 a 1963.

A oportunidade para Trungpa Rinpoche emigrar para o Ocidente chegou quando ele ganhou uma bolsa Spaulding para frequentar a Universidade de Oxford. Em Oxford, estudou religiões comparadas, filosofia, história e belas-artes. Aprendeu também a arte japonesa do arranjo de flores, graduando-se pela Escola Sogetsu. Na Inglaterra, Trungpa Rinpoche começou a ensinar o dharma a estudantes ocidentais e em 1967 fundou o Centro de Meditação Samye Ling em

Dumfriesshire, na Escócia. Durante esse período, também publicou seus primeiros dois livros, ambos em inglês: *Born in Tibet* (1966) e *Meditation in Action* (1969).

Em 1968, Trungpa Rinpoche viajou para o Butão, onde entrou em um retiro solitário de meditação. Ali, recebeu um texto terma essencial para todos os seus ensinamentos no Ocidente, "O Sadhana de Mahamudra", que documenta a degeneração espiritual dos tempos modernos e seu antídoto, a espiritualidade genuína que conduz à experiência da mente desnuda e luminosa. Esse retiro marcou uma mudança essencial em sua abordagem didática. Logo depois de regressar à Inglaterra, tornou-se um leigo, despindo as vestes monásticas e passando a usar os trajes ocidentais comuns. Em 1970, casou-se com uma jovem inglesa, Diana Pybus, com quem deixou a Escócia e mudou-se para a América do Norte. Muitos de seus primeiros alunos e colegas tibetanos acharam essas mudanças chocantes e perturbadoras. Contudo, ele expressou a convicção de que, para o dharma assentar raízes no Ocidente, era necessário que fosse ensinado livre das armadilhas culturais e do fascínio religioso.

Durante os anos 1970, a América vivia uma fase de fermentação cultural e política. Era a época do fascínio pelo Oriente. Assim, quase a partir do momento em que pôs os pés na América, Trungpa Rinpoche atraiu muitos estudantes seriamente interessados nos ensinamentos budistas e na prática da meditação. Porém, ele criticava severamente a abordagem materialista à espiritualidade, que então prevalecia, descrevendo-a como um "supermercado espiritual". Nas suas aulas, bem como em seus livros *Cutting Through Spiritual Materialism* (1973) e The Myth of Freedom (1976), ele chamou a atenção para a simplicidade e qualidade direta da prática da meditação sentada como a maneira de cortar caminho através de tais distorções da jornada espiritual.

Durante os dezessete anos em que ensinou na América do Norte, Trungpa Rinpoche conquistou a reputação de mestre dinâmico e controverso. Ele foi um pioneiro, um dos primeiros professores do budismo tibetano na América do Norte, precedendo por alguns anos e efetivamente facilitando as visitas posteriores de Sua Santidade o Karmapa, Sua Santidade Khyentse Rinpoche, San Santidade o Dalai Lama e muitos outros. Nos Estados Unidos, constatou seu parentesco espiritual com muitos mestres zen que ali já estavam ensinando a meditação budista. Nos primeiros tempos, ligou-se particularmente a Suzuki Roshi, o fundador do Centro Zen em São Francisco. Nos últimos anos, foi íntimo de Kobun Chino Roshi e Bill Kwong Roshi no norte da Califórnia; de Maezumi Roshi, o fundador do Centro Zen de Los Angeles; e de Eido Roshi, abade do Zendo Shobo-ji de Nova York.

Fluente na língua inglesa, Chögyam Trungpa foi um dos primeiros mestres budistas tibetanos a poder falar diretamente a estudantes ocidentais sem a ajuda de um intérprete. Viajando por muitas regiões da América do Norte e países da Europa, deu milhares de palestras e centenas de seminários. Implantou grandes centros em Vermont, no Colorado e na Nova Escócia, assim como muitos centros de meditação e estudos menores em cidades por toda a América do Norte e Europa. O Vajradhatu foi formado em 1973 como o corpo administrativo central dessa rede.

Em 1974, Trungpa Rinpoche fundou o Instituto Naropa (agora Universidade Naropa), que se tornou a primeira e única universidade inspirada pelo budismo credenciada na América do Norte. Ele deu muitas aulas no instituto, e seu livro *Journey without Goal* (1981) baseia-se em um curso que ministrou ali. Em 1976, instituiu o programa do Aprendizado Shambhala, uma série de seminários fundamentados na prática da meditação sentada que apresentam o caminho espiritual do guerreiro. Seu livro Shambhala: *The Sacred Path of the Warrior* (1984) dá uma visão geral dos ensinamentos de Shambhala.

Em 1976, Trungpa Rinpoche designou Ösel Tendzin (Thomas F. Rich) como seu Regente Vajra ou herdeiro do dharma. Ösel Tendzin trabalhou em estreita colaboração com Trungpa Rinpoche na administração do Vajradhatu e do Aprendizado Shambhala. Ensinou amplamente de 1976 até sua morte em 1990 e é o autor de *Buddha in the Palm of Your Hand*.

Trungpa Rinpoche foi também ativo no campo da tradução. Trabalhando com Francesca Fremantle, fez uma nova tradução de *O Livro Tibetano dos Mortos*, publicada em 1975. Mais tarde, formou o Nalanda Translation Committee a fim de traduzir textos e liturgias para seus próprios alunos, além de disponibilizar textos importantes para publicação.

Em 1979, Trungpa Rinpoche conduziu a cerimônia de investidura de seu filho mais velho, Ösel Rangdröl Mukpo, como seu sucessor na linhagem Shambhala, conferindo-lhe também o título de Sawang ("Senhor da Terra").

Trungpa Rinpoche era igualmente conhecido por seu interesse pelas artes e particularmente por suas ideias sobre a relação entre a disciplina contemplativa e o processo artístico. Dois livros publicados após sua morte — *The Art of Calligraphy* (1994) e *Dharma Art* (1996) (uma nova edição apareceu em 2008 sob o título de *True Perception: The Path of Dharma Art*) — apresentam esse aspecto de seu trabalho. Seu próprio trabalho artístico incluía a caligrafia, a pintura, o arranjo de flores, a dramaturgia e instalações ambientais. Adicionalmente, criou no Instituto Naropa uma atmosfera educacional que atraiu muitos poetas e artistas de destaque. A exploração do processo criativo à luz do treinamento contemplativo continua lá como um diálogo provocativo. Trungpa Rinpoche também publicou dois livros de poesia: *Mudra* (1972) e *First Thought Best Thought* (1983). Em 1998, foi publicado *Timely Rain*, uma compilação retrospectiva de seus poemas.

Pouco antes de sua morte, em uma reunião com Samuel Bercholz, o editor-chefe de Shambhala Publications, Chögyam Trungpa mostrou interesse em publicar 108 volumes de seus ensinamentos com o título de *Dharma Ocean Series*. "Dharma Ocean", ou Oceano do Dharma, é a tradução de Chökyi Gyatso, o nome tibetano de mestre adotado por Chögyam Trungpa. A série Dharma Ocean seria constituída principalmente de material compilado, permitindo aos leitores encontrar essa rica coleção de ensinamentos ordenada de maneira simples e direta, não em forma excessivamente sistematizada ou condensada. Em 1991, o primeiro volume póstumo da série, *Crazy Wisdom*, foi publicado, e outros sete volumes seguiram-se nos anos subsequentes. A partir de 2008, os editores seniores do Rinpoche, sua viúva Diana J. Mukpo e Shambhala Publications concordaram todos em expandir a série Dharma Ocean para incluir toda a obra de Chögyam Trungpa. Há planos para publicar muitos volumes de seus ensinamentos no futuro.

Os livros de Trungpa Rinpoche já publicados representam apenas uma fração do rico legado de seus ensinamentos. Durante seus dezessete anos de ensino na América do Norte, ele construiu as estruturas necessárias para prover seus estudantes com um treinamento no dharma completo e sistemático. De palestras e cursos introdutórios a retiros e práticas para grupos adiantados, esses programas enfatizavam o equilíbrio entre o estudo e a prática, a inteligência e a intuição. *Trungpa*, escrito por Fabrice Midal, uma biografia em francês (também traduzida para o inglês), detalha as muitas formas de treinamento que Chögyam Trungpa desenvolveu. *Dragon Thunder: My Life with Chögyam Trungpa* é a história da vida do Rinpoche conforme relatada por Diana Mukpo e também fornece uma visão das muitas formas que ele elaborou para o budismo na América do Norte.

Além dos seus amplos ensinamentos dentro da tradição budista, Trungpa Rinpoche também colocou grande ênfase nos ensinamentos de Shambhala, que destacam a importância da meditação dinâmica, a sincronia entre mente e corpo, e o autoadestramento para enfrentar os obstáculos ou desafios na vida diária com a atitude corajosa de um guerreiro, sem cólera. A criação de uma sociedade iluminada é uma meta fundamental para os ensinamentos de Shambhala. De acordo com a abordagem de Shambhala, a realização de uma sociedade iluminada vem não apenas da atividade exterior, tal como o envolvimento comunitário ou político, mas também da apreciação dos sentidos e da dimensão sagrada da vida diária. Um segundo volume desses ensinamentos, intitulado *Great Eastern Sun*, foi publicado em 1999. O volume final, *Smile at Fear: Awakening the True Heart of Bravery*, foi publicado em 2009.

Chögyam Trungpa morreu em 1987, aos 47 anos de idade. Por ocasião de sua morte ele era conhecido não somente como Rinpoche ("Joia Preciosa"), mas também como Vajracharya ("Detentor do Vajra") e como Vidyadhara ("Detentor da Sabedoria") por seu papel como mestre do vajrayana ou ensinamentos tântricos do budismo. Como detentor dos ensinamentos de Shambhala, ele também tinha recebido os títulos de Dorje Dradül ("Guerreiro Indestrutível") e Sakyong ("Protetor da Terra"). Sobreviveram a ele sua mulher, Diana Judith Mukpo, e cinco filhos. Seu filho mais velho, o Sawang Ösel Rangdrö Mukpo, o sucede como o chefe espiritual Vajradhatu. Reconhecendo a importância dos ensinamentos de Shambhala para a obra de seu pai, o Sawang mudou o nome da organização-mãe para Shambhala, permanecendo Vajradhatu como uma das suas divisões mais importantes. Em 1995, o Sawang recebeu o título shambhaliano de Sakyong, como seu pai antes dele, e foi também confirmado como a reencarnação do grande mestre ecumênico Mipham Rinpoche.

Trungpa Rinpoche é amplamente reconhecido como uma figura--chave na introdução do buddhadharma no mundo ocidental. Ele associou sua grande apreciação da cultura ocidental a uma profunda compreensão de sua própria tradição. Isso conduziu a uma abordagem revolucionária do ensino do dharma, na qual os ensinamentos mais antigos e profundos foram apresentados de uma maneira inteiramente contemporânea. Trungpa Rinpoche era conhecido por sua proclamação destemida do dharma: sem hesitações, fiel à pureza da tradição e absolutamente direta. Que todos esses ensinamentos lancem raízes e floresçam para o benefício de todos os seres sencientes.